虚构话语
的意义研究

刘琼 ○ 著

四川大学出版社
SICHUAN UNIVERSITY PRESS

图书在版编目（CIP）数据

虚构话语的意义研究 / 刘琼著. — 成都：四川大学出版社，2022.5
（语言与应用文库）
ISBN 978-7-5690-5470-5

Ⅰ. ①虚… Ⅱ. ①刘… Ⅲ. ①虚构—话语语言学—研究 Ⅳ. ①H0

中国版本图书馆CIP数据核字（2022）第088023号

书　　名：	虚构话语的意义研究
	Xugou Huayu de Yiyi Yanjiu
著　　者：	刘　琼
丛 书 名：	语言与应用文库
丛书策划：	张宏辉　黄蕴婷
选题策划：	黄蕴婷
责任编辑：	黄蕴婷
责任校对：	罗永平
装帧设计：	墨创文化
责任印制：	王　炜
出版发行：	四川大学出版社有限责任公司
	地址：成都市一环路南一段24号（610065）
	电话：（028）85408311（发行部）、85400276（总编室）
	电子邮箱：scupress@vip.163.com
	网址：https://press.scu.edu.cn
印前制作：	四川胜翔数码印务设计有限公司
印刷装订：	四川省平轩印务有限公司
成品尺寸：	170 mm×240 mm
印　　张：	14.75
插　　页：	2
字　　数：	293千字
版　　次：	2022年8月 第1版
印　　次：	2022年8月 第1次印刷
定　　价：	68.00元

本社图书如有印装质量问题，请联系发行部调换

版权所有 ◆ 侵权必究

四川大学出版社
微信公众号

目 录

引 言 …………………………………………………………………… 1

第一章 绪 论 …………………………………………………… 5
第一节 "虚构"概念辨析和定义 ……………………………… 5
第二节 基本理论概述 …………………………………………… 9
第三节 语言哲学围绕"虚构"争论的焦点问题 ……………… 13
第四节 研究问题和思路 ………………………………………… 24
第五节 研究框架 ………………………………………………… 25

第二章 "虚构":从否定到肯定 ……………………………… 27
第一节 对"虚构"的哲学价值的否定 ………………………… 27
第二节 对"虚构"的哲学价值的双重性定位 ………………… 31
第三节 对"虚构"的哲学价值的肯定 ………………………… 33
第四节 "虚构"在当代哲学研究中的价值 …………………… 37
小 结 …………………………………………………………… 57

第三章 虚构名称的意义分析 …………………………………… 59
第一节 虚构专名的指称 ………………………………………… 59
第二节 虚构专名的涵义 ………………………………………… 75
第三节 文学虚构通名意义分析 ………………………………… 95
第四节 虚构名称的意义分析对意义理论的挑战和启示 ……… 104
第五节 虚构名称的意义分析对两大名称理论的挑战和启示 … 124
小 结 …………………………………………………………… 126

第四章　虚构名称的语言分析对文学理论的启示 … 127
第一节　虚构名称的意义与文学人类学 … 127
第二节　虚构名称的意义与文学隐喻 … 133
小　结 … 135

第五章　科学理论名词的意义分析及其对科学发现的挑战和启示 … 136
第一节　科学理论名词的指称 … 137
第二节　科学理论名词的涵义 … 142
第三节　科学理论名词意义分析对两种名称理论的挑战及启示 … 152
第四节　科学理论名词意义分析对科学发现的启示 … 159
第五节　虚构在当代的新表现形式：虚拟 … 161
小　结 … 166

第六章　虚构语句的语言分析对语言学理论的挑战和启示 … 168
第一节　虚构语句的语义意义 … 170
第二节　虚构语句的意义理解 … 176
第三节　虚构语句的意义判断 … 197
第四节　《西游记》案例分析 … 211
第五节　虚构话语语言分析对语言学理论研究的启示 … 216
小　结 … 219

结　语 … 221

参考文献 … 222

引 言

一、"虚构"的矛盾地位和价值

对"虚构"的本性研究是一个貌似容易但理论上十分棘手的问题。从表面上看,虚构与真实截然相对,二者很容易区分开来,人们都知道唐三藏是真实人物,孙悟空是虚构人物,由这一对概念衍生出的其他概念在日常生活中也可以比较容易地区分开来,如虚构话语与真实话语、虚构文本与真实文本。人们可以简单地说,神话、小说、传奇故事等文学文本因为包含虚构的人物和故事情节,所以都是虚构文本,而如实描绘现实世界真人真事的文本,如史书、新闻报道、游记、传记、方志等文本是真实文本。

但进入理论领域,对"虚构"的本性的定义却变得十分复杂。首先在科学和现实世界领域,一些事物和现象究竟是真实还是虚构存在争议,例如史料、科学研究和新闻中不乏对"不明飞行物""野人""怪兽"等事物或现象的记载和报道,它们究竟是真实还是虚构,至少在目前看来还很难界定;其次,在科学技术领域,一些理论概念和现象会随着科学技术的发展发生真实与虚构的相互转化,"在今天看来是真实的东西,将来被证明是虚构;也有可能在今天看来是虚构的东西,将来又会成为现实"[①]。在文学理论领域,文本中出现的一些历史人物究竟是真实的还是虚构的也存在争议,这也直接导致了将文本内容定位为真实还是虚构的困难。在哲学抽象思辨领域,充斥着各种各样抽象的、理论的概念和范畴,例如关于道德、心灵、伦理、宗教等的言谈。甚至以真实严谨为本的科学理论在建构过程中也"难以避免有虚构的成分"[②]。这些都说明,要在理论定义上把

[①] 殷正坤,邱仁宗:《科学哲学引论》,华中理工大学出版社1996年版,第247页。
[②] 殷正坤:《科学理论中的真理与虚构——评劳丹对趋同实在论的批判》,《哲学动态》1992年第2期,第28页。

虚构与真实截然分开，无论是在科学领域，还是文学领域、哲学领域都十分困难。这也造成由它们衍生出的其他成对概念理论定义的不易。譬如如果把文本中是否包含虚构和想象性内容作为区分虚构文本和真实文本的依据，判断结果就很容易被大量的反例驳倒：中国史书的经典"《史记》存有不少刻意违逆史实的文字"[①]；《荷马史诗》也充斥了大量虚构和想象的内容，却被西方人作为史书来读，《东周列国志》应被归为小说还是史书在学界争论不休；现代文学中以写实为本的散文也开始接纳虚构和想象性内容的加入，更不用说把写实和虚构相结合的自传体小说和报告文学了。文学理论界和语言学界都在感慨，"我们无法从语言和现实世界的关系中找到虚构性的标准"[②]。

于是人们都把视角转向语言，因为虚构被看作思想或心灵的虚构，它必须通过语言表达和展示出来，人们期望借助对虚构话语的性质或使用方式的研究揭示"虚构"的本性。

自汉斯·费英格（Hans Vaihinger，也译作魏欣格尔）20世纪初提出"虚构主义"理论后，20世纪80年代，哲学界兴起一股虚构主义浪潮，声称当今"在各个学科领域的研究的目的不一定非要是真理"[③]，主张把人们对待文学虚构作品的态度也应用到哲学、科学、数学等领域。这是因为人们越来越意识到，不仅在文学领域，在语言哲学、道德哲学、逻辑哲学等领域，大量的虚构话语被人们严肃地使用，尤其在科技哲学和数学领域，"虚构"被用来建构理论或做科学预测和推理，它们显然不是真理，却发挥着真理的效用。这些都表明，"虚构"在哲学领域和其他领域正在发挥作用，并且这种作用越来越为人们所意识到并被重视。如何解释和看待"虚构"的这种矛盾地位和价值，成为哲学研究中一个亟待解决的课题。

在这一背景下，"虚构"的研究在国内哲学界也受到了越来越多的关注。在科技哲学领域，殷正坤先生于20世纪90年代初发表了关于科学理论中的"虚构"的多篇论文，探讨了虚构在科技哲学领域的重要价值。自2005年以来，有关"虚构"的一些论文也相继出现在国内重要的哲学、语言学和文学刊物上，并且至今仍是哲学界探讨的重要话题之一。但遗憾的是，我国对"虚构"的哲学研究，尤其对"虚构"在语言哲学乃至哲学

[①] 陈曦：《〈史记〉历史虚构探索》，《解放军艺术学院学报》2005年第5期，第28页。
[②] 谢晓河，余素青：《虚构话语：言语行为和非交际性》，《外语研究》2005年第3期，第1页。
[③] 贲益民：《形而上学中的虚构主义》，《世界哲学》2007年第5期，第20页。

其他领域地位和价值的探究仍屈指可数。如何积极看待"虚构"的哲学地位和实用价值,加强对"虚构"的本性和功能的研究,同时在理论上应对虚构主义对传统哲学提出的挑战和带来的颠覆,解决"虚构"在当代的新形态——虚拟技术带来的新问题,仍有大量课题有待深入研究。

二、研究意义

对虚构话语的语言意义进行研究,主要围绕三点展开:虚构专名[①]的意义、虚构通名的意义、虚构话语的意义。其一,在虚构专名意义方面,以文学虚构中的专名为例,探讨虚构专名的指称和涵义及二者之间的关系,从虚构专名的意义解释中思考其对不同指称和涵义理论带来的挑战和启示;其二,关注虚构通名的意义,尤其是科学理论中的理论名词的意义,思考其对科学发现和新技术条件下人们的生存实践的启示;其三,关注虚构话语的意义,着重探讨虚构语句的语义意义和语用意义,包括虚构语句的指称和涵义,其言语行为、意向性和交际性,同时也简要论及虚构语句的意义判断,为语言实践中人们对虚构话语的意义理解和判断提供理论支持。本研究最终旨在通过对虚构话语的语义和语用分析,探讨虚构话语的语言分析给名称和语句意义理论带来的启示,其中也论及文学和科学中的"虚构"的价值,并在此基础上概括说明"虚构"对哲学、语言学、文学等领域的理论启示。

本研究所面临的挑战和困难主要有三个方面:一是涉及的理论横跨哲学、语言学和文学等多个学科领域,作为一项跨学科交叉研究课题,研究者需要熟悉和了解这些不同学科领域的原理和理论,这不啻为一项浩繁艰巨的任务;二是涉及的多个理论纷繁复杂,甚至矛盾对立,很多争论至今也没有形成定论,本研究力图从这些理论中抽丝剥茧,发掘其合理性,辨析其不合理性,将其整合到与"虚构"这一主题相关的研究中来,形成合理的结论,这是一个困难的任务;三是虚构话语的意义研究虽然是近年来的热点话题,但研究历史相对较短,可借鉴的资料有限,研究视角和框架都需要进行全新搭建,这也是一个充满挑战的任务。

本研究的创新点主要表现在两方面。一是研究视角的创新。本研究运用不同学科的理论,采取哲学、语言学以及文学等不同视角,重点从语言哲学和语言学相互融合的视角对"虚构"的意义进行跨学科的综合解读,开拓了"虚构"的语言研究新领域,为研究虚构话语意义的理性主义和语

---

① "虚构"是否构成专名存在争论,本书第三章将详细论述,此处暂用这一提法。

言分析提供了一块敲门砖。二是对虚构名称和虚构话语的语义和语用意义进行了新的解读和解释,这是一个大胆的理论尝试。虽然囿于所涉学科和理论的复杂艰深和不断推进变化,本研究的解释不一定完全合理,但至少是一种积极的努力和探索,为推进"虚构"话题更丰富、更广泛的研究提供助力,丰富当前我国这一课题研究的文献。

从理论来说,本研究把对"虚构"的语言分析与"虚构"在当代哲学中的地位和价值的探讨联系起来,一方面可以丰富和发展对"虚构"的理论研究,提供一个跨学科的研究视角和框架;另一方面用传统语言哲学理论分析虚构名称的意义、虚构话语的意义,着重探讨名称的两大指称理论、语言的意义理论、语句的真值判断理论等在对"虚构"的哲学语言分析中所面临的挑战、存在的优势和缺陷,反思"虚构"的语言分析对以上理论的挑战和贡献,并提出思考和解决方案,为这些理论的完善和发展提供思路。

从实践上讲,本研究把对"虚构"的意义研究用于探讨"虚构"的实际功能,特别是科学和文学中的虚构对现实产生的影响,如探讨文学领域中文学对人类生存实践的影响,科学领域中计算机新技术和网络条件下,虚构与现实相混合的产物——虚拟技术给人类生存实践带来的积极和消极影响,以引导、建议人们合理分析和理性看待文学和科学中的虚构。

第一章 绪 论

探析"虚构"需首先厘清和界定"虚构"。本章首先对"虚构"及与之相近和相关的概念进行了辨析和定义,界定了核心概念"虚构"在本书中的定位;其次对本书涉及的主要理论概念,包括指称和内涵、命题、指称理论等进行了定义和概括介绍;最后简要介绍了本书的主要研究内容、研究思路和方法。

第一节 "虚构"概念辨析和定义

一、"虚构"的界定

"虚构"的英语单词"fiction"的词源来自拉丁词"fictio",表示"构成(to form)"。① 在当代日常语言里,"虚构"有几种含义,并且在英语和汉语里意义和用法有所不同。在英语里"fiction"只能作名词,狭义的"fiction"特指小说,也可以指基于想象而不必拘泥于事实所创造出的文学作品的总称,包括小说、故事和戏剧。广义上"fiction"可以表示不代表真实情况、纯粹出于想象或假想的创造性产物,或者想象和假想的创造性行为。在英语里"fiction"还有谎言、谎话的意思。汉语里"虚构"不能用来表示谎言、小说或某一类文学作品,只能表示不是基于事实而是出于想象、构想、假设或预测造出来的概念、事物、对象、行为和方法等。汉语里的"虚构"可以作动词,指不真实反映现实或做超出现实的想象、编造、假设、预测等。本书在没有特殊说明的情况下,一般采用"虚构"的汉语名词用法,特指不同于真实存在的,由想象、构想或逻辑推导的假

---

① Margery S. Berube, et al., *The American Heritage Dictionary*. Boston: Houghton Mifflin Company, 1985, p. 500.

设、预设而生成的概念、对象、行为和方法等，可以包括人物（例如小说人物）、事物（例如神话或小说中的虚构动物或物品）和一些抽象概念（例如科学理论中的一些理论名词）等；在一些语句中则采用其动词用法，特指虚构的行为和动作。

二、"虚构"与其他相关词的关系

（一）虚构与实在、真实

根据常识性理论或符合论的真理理论，只有符合人们直观感觉经验的东西，即通常所说的看得见、摸得着的东西才是最真实的，也是最现实的，正如俗话所说："眼见为实，耳听为虚。"这里的"真实"，强调了它的真值或真理性，是准确无误的，相当于英语里的"true"或"correct"，与通常说的"假"相对，在哲学中属认识论范畴；"现实"强调了它的实在性，表明它能被人们确确实实地感觉到或体验到，相当于英语里的"real""actual""practical""realistic"，与"虚"或"无"相对，在哲学中属本体论范畴。在日常用法里"实在"与"真实"等价，"'实在'一词的日常用法即指真实"①。但进入哲学领域，这种朴素的常识论或实在论观点却遭到很多哲学家的批判，在他们看来，直观感觉经验的东西不一定是最可靠、最真实、最准确的。自从古希腊哲学诞生以来，哲学家们关于真实的、实在的物体的存在和抽象的、不能直观的意识的存在谁更根本、谁更真实的争论从来就没有停止过，早期有探讨种和属的本体论地位、普遍与个别的关系的学说，后来有中世纪唯名论和唯实论的争论，近代是经验论与唯理论的论战，直到现在，哲学的各个层面和分支学科内实在论与反实在论仍然激烈交锋。借用《论哲学"真实"之规定》一文对哲学意义上的"真实"的定义，真实是"经验状态的'真'，理想状态的'真理'，情感状态的'真情'，信念状态的'真诚'，乃至逻辑状态的'真值'以及常识状态的'真的'"②。虚构只是在经验状态下与之相对，对人们的感觉经验来说不真，但在认识论领域，虚构在发挥其认识论作用时是否与真实构成对立仍有待论证。而本书对"虚构"的哲学语言分析将证实虚构话语也能传递信息和思想，不仅蕴涵了真实的情感、意向和信念，甚至对认识

---

① 朱志方：《实在的意义》，《武汉大学学报（哲学社会科学版）》2001年第6期，第669页。

② 陆杰荣：《论哲学"真实"之规定》，《哲学研究》2003年第6期，第12—18页。

世界、追求真理也在发挥必不可少的作用。根据这一立场，"实在"在本书中表示真实存在或实体存在，"真实"则与虚假相对；二者虽然在表示客观物理世界的实体存在方面与"虚构"相对，但在抽象存在和认识论方面并不构成"虚构"的对立面。

（二）虚构与虚无

"虚无"表达的是完全的"空""无""没有"，相当于英语中的"nothing""vault""null"，虚构的人或物从它的现实存在或现实对应物方面来看是空的，但人们对于虚构人物或事物所表达的观念或内容可以理解和接受，并且在一定意义上它也为人们提供了新的信息和知识，因此并不是完全的空无和虚无。宽泛地说，抽象的意识、思维和观念、人类心灵和心理的状态、感受及内容，从它们不是客观世界的物质实在，不能被其他人的直观感觉经验所感受和验证这一方面，可以说它们是虚构的，但从个人主观的体验和感觉方面来看，它们又不是完全虚无的。例如，某个人说他的头很痛，或者作家在创作时脑海中浮现出人物形象，这种痛的感觉、脑海中的人物形象，对于亲身体验的人来说又是具体的、可感知的，而不是完全的空洞和无感；对于可感知的个人来说，虚构的人和物也是一种真实而不是虚无。因此，"虚构"与"虚无"是不对等的。

（三）虚构与想象

"想象"在词典里有两层意思：一层意思表示的是心灵或思维对感觉经验进行加工、改造，创造出新事物的心理过程，相当于英语里的"imaginative"或"fictional"；另一层意思表示设想不在眼前的事物的具体形象。其中前者与"虚构"的意思重合，二者可以互换使用。例如："《哈利·波特》中的很多神奇的生物都是作者想象出来的。"其中"想象"可以换成"虚构"，句子意思不变。在哲学词典里，"想象的"也被直接解释为"虚构的"。[①]

在日常生活和文学评论界，这两个词常常不加区别地使用。但也有学者强调二者的区别。例如伊瑟尔把想象看作"文学意象创造活动中所体现出来的构造能力"，强调想象超越时空限制，进行意象构造和转换的能力，

[①] Thomas Mautner, ed., *The Penguin Dictionary of Philosophy*. London: Penguin Books Ltd., 2000, p. 268.

而虚构"则是作者处理经验现实的能力"。① 这种解释更加注重虚构与现实的相互联系和相互作用。

在哲学界,想象一直被看作一种能力而得到哲学家的认可。例如休谟甚至把想象看作知识起源的基础,认为人类正是借助想象,再现对事物的感官印象,形成观念,并进行因果关系的判断和推理。"当心灵从一个对象的观念或印象推到另一个对象的观念或信念的时候,它并不是被理性所决定的,而是被联结这些对象的观念并在想象中加以结合的某些原则所决定的。如果观念在想象中也像知性所看到它们那样没有任何结合的话,那么我们就不可能由原因推到结果,也不会对任何事实具有信念。"② 马赫(Ernst Mach)认为基于事实的想象可以帮助人们获得知识,"如果有利的环境以这样的方式指导想象,以致它紧随或预期事实,那么我们便获得知识"③。

本书认为这两个词意思接近,但在意向性和现实性上有区别。"想象"侧重强调思维超越时空限制,进行意象构造和转换的能力,可以是没有目的性和意向性的构想,与现实没有任何相互联系和作用;"虚构"虽然也超越时空限制进行构造,但更加注重与现实的相互联系和作用,强调隐含在虚构背后的虚构者的意向性。本书选用"虚构"这一术语也正是为了凸显虚构的现实功能和意向性。

(四)虚构名称、虚构对象、抽象实体和虚构实体

为虚构的人物、事物、科学理论名词的指称对象提供名称的单称词项,称为虚构名称。

虚构对象指的是以单称词项出现的虚构人物、虚构事物的名字的指称对象,包括小说、戏剧、故事中出现的虚构人物的名称的指称对象,如"哈姆雷特(Hamlet)""福尔摩斯(Sherlock Holmes)""孙悟空""贾宝玉"等词的指称对象,也包括"飞马(Pegasus)""独角兽""喷火龙"等词的指称对象,还包括现实生活和科学理论中人们出于理论、推理、计算等需要的假定、设定的理论名词的指称对象,如"质点""引力子""理想气体""绝对空间"等。虽然科学理论中的虚构对象与文学的虚构对象存在本质的不同,但它们都与特定的概念相关联,并不是完全的虚空,由此

---

① 〔德〕沃尔夫冈·伊瑟尔:《虚构与想像:文学人类学疆界》,陈定家、汪正龙等译,吉林人民出版社 2003 年版,第 229 页。

② 〔英〕休谟:《人性论》,关文运译,商务印书馆 2016 年版,第 106 页。

③ 〔奥〕恩斯特·马赫:《认识与谬误》,李醒民译,华夏出版社 1999 年版,第 91 页。

奠定了虚构名称可以成为语言分析对象的基础。

哲学界一般认为，以普遍词项的形式出现的类、属性、关系、命题等的指称对象都是抽象对象。关于普遍词项所指称的对象，持实在论的哲学家主张它们是确实存在的实体。世界上存在着具体的实体，也存在着抽象的实体。抽象实体与具体实体的区别在于是否有时空的存在和因果效应。关于虚构名称的指称对象是否为抽象实体，哲学界仍然存在争议。赞成的一方认为虚构名称与特定的概念或抽象事物相联系，类似于抽象事物的名称；虚构对象也是一种抽象实体，甚至还有一类观点将这一实体看作与真实实体平行的另一种实体，称之为虚构实体（ficta）。反对的一方也分几种情况，一般持非实在论立场的哲学家否定所有的抽象对象都是一种实体，另一种只承认真实存在的抽象事物具有实体，例如通名的指称对象"疼痛""质数"等，而虚构的事物与具有特定本质的抽象对象不同，虚构对象不是一种实体存在。本书基于科学实在论立场，认为虚构对象虽然不存在于现实之中，但存在于文学文本、作者和读者的意识之中，或者科学理论之中，且与特定的概念相关联，并不是完全的空无或虚无，属于抽象对象的一种。

第二节　基本理论概述

本书侧重探讨"虚构"的哲学语言意义，主要涉及虚构名称的指称和涵义、虚构专名与通名的意义以及虚构语句的意义。本节对其中涉及的一些基本理论做简要梳理和概述。

一、专名与通名

中世纪的唯名论在论述一般与个别的关系时，也涉及专名和通名的意义问题。例如阿伯拉尔（P. Abailardus）从个别高于一般这个基本论点出发，认为代表一个人名字的词是专名，专名与拥有这个名字的人相对应，指称这个具体的人。而像"动物"或"人"这样的名称则是通名，通名没有确定的个别的对象与它对应，只是一个类的名称或记号。

当前语言哲学把只能指称一个单一对象的名称称为专名（proper name），它们由字符串组成，直接指称或指示语言外部世界的对象，例如"维特根斯坦""吴承恩""司各特"等简单专名；而类似于"老王""南极""白龙马"等由复合名词或修饰词、数词等加名词组成的名称则被称为复合专名，它们只要指示的是单一个体或对象，仍然属于专名。指称一类中的全体成员的名称被称为通名（general name），例如"人""黄金""龙"等。在科技哲学中，指称一类事物的名称，如"水""黑洞""恐龙"等，指称抽象概念或理论的名称，如"质数""平行""极值"等，都属于通名。

此外，按照指称表达式与个体的关系，指称表达式也可分为单称词项（singular terms）和全称词项（general terms），前者包括专名、复合专名以及单称代词，后者包括通名和复数代词。本书仅探讨专名和通名。

二、名称的指称和涵义

语言哲学在探讨名称的指称和涵义时主要涉及的是真实的人名、地名或事物名称，其中部分涉及空名和虚构名称，这些构成了本研究的理论基础，关于虚构名称和话语的意义探讨都在这些理论基础上展开。

语言哲学在探讨名称的意义时，区分了名称的指称和涵义，二者都有"意义（meaning）"的意思，但又不等同于意义。按照弗雷格（Friedrich Ludwing Frege）对指称与涵义的区分，语言有两种基本功能：有所表达和有所指。"有所表达"即语言表达式所表达的一定的意思，通常称其为涵义（sense）；"有所指"可以看作语言符号所指的外部对象，通常称其为指称（reference）。密尔（John Stuart Mill）分别用"connotation"和"denotation"来表示。在语言的逻辑分析里，通常把前者称为外延（extension），后者称为内涵（intension）。在弗雷格看来，专名既有指称又有涵义，而且这两种意义是并列存在且一起产生的，用弗雷格的原话来说，这两种功能是并列的，"专名表达它的涵义，并且命名或指示它的指称"①。

现代语言学关于名称的指称和涵义的理论都来源于密尔的名称理论。密尔提出了关于名称的一个重要观点：专名没有内涵只有外延。也就是说，专名只是起了标记或区分某一客观对象的作用，它只指称被它称谓的个体，但不表示或蕴涵属于该个体的任何属性，换句话说，专名只有指称没有涵义；与之相对，通名既有内涵又有外延，既能指称它所称谓的人或事物，也包含了该人或事物的某些特征。

此后，罗素（Bertrand Russell）和弗雷格、克里普克（Saul Aaron

---

① 〔德〕G. 弗雷格：《论涵义和所指》，A. P. 马蒂尼奇编，《语言哲学》，牟博、杨音莱、韩林合等译，商务印书馆 2004 年版，第 380 页。

Kripke）以及普特南（Hilary Whitehall Putman）分别修正了密尔提出的专名只有外延没有内涵、通名既有外延又有内涵的观点，分别提出名称的描述性理论和直接指称论。本书后面章节的分析基本采纳了弗雷格的意义理论，即认为专名既有指称又有涵义，二者合在一起才能表达完整的意义。

三、名称的两大理论：描述性理论和直接指称论

名称的描述性理论（descriptive theory）分为摹状词理论（description theory）和簇摹状词理论（set description theory）。大致来说，名称的描述性理论认为专名与通名都有各自的内涵或涵义，它们实质上是一些缩略的或伪装的摹状词，描述了名称所指的对象的一些本质属性。以罗素的观点为代表的摹状词理论认为每一个名称由特定的摹状词来表达，以后期维特根斯坦（Ludwing Wittgenstein）和塞尔（John R. Searl）的论点为代表的簇摹状词理论对其做了修正，指出名称不是与某一特定的摹状词相连，而是与一簇不确定的摹状词相连。命名活动就是从思想上把一组限定摹状词与一个名称联系起来。每一个名称都与一组或多或少的摹状词相联系，这组摹状词构成了名称的内涵。在日常生活中，人们根据某个对象的本质属性的逻辑总和或内涵析取，把名称与对象联系起来。

名称的直接指称论（direct reference theory）也被称为名称的历史因果命名理论（historical causality theory），它完全否定名称的内涵或涵义与所命名的对象有直接关联。其代表人物克里普克和普特南认为，名称只有所指，在任何可能世界都指称相同的个体，名称"直接"指称个体，并因这一指称而获得意义，此外没有其他意义。该理论因而得名直接指称论。人们依据对名称的命名和所使用的历史因果事件的联系，把名称与某一对象联系起来。人们在日常生活中对名称的使用只是为了区分个体，名称与对象的本质属性之间没有必然联系，专名和通名的指称即外延是由历史和社会的因素决定的。本书在探讨虚构名称的指称和涵义时主要基于这两大名称理论。

四、真值、语句与命题

语言哲学家在探讨语句（陈述句）的意义时，把意义与判断所表达的内容为真或为假联系起来，"真值"表示对真假的判断，语句的真值就是指语句所表达的内容或思想（也称内涵）与现实是否一致。亚里士多德对

此有一句经典表述："说非者是，或是者非，即为假，说是者是，或非者非，即为真。"现代语言哲学则把其表述为"语句之为真在于它与现实相一致（或它符合于现实）"。① 弗雷格则把语句的真值定义为语句的指称："语句的真值，我指的是语句为真或为假的情况，并不存在其他的真值。"② 本书在一般意义上使用本词，把语句的真值看作语句所表述的思想或内容与事实或事态相一致或不一致，当语句表述的思想或内容与事实或事态相一致时，则语句的真值为"真"（True）；如果不一致，则为"假"（False）。

"语句（sentence）"在本书中仅限于指表达思想、信念或判断的陈述句，不包含一般语言学中其他类型的句子，如疑问句、感叹句、命令句等。本书所选陈述句都是述谓结构简单句，没有包含信念、愿望、判断之类子句的复合句。而"命题（proposition）"则被定义为包含特定思想内容的语句，命题有真假之分，是真理或谬误的载体（bearers of truth & falsity）。一些哲学家主张语句与命题没有分别，如赖欣巴哈（Hans Reichenbach）把二者当作同义词交替使用。③ 而大部分哲学家认为语句本身没有真假之分，但语句所表达的思想或内容则有真假之分。如语句"下雨了"，孤立地从字面上来判断是无法确定其真假的，但如果把其表述的内容与事实联系起来做判断，则可以说其为"真"或为"假"，此时语句中可供人们判断真假的思想和内容就称为命题。一些哲学家强调语句与命题不能混同，例如弗雷格认为语句与命题具有不同属性，斯特劳森（Peter F. Strawson）认为语句本身没有真假之分，只有在特定的语境之中才成为命题，有真假之分。罗素和普特南也持类似观点，认为语句和命题的区别就在于是否承担真值。此外，不同的语句如果表达的思想内容相同，即使形式不同，也可以被认为表达同一命题，如汉语的"下雨了"，英语的"It is raining"，语句不同，但表达的命题相同。而同一语句在不同的语境下命题会不同，如一个人在雨天和晴天说"下雨了"，表达的是两个不同的命题，前者为"真"，后者为"假"。本书采用区分语句和命题的观点。

---

① 〔波兰〕A. 塔尔斯基：《语义性真理概念和语义学的基础》，A. P. 马蒂尼奇编，《语言哲学》，牟博、杨音莱、韩林合等译，商务印书馆2004年版，第84页。
② 〔德〕G. 弗雷格：《论涵义和所指》，A. P. 马蒂尼奇编，《语言哲学》，牟博、杨音莱、韩林合等译，商务印书馆2004年版，第382页。
③ 参见涂纪亮：《英美语言哲学概论》，人民出版社1988年版，第46—49页。

五、语义分析和语用分析

这一对概念涉及语言分析的方法，它们分别秉承了分析哲学中的逻辑经验主义与牛津日常语言学派对语言意义的不同定义而采用的不同研究方法和路径。概括地说，对语言的语义分析只从语言本身来寻求语词或话语的意义，认为语词有固定不变的词汇意义和语法意义，它们并不随着语言的使用而改变，因此更加注重对语言的形式分析、概念分析和逻辑演算，并期望借助这种分析，达到对语言意义的精确解释，从而最终达到对世界的正确认识。与之相对，牛津日常语言学派认为对于语言意义的正确理解和解释不能仅从语言内部对概念和逻辑的推导而来，而要从语言的用法入手，强调对语言使用的分析，把语言的意义看作随着使用的改变而灵活多变的，更加注重分析语言的使用者、使用场合、使用意向、言语行为、交际目的、交际手段等语言外部因素对语言意义的影响。当前包括斯特劳森、唐奈兰（Keith Donnellan）、塞尔、格赖斯（Paul Grice）在内的语言哲学家主张把这两种方法结合起来，共同完成对语言的意义研究。基于语言哲学研究发展的趋势，本书分别从以下两个方面阐述了虚构话语的意义：一是从语义的角度探讨了虚构话语的指称和内涵的概念意义和真值判断，二是从语用的角度探讨了虚构话语的意义与语境和使用之间的关系。

第三节 语言哲学围绕"虚构"争论的焦点问题

一、早期关于名称的一些观点

西方哲学史上对名称的研究可以追溯到古希腊哲学。柏拉图在《克拉底鲁篇》和《泰阿泰德篇》中就提出名称可以"理解为任何指示实体的词""专名没有涵义"等观点，之后亚里士多德从种与属的差异方面定义了通名的意义，认为事物的属加上种差就构成了种的定义，这种定义表明了事物的本性。例如人属于动物，与动物的种差包括没有羽毛、只有两条腿等，于是他把人定义为"无羽两足的动物"，并且认为"无羽两足"表现了人的本质，是人的固有属性。[1] 这些观点至今仍活跃在语言哲学关于名称的争论中。

---

[1] 参见涂纪亮：《英美语言哲学概论》，人民出版社1988年版，第23页。

中国哲学对名称的关注也由来已久。中国古代伟大的思想家和教育家孔子在《论语》中提出了关于"名"的著名论述"名不正，则言不顺；言不顺，则事不成"。虽然孔子的"名"更多地倾向于表示"名分"，但其把"名"置于极高地位的做法以及先秦历史上"名实之辨"中名家"专决于名"、墨家"以名举实"等论述表明，中国古代哲学已经开始关注名（名分、名称、语言）与实（实在、事物、世界）之间的关系。可惜的是，中国哲学因实用主义倾向而没有从语言分析或思辨的角度对名称做进一步解释①，当前关于名称意义的解释都是建立在西方分析哲学基础之上的。

近代的经验论哲学家霍布斯、洛克、休谟等也分别论述了专名和通名的意义。霍布斯认为人与动物的区别就在于人可以通过符号（或标记）来记忆事物或现象的特征，而这种符号可以引起人们关于这个事物或现象的回忆，同时在说话人向别人说出这个符号时，这个符号也可以在别人的脑海里引起与说话者观念相同的观念。名称就是标记观念的符号，词（包括名称）是人们根据约定而形成的一些符号，名称虽然是人们随意创造出来并任意拿来做标记使用的语词，但它们并不是事物的名称，而是观念的名称，帮助我们记忆和引起观念。洛克发扬了霍布斯关于名称的观念论观点，并把它进一步发展为意义的观念论。其核心思想就是，每一个有意义的词都与一个观念相联系，名称的意义就在于它所指示（或联系）的作为精神实体的观念。观念分为简单观念和复杂观念，简单观念就是不能再分解的观念，如红、黄、苦、甜等，它们通过人们的感觉经验直接获得，指示这些观念的词"红""黄""苦""甜"表示的就是这种感觉，也就是词的意义。而复杂的观念是心智对简单观念进行加工合成所构成的，表示复杂观念的通名就是把名称与某个复杂观念相联系，通名的意义就在于它标记或联系一个复杂的观念。这些早期的观点都没有形成系统的语言哲学体系，直到20世纪，哲学经历语言转向之后，语言哲学逐步建立起来，对于名称的意义的探讨才真正深入并系统化。

二、当前围绕"虚构"的争论

在语言哲学领域，当前围绕"虚构"产生的争论涉及多个方面。

---

① 当前关于中国哲学命题的研究表明，中国哲学也有理性和纯语言反思。参见刘利民：《在语言中盘旋——先秦名家"诡辩"命题的纯语言思辨理性研究》，四川大学出版社2007年版，第108页。

(一) 虚构名称的指称

首先在指称方面，由于名称的指称被看作专名所指的对象，对于虚构的指称的争论与虚构对象的本体论交织在一起，争论的焦点集中在对虚构对象或虚构实体的定位上。其中最具有代表性的有两派：实体派与非实体派，或者称为对象主义和无对象主义。实体派承认虚构实体的存在，认为虚构人物是一种具有实体存在的人造物或人工产物。其内部又分为两大派别，一派继承了迈农的"虚存"实体思想，认为虚构实体为虚存实体的一种，每一个虚构人物或虚构事物（如《哈利·波特》中的火凤凰或神话传说中的喷火龙）都是虚存实体，每一个个体都有一组特定的属性集合与之相联系，这些属性集合产生于文本对其的描述，它们虽然没有实在世界中的时空存在，但因为文学文本的描述而成为没有时空存在的另外一种存在，这一派因此也被称为新迈农主义（neo-Meinongianism）[①]。该派在继承迈农极端实在论的基础上，提出无时空物理存在的抽象存在不仅真实存在，还具有特定的内在属性。另一派则认为虚构对象是一个由作者创造出来的抽象实体，与人们日常所见的其他某些业已获得某种认同的诸多抽象实体如理论、法律、上层建筑等概念同类，是抽象实体的一种，只不过虚构人物的依附性存在条件不同，他们依赖书本、读者和作者与人们的现实世界相联系，也可以随着时空物质载体和人类意识的消亡而不再存在。这一派也被称为抽象实体派或"造物主"（creationist，一般译为特创论者或上帝论者）派[②]，作者就是虚构人物的造物主或创造者。其代表观点认为小说及其虚构人物一经创造出来，就成为一种具有时空存在的实体，依赖于作者的意识、文字、书本或其他物质载体和有理解力的读者而存在，并不随着作者的消亡而消失，并且只要三者之中有一项存在，虚构人物就存在。譬如作者和文本材料都没有了，但如果还有知道或记得虚构人物的读者存在，虚构人物就存在于他们的意识之中，这种存在是真实的；如果作者和所有的读者都不存在了，但文字材料还存在，即使仅存一份，深藏在不为人知的地方，虚构人物还是以文字的形式物理存在着。人和物都是虚构人物具有依附性时空存在的标志，正是人类意识的创造性构建了人类社会的政府、社会形态、艺术品以及虚构作品，它们构成了一个独立的物质

[①] "Fictional Entities", The Stanford Encyclopedia of Philosophy, https://plato.stanford.edu/entries/fictional-entities.

[②] "Fictional Entities", The Stanford Encyclopedia of Philosophy, https://plato.stanford.edu/entries/fictional-entities.

世界的最顶层。① 由此，虚构人物可归为特殊的文化产物，依赖人类的创造和意识而存在，与其他文化产物包括绘画、雕塑、虚构作品同类，承认虚构作品的时空物理存在，就没有理由不承认虚构人物的实体存在。总的来说，实体派普遍认为虚构对象虽然不具有实在世界的物理存在，但它们以抽象方式真正存在。基于以上本体论前提，新迈农主义和造物主派都主张虚构名称有指称，其指称对象为虚构对象，虚构对象是与其他抽象存在一样的实质存在。

与之相对，另外一派断然否认虚构实体的存在，把虚构实体视为完全的空和无，从而否认虚构名称的指称。通常持名称直接指称论者都是这一派的典型代表。例如沃尔顿（Kendall L. Walton）主张虚构名称为空名词，因为虚构人名缺乏一个现实的社会历史链条把某一表示姓名的语言符号与某一对象相连，因而虚构人名没有指称，或者说其指称为空和无。如图 1-1 所示。

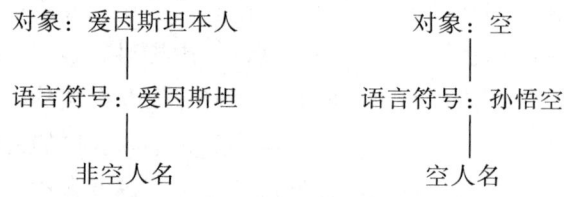

图 1-1　非虚构人名与虚构人名的指称②

这一派坚决地批判了虚构对象的实在论观念，认为当人们说没有某个虚构人物或事物时，就是在否定他们的存在，就是明明白白地表明虚构对象是空无（empty）或虚无，因此虚构名称是一个空名词，它甚至不能算专名，因为专名必须有所指，而空名词没有指称。③ 本书把这一派称为"空无派"。其内部对于虚构对象的指称的说法也存在分歧。例如奥伦斯坦（Alex Orenstein）主张抛开虚构对象的本体论地位之争，简单地把虚构人名处理为空指示词，而不主张其"有指称"这一说法④。克拉扎（Eros Corazza）和维芝（Mark Whitsey）也赞同奥伦斯坦的这种观点，主张把

---

① Amie L. Thomasson, *Fiction and Metaphysics*. Cambridge: Cambridge University Press, 1999, pp. 6-16.

② 参见 Paolo Leoneardi,"Names and Illusions",*Dialectica*,2003,Vol. 57,No. 2,pp. 165-176.

③ Kendell L. Walton, "Restricted Quantification, Negative Existentials, and Fiction", *Dialectica*,2003,Vol. 57,No. 2,pp. 239-242.

④ Alex Orenstein,"Fiction, Propositional Attitudes, and Some Truths about Falsehood", *Dialectica*,2003,Vol. 57,No. 2,pp. 177-190.

虚构名称处理为空名词。①

这一派理论把名称的意义与其所指的对象直接关联，从否定现实人或事物存在的角度否定虚构名称的指称，比较符合人们的常识。但该理论面临语言哲学著名的"空名"难题的诸多挑战，其中最主要的就是会导致无法确认以虚构名称为主词的句子的意义，因为指称论有一个核心命题——"在主词位置上引入某物就意味着它必须存在"②，由此导致空名存在句难题和否定存在句难题，同时也无法解释包含虚构名称的语句为什么可以在现实世界中正常使用而不会引起歧义。此外该理论在解释虚构名称的涵义方面也面临着诸多问题。近年来，越来越多的学者意识到，关于空名的意义和指称的几种直接指称理论解决方案都把与空名相连的摹状词排除在外，这种策略仍有待更多的论证予以支持。③

总的来看，抽象实体派因为在语言外物质世界对象的处理上没有明显违反人们的直觉，同时又在本体论上找到支持，因而对虚构话语的意义处理更为便利，其理论探讨也显得更为丰富和系统。站在这一派的立场上，虚构对象虽然不是一种真正存在的实体，但也不是完全的空或无，人们可以承认虚构对象的存在，但并不把虚构对象看作平行于实存实体的另外一种实体。抽象实体派内部关于把虚构对象究竟定义为语义对象，还是定义为意向对象、可能对象或抽象实体的一种，仍存分歧。其中有代表性的分别有塞尔的意向对象观点，克里腾登（Charles Crittenden）、拉马克（Peter Lamarque）的语义对象观点以及刘易斯（David Lewis）等的可能对象的观点。

塞尔把虚构对象归为一种意向对象，肯定了虚构名称的指称。他把虚构对象看作一个源于作者意向的创造性产物，当作者把某一语言名称与某一对象联系起来之后，虚构对象就依赖作者的创作而存在。塞尔特别强调只有当虚构名称用于指称小说中的人物或事物时，虚构名称才有指称，如果用虚构名称指称现实人物或事物时，其指称为空。④ 科里（Gregory Currie）继承和发扬了塞尔的观点，在其专著《虚构的本质》（*The Nature of Fiction*）中以类似的观点定义了虚构人名的意义，只不过在命

---

① Eros Corazza, Mark Whitsey, "Indexicals, Fictions and Ficta", *Dialectica*, 2003, Vol. 57, No. 2, pp. 121—136.

② 王寅：《语言哲学研究——21世纪中国后语言哲学沉思录（上）》，北京大学出版社2014年版，第296页。

③ 参见黄益民：《空名问题的几种解答》，《世界哲学》2005年第6期，第78—83页。

④ John R. Searle, *Speeech Acts: An Essay in the Philosophy of Language*. Cambridge: Cambridge University Press, 1969, pp. 76—78.

名过程上与塞尔有所不同，其中很多观点都引起了人们的注意和争论。

拉马克认为虚构名称只有在文本内部出现时，即故事中当一个虚构人物使用另一个虚构人物的名称时，虚构人名才有通常所说意义上的指称，而在文本外部出现时，即在日常生活或文学评论中使用虚构名称时，都不是对虚构人物的直接指称，而是对拥有这一名字的虚构人物的内涵的间接指称[1]，即"说话者指称"。虚构名称指称虚构人物，但虚构人物只是一种出于语义分析或者理论解释的需要而设定的某种抽象对象，只有语言学意义，没有本体论意义。因此虚构对象是一种语义对象，是人们出于语言实践或语义需要而生产出来的，属于"语法对象（grammatical objects）"的一种，范·英维根（Peter van Inwagen）称之为文学理论作品中的"理论实体（theoretical entities）"。[2] 沃托里尼（Alberto Voltolini）认为虚构实体（即 ficta，实在论者对虚构人物和虚构事物的总称）是虚构作品中必不可少的成分，是出现在虚构作品中的另一种实体，具有与虚构作品相同的所有同一性条件，只要承认虚构作品的语义实体地位，就必须承认出现在虚构作品中的其他实体，包括虚构人物和事物的语义实体地位。[3]

刘易斯等以克里普克的可能世界理论为基础，把作者通过写作创造出的小说世界看作可能世界的一种，是没有实现的可能性，因此虚构人物，比如哈姆雷特、福尔摩斯等虽然不存在于现实世界之中，但存在于某个特定的可能世界里，比如在莎士比亚的戏剧世界、柯南·道尔爵士创作的福尔摩斯探案系列小说世界中，存在着拥有哈姆雷特或福尔摩斯全部内涵的人物，他们的名字分别为"哈姆雷特"或"福尔摩斯"。[4] 由此，虚构对象被定义为可能实体的一种。除此之外，波普尔（Kanl Popper）提出的"三个世界"理论把包括数、语言和科学理论在内的人类思维的产物看作"世界 3"，它们也是一种"现实的"和"自主的"存在[5]，由此把代表这一类事物的词项的外延看作这些事物本身。

---

[1] Peter Lamarque, *Fictional Points of View*. Ithaca & London: Cornell University Press, 1996, pp. 23—45.

[2] Peter van Inwagen, "Creatures of Fiction", *American Philosophy Quarterly*, 1977, Vol. 14, NO. 4, pp. 299—308.

[3] Alberto Voltolini, "How Fictional Works Are Related to Fictional Entities", *Dialectica*, 2003, Vol. 57, No. 2. pp. 225—238.

[4] 参见 Amie Thomasson, *Fiction and Metaphysics*. Cambridge: Cambridge University Press, 1999, p. 17.

[5] 〔英〕卡尔·波普尔：《客观知识——一个进化论研究》，舒炜光等译，上海译文出版社2005年版，第183页。

以上关于虚构名称的指称的不同理论构成了本书关于虚构名称的指称的理论基础,本书第三章将进行详细讨论。

(二) 虚构名称的涵义

关于虚构名称的涵义也存在针锋相对的两种观点:虚构名称有涵义和无涵义。其中关于通名的涵义的争论又与认识论领域对于科学理论,包括共相、类、理论名词等对认识的作用和价值的探讨交织在一起,成为科学发现理论的重要组成部分。

首先在虚构名称是否具有涵义方面,存在截然相反的两种观点。持名称的历史因果观的哲学家,如克里普克、普特南等断然否定名称包括虚构名称的涵义,而持名称的描述性观点的哲学家一般认为涵义是名称意义的重要构成。二者交锋的焦点问题就是涵义对意义所起的作用,前者否认涵义对意义发生作用,后者普遍认为涵义对意义发生作用,承认虚构名称有意义就意味着虚构名称具有涵义。由于名称的描述性理论承认名称具有涵义,因而其在名称涵义的获得以及涵义与指称的关系方面论述得较为详细。

关于虚构名称的涵义的第二个争论在于如果承认虚构名称有涵义,那么其涵义是如何获得的。虚构名称的涵义究竟是等同于描述虚构对象的一簇摹状词,还是名称与摹状词之间的关系?按照内涵语义学对意义的描述,名称指谓(denote)其所指,表达(express)其涵义,涵义是一个关于所指的概念。① 罗素的摹状词理论把涵义看作描述其属性的某个摹状词。但持簇摹状词理论的语言哲学家则认为涵义并非由一个摹状词表达,而是与一簇摹状词相连。按照塞尔和维特根斯坦的名称簇摹状词理论,虚构名称的涵义是虚构人物"在小说世界中的一组行为和特征的总和"②。这些行为和特征的总和可以由一组或一簇摹状词给出,把虚构人名的涵义看作虚构人名与虚构人物的属性之间的关系。按照拉马克的虚构名称"说话者指称"的观点,虚构人名的涵义描述了有关如此这般的(适合该人名的)人物的某件或某些事情,即对该指称对象的如此这般的性质进行归

---

① 〔美〕A. 丘奇:《内涵语义学》,A. P. 马蒂尼奇编,《语言哲学》,牟博、杨音莱、韩林合等译,商务印书馆 2004 年版,第 68 页。
② Edward N. Zalta,"Referring to Fictional Characters",*Dialectica*,2003,Vol. 57,No. 2,pp. 243—254.

属，虚构人物可以看作构成他们的属性的组合或复合。① 描述虚构人物本质属性的一组或一簇摹状词就是虚构名称的涵义，即把虚构人名的涵义等同于描述虚构对象属性的一簇或一组摹状词。

此外，在虚构名称的指称和内涵的获得即虚构名称的命名过程上，实在论者由于承认虚构名称的指称，因而普遍认同文学作品作者的写作过程，也就是"讲故事"的过程，可以被视为一种扩展了的命名仪式（extended baptism），接近于定义式言语行为。但是这一过程究竟贯穿作者创作虚构文本的全过程，还是在作者为某个人物命名的瞬间一次性完成的，仍然存在争议。

按照塞尔的意向对象观点，当作者意向性地把虚构人名与某一虚构人物联系起来之后，即作者创造出某一虚构人物之后，虚构名称的意义就成立了。因此虚构人名的命名过程类似婴孩的命名仪式，是一个一次性完成的行为式。② 与之相反，科里修正了迈农（Alexius Meinong）的虚构人物是作者从无限的、众多非实存或可能事物的对象集合之中任选一个，并通过写一个故事使之成为虚构人物的观点，认为虚构人物是一种源于作者创造性和意向性写作活动的实体，作者发明、塑造或创造小说中的虚构人物。科里驳斥了"可能世界"理论对虚构名称指称的诘难。按照克里普克的观点，专名在某一世界中指称某一人物，则在任何可能世界中都指称该人物；科里试图论证虚构人名在小说世界中指称某一人物，则在任何可能世界中也指称该人物，由此推论可用于描述真实人物的可能性的本质主义也可用于描述虚构人物，虚构人名的内涵也是虚构人物本质属性的描写或摹写。③ 因此，虚构人物的命名贯穿了整个虚构文本的写作过程。

以上这些理论各有其合理性，但也存在或多或少的片面和不足，面临一些诘难。本书后面几章将在综合以上观点的基础上对虚构的意义进行完整和综合的考量，并探讨这些争论对哲学、语言学和文学可能带来的挑战和启示。

（三）虚构话语的意义

对虚构话语的意义的探讨包括两个方面。第一，虚构话语的语义意

---

① Peter Lamarque,"Fiction and Reality", in *Philosophy and Fiction*. Christchurch, New Zealand:Cybereditions Co. Ltd. ,2000,pp. 71—90.

② John R. Searle. *Speech Acts: An Essay in the Philosophy of Language*. Cambridge: Cambridge University Press, 1969, pp. 65—78.

③ Gregory Currie,"Characters and Contingency", *Dialectica*,2003,Vol. 57,No. 2,pp. 137—148.

义，即不考虑其使用意义或语境意义时，语句本身的意义，主要包括指称、涵义、表达内容的真值判断三个方面。当前围绕虚构话语的指称和涵义的理论探讨基本都沿用了弗雷格关于语句指称和意义的理论，即语句所表达的思想为语句的涵义，其指称为语句真值。第二，虚构话语的语用意义或称使用意义，把虚构话语使用的语境尤其是使用者因素纳入考虑来辨别其意义，主要包括虚构话语的言语行为、意向性和交际性、语言使用框架等。

关于虚构语句的指称和涵义，当前存在针锋相对的观点。空无派在否定虚构名称的指称和涵义的基础上否定了虚构语句的指称和涵义，抽象实体派和极端实体派在承认虚构名称的指称和涵义的基础上，或者认可虚构语句的涵义，或者认可其指称，或者二者都认可并展开探讨。其中涉及虚构语句的真值判断，争议较大。否定虚构名称指称的非实在论者基本上都认为这是一个伪问题，因为在他们看来，虚构名称缺乏所指，以虚构名称为主词的语句不能构成命题，其真值无法判断，虚构语句既不真也不假。例如沃尔顿在《使人信以为真的仿拟——论表现艺术的基础》（*Mimesis as Make-Believe: On the Foundations of the Representational Arts*，1990）一书中，运用塞尔的"假装"理论，否定虚构话语可以表达命题，认为虚构话语的作者只是假装在表达命题，这种"假装"的意向可以扩展到虚构话语出现的所有场合——虚构人名的指称是假装出来的，作者和读者在玩一场非正式的语言游戏：作者虚假地谈论某些并不存在的事实，假装虚构人物存在并有自己独特的历史，我们可以像谈论真实人物一样谈论他们，其目的就是使读者对语句内容或故事内容采取假装信以为真的态度，读者也假装相信作者所说，参与到这场游戏之中，即使站在旁观者或评论者角度谈论和评论故事人物或故事情节也只不过是假装游戏的继续。[①] 克拉扎等人也主张把虚构名称处理为空名词，包含空名词的语句不能成为命题，其真值不能确定。[②]

承认虚构名称的指称的抽象实体论者和极端实体论者都认为虚构语句可以构成命题，并且命题有真假之分，他们基本上都认为判断虚构命题真假的依据为文学文本，即虚构语句的命题内容根据文学文本为真或为假。例如拉马克专门探讨文学虚构与哲学的关系。他区分了虚构人名使用的三

---

① Kendell L. Walton, *Mimesis and Make-Believe: On the Foundation of the Representational Arts*. Cambridge: Harvard University Press, 1990, pp. 385—411.

② Eros Corazza, Mark Whitsey, "Indexicals, Fictions and Ficta", *Dialectica*, 2003, Vol. 57, No. 2, pp. 121—136.

种不同语境,分别称为作者的使用、有知的读者的使用和无知的读者的使用,并认为只有在有知的读者的使用这一场合,虚构语句才能给读者带来新的知识和信息,其才有所指并有意义,同时虚构语句也才能构成命题,而判断命题真或假的依据就是作者的文学文本。① 科里也认为虚构语句有真假之分,判断虚构语句为真或为假的依据就是虚构语句所陈述的内容是否在故事中为真,这是一个复杂的判断过程。② 托马森(Amie L. Thomasson)则认为要区分虚构人名使用的不同场合,分为文本内和文本外使用:当虚构人名在文本内初次出现时,作者在玩假装为真的游戏,虚构话语没有真假之分;而当虚构人名在文本外,例如文学评论中出现时,就是对虚构人物的回叙或回指,此时包含虚构人名的话语就不是假装描述事件,而是真实描述现实经验,因而是真命题。③

但是以上观点也面临一些反驳,反对者认为既不需要把虚构人物处理为抽象实体或可能实体,又或迈农主义的虚存实体之类,也不能站在命题态度的立场上处理虚构语句,而是主张对虚构语句采取一种非判断/非事实性的命题态度,承认小说中的句子可以是错误的(即表达错误的命题),但同时小说从文字上来说表达了真实的可理解的意义,虚构语句的意义又是实在的。④

关于虚构话语的语用意义,当前也存在严重分歧。关于言语行为,当前比较有影响的分别是塞尔的"寄生性言语行为"理论和科里的"虚构性言语行为"理论之争。塞尔从否定虚构话语是断言开始否认了虚构话语是一种以言行事行为。虚构话语的作者不相信也无法承诺所表达的语句的真值,违反了断言的基本原则,只是假装在叙述一系列事件。⑤ 沃尔顿对塞尔的虚构话语是假装实施言语行为的观点表示赞同,认为虚构话语不过是真实话语的仿拟或寄生性使用,并主张把这种"假装"的意向扩展到所有方面——虚构人名的指称是假装出来的,虚构话语假装在表达命题,言说

---

① Peter Lamarque,"Fiction and Reality", in *Philosophy and Fiction*. Christchurch, New Zealand:Cybereditions Co. Ltd. ,2000,pp. 71—90.
② Gregory Currie,*The Nature of Fiction*. Cambridge:Cambridge University Press,1990,pp. 47—49.
③ Amie L. Thomasson,"Speaking of Fictional Characters",*Dialectica*,2003,Vol. 57,No. 2,pp. 205—223.
④ Alex Orenstein,"Fiction,Propositional Attitudes,and Some Truths about Falsehood",*Dialectica*,2003,Vol. 57,No. 2,pp. 177—190.
⑤ John R. Searle,*Express and Meaning:Studies in the Theory of Speech Acts*. Cambridge:Cambridge University Press,1979,p. 69.

者和听者在玩一场非正式的语言游戏,文学评论者谈论故事人物或故事情节也只不过是假装游戏的继续……①而科里认为作者并不是在假装实施言语行为,而是在实施一种真正的言语行为,其目的是让读者对虚构出的话语内容假装信以为真,这种言语行为是一种不同于事实性话语言语行为的新的言语行为,科里称之为"虚构性言语行为(fictive speech act)"。②此外,科恩(Dorrit Cohen)、班菲尔德(Ann Banfield)等则从虚构作品的文学特点出发,认为虚构话语只具有自我表现功能,主张彻底消除其言语行为。③

以上两种理论各有合理性和缺陷。本书以塞尔的言语行为四分法为出发点,回答了虚构话语的言语行为究竟是假装的还是真实的这一问题,提出一种修正的接近塞尔定义的"叙述式"言语行为的观点。

关于虚构话语的意向性,塞尔在《表达与意义:言语行为理论研究》(*Express and Meaning: Studies in the Theory of Speech Acts*,1979)一书中,专门探讨了虚构话语的逻辑地位和意向性,其中最有影响力的两个观点为:一是把隐藏在话语背后的作者的意向看作虚构话语的本性,判断虚构话语与事实性话语的依据就是隐藏在话语背后的作者的意向;二是"假装"理论,认为虚构话语的作者假装断言,假装实施言语行为,从而完成一种类似演员在舞台上表演的语言游戏。④

关于虚构话语的交际性,也存在肯定和否定两种观点。虽然塞尔、科里对虚构话语的言语行为的定义不同,但二者从言语行为的角度考虑虚构话语的交际性,都把虚构话语纳入了一个作者借助文本实现与读者交流的大框架,肯定其交际性。一些语言学家和文学理论学家也以不同方式对虚构话语的交际性进行了肯定。例如梅伊(Jacob L. Mey)认为文学作品的阅读是一个由作者与读者共同参与创造的互动过程⑤;伊瑟尔(Wolfgang Iser)则认为文学虚构的作者在创作中超越社会、文化、政治

---

① Kendell L. Walton, *Mimesis and Make-Believe*. Cambridge: Harvard University Press, 1990, pp. 397—401.

② Gregory Currie, *The Nature of Fiction*. Cambridge: Cambridge University Press, 1990, p. 18.

③ 谢晓河,余素青:《虚构话语:言语行为和非交际性》,《外语研究》2005年第3期,第1—5页。

④ John R. Searle, *Express and Meaning: Studies in the Theory of Speech Acts*. Cambridge: Cambridge University Press, 1979, pp. 58—75.

⑤ 〔美〕Jacob L. Mey:《语用学引论》,徐盛桓导读,外语教学与研究出版社2001年版,第68页。

现实等边界，创造出一个想象与现实相混合的虚构世界，读者通过自己的意识和认知意向有选择性地阅读，参与文本游戏，揭示和拓展自身境遇。① 该观点把读者和作者纳入了一个以信息理解和交流为前提的意向活动。

否定的一派以汉伯格（Kate Hamburger）、班菲尔德等人为代表，他们从小说特定的文体和表达特点出发，认为虚构话语中没有存在于事实性话语中的言语主体和言语客体，虚构话语表现的是语言的展示或表达功能，不能用事实性话语的言语行为和交际语境来解释，具有非交际性。② 我国学者谢晓河、余素青从语用学的角度探讨了虚构话语的言语行为和交际性，认为在文本和语义层次上虚构话语的句子具有非交际性，在超文本层次上虚构话语具有交际性。③

本书在综合以上研究成果的基础上，着重对文学中虚构对象的性质、虚构名称的指称、涵义、命名过程，虚构通名尤其是科学理论名词的指称和涵义，虚构语句的语义和语用意义等争议性较大的问题进行分析并提出可能的解决方案，同时反思虚构话语的意义分析对语义和语用意义理论可能带来的挑战和贡献，以及这种意义分析对哲学、文学和语言学理论带来的挑战和可能的解决方案。

第四节 研究问题和思路

本书重点关注"虚构"的意义问题，采用理论分析的方法，对虚构名称和虚构话语的意义理论进行梳理和总结，并在此基础上形成一定的结论。所采用的理论基础主要有语言哲学中的指称理论、意义理论、真值理论、意向性理论、交往行为理论等，语言哲学与语言学交叉的言语行为理论、语言认知理论、生成语法理论等，语言学中的语义学和语用学理论、文学领域的文学隐喻理论、文学人类学理论，以及科学技术哲学领域的科学发现理论等。通过对虚构名称和虚构语句的意义分析，探讨虚构名称的

---

① 〔德〕沃尔夫冈·伊瑟尔：《虚构与想像：文学人类学疆界》，陈定家、汪正龙等译，吉林人民出版社 2003 年版。
② 谢晓河、余素青：《虚构话语：言语行为和非交际性》，《外语研究》2005 年第 3 期，第 2 页。
③ 谢晓河、余素青：《虚构话语：言语行为和非交际性》，《外语研究》2005 年第 3 期，第 1—5 页。

指称和涵义对传统名称理论、意义理论、真值理论、文学人类学理论、科学发现理论可能形成的挑战，思考为应对这种挑战，各自可能的解决方案。探讨的主要问题为：

（1）虚构专名的语言分析对传统名称理论、意义理论带来的挑战以及可能的解决方案；

（2）虚构名称的语言分析对文学理论研究的启示；

（3）科学理论名词的语言分析对意义理论和科学发现理论带来的挑战以及可能的解决方案；

（4）虚构语句的语言分析对语言学理论研究的启示。

对以上问题的探析基本遵循从名称到语句、从语义分析到语义和语用分析相结合的思路展开，所采用的研究方法主要为概念分析和理论阐释。

第五节　研究框架

本书对文学和科学中虚构名称和虚构语句的语义和语用意义相关的语言理论进行了对比研究，分析并阐释了虚构名称的指称和涵义，虚构语句的语义和语用意义以及这种意义分析对语言哲学中的名称理论、意义理论和真值理论带来的挑战和可能的解决方案，之后拓展到这种语言分析对科技哲学、文学和语言学带来的挑战和可能的解决方案。除引言和结语外，全书有六章。

引言简要介绍了本选题背景和研究意义。

第一章为综述，首先对虚构与其他相对或相近概念的异同与关系进行了界定和辨析，其次对研究中涉及的主要概念进行了定义，然后对当前围绕"虚构"的意义产生的争论进行了概括介绍，最后介绍本书的研究问题、思路和框架。

第二章回顾了作为概念的"虚构"在哲学史上地位的变迁。先从历时角度考察"虚构"的哲学价值在哲学史上从被否定被批判，到逐渐被接受，直至受重视的历史进程，着重列举了柏拉图、亚里士多德、边沁、培根、费英格、古德曼等哲学家关于虚构的不同观点；然后简述了"虚构"在当前哲学某些领域及其他学科中的最新研究进展。本章的主要目的是对"虚构"研究的历史背景以及"虚构"在相关学科领域中的现实价值进行粗略勾画，从而为后几章探讨"虚构"对语言哲学和科技哲学、文学和语言学的启示做铺垫。

第三章通过对虚构名称的专名和通名的意义进行分析，探讨"虚构"的意义分析对名称理论和意义理论带来的挑战和启示。着重以文学虚构人名和事物名为例，分别从语义学和语用学角度分析文学作品中虚构人名的指称、涵义和命名过程，核心问题有四个：一是虚构名称是否有指称和涵义？二是如果虚构名称有指称和涵义，它们分别是什么？三是虚构名称如何获得指称和涵义？四是虚构名称的命名与必然性或偶然性之间的关系。本章的重点是探讨名称的两大理论在分析虚构名称时各自的合理性和面临的挑战及可能的解决方案，并最终反思这种可能的解决方案对名称理论和意义理论带来的启示。

第四章探讨了文学虚构名称和语句的语言分析可能给文学理论带来的启示，着重说明这种语言分析对文学人类学和隐喻理论可能带来的贡献。

第五章通过对科学理论名词的意义进行分析，着重探讨科学理论名词的指称和涵义，论及"虚构"在科学理论中的作用和价值，并在此基础上反思虚构通名的意义分析给科技哲学带来的启示。本章的重点有两个：一是把对虚构名称的语言研究与科技哲学中科学发现理论及"虚构"在科学中的作用联系起来；二是探讨在当今新技术条件下，"虚构"拥有了新的特征和功能时，人们如何正确认识"虚构"的积极和消极作用，以引导生存实践。

第六章在语句和话语层面上探讨虚构话语的意义理解和判断，并且与真值理论和语言学理论相结合，其中既包括从语义方面对虚构话语的意义进行探讨，也包括从语用方面，即从使用的角度考察虚构话语的言语行为、交际性、意向性、跨文本一致性以及真值性判断等问题，思考虚构话语的意义理解和判断对真值理论研究的启示，并结合本章语言分析所得结论提出后续语言学研究展望。

第三、五、六章是本书的重点和难点。

第二章 "虚构":从否定到肯定

从古至今,虚构一直存在,甚至可以说伴随着人类的出现而出现。远古人类的非理性思维(列维-布留尔[Lucien Lévy-Bruhl]称之为原逻辑思维[prelogical thought]①)使他们把各种自然现象和人类生活现象幻想成超自然力量和动因支配的结果,从而把他们的愿望、情感、信念等诉诸虚构和想象出的超自然世界,产生诸如图腾崇拜、神话、象形文字、迷信、巫术、宗教礼仪等,它们都是"虚构"的不同表现形式。

哲学出现以后,人类的理性思维开始排斥虚构,这是早期哲学追求事物的本性的必然结果。古希腊哲学从探求世界的本原开始,从对外部的客观物质世界的关注逐渐转向对人类本性的关注,探讨人类与自然的关系。早期本体论哲学关注的是思维与存在的关系,谁先谁后,谁更根本,没有深入对思维的本性的探求。哲学的认识论转向虽然关注思维本身,但聚焦于思维如何真实地反映存在,而虚构作为对存在的不真实反映,被归入神话或文学的范畴,哲学主流无暇顾及。因此虚构虽然很早就出现在人们的生活实践之中和哲学视域之内,但上千年来从未被纳入哲学主流研究的视野。直到近代,随着认识研究的深入、科学技术的发展和人们对科学发现规律的不懈追求,与科学发现中的概念、理论、假设、预测等同的虚构才逐渐被纳入哲学研究的范畴,拥有了一席之地。

第一节 对"虚构"的哲学价值的否定

无论是在西方文化还是中国文化里,"虚""实"都是一对对立的概念,代表了事物相反的两种属性,"虚"代表了空和无,"实"代表了真实和实在。而与真实和实在相对的,还有"虚假""虚伪""虚无""虚妄"

---

① 〔德〕恩斯特·卡西尔:《人论》,甘阳译,上海译文出版社1985年版,第102页。

等概念。人们出于常识，把可以感性直观的东西或判断都看作真实的，而将不能够感性直观到的一切事物都看作不真实、不可信的，于是一切虚构都被打上假、空、无的标签，不断受到人们的轻视和批判。在追求理性和真实的西方哲学里，从古希腊哲学一直到19世纪，"虚构"一直作为与"真实"和"实在"相对立的概念，等同于"假象""虚无""空洞"等，受到的批判比比皆是。例如柏拉图在《理想国》中对诗人和画家进行谴责时，批评他们只不过是对事物"影像的模仿"，而且这种"模仿术和真实距离是很远的"①，因为在柏拉图看来，绘画和诗歌在创作过程中包含了对可感知事物经拟想所形成的事物，为绘画或诗歌添加了虚构的成分，因而使绘画和诗歌等远离了真实，"绘画以及一般的模仿艺术，在进行自己的工作时是在创造远离真实的作品，是在和我们心灵里的那个远离理性的部分交往，不以健康与真理为目的地在向它学习……因此，模仿术乃是低贱的父母所生的低贱的孩子"②。柏拉图批评画家和诗人的作品只是对事物影像的模仿，不是事物本身，它们无法等同甚至接近本原，从中可以看到柏拉图对真实事物的推崇，对虚构的排斥，构成了批判虚构的古老历史渊源。

文学的虚构更是被早期哲学视作对现实进行歪曲和修改的工具，处在与神话、假象等相同的地位。这一点在多个哲学文献中可以找到例证。弗兰克·克默德（Frank Kermode）在《结尾的意义——虚构理论研究》中提到亚里士多德赞同这样一种观点，即人们由于不是处在连接开端和结尾的位置而必定会死去。③ 而在探索如何消除对死亡的恐惧的过程之中，"需要对开端和结尾作一个富于想像力的修正，以便于提供改变生命自身达不到的连接"④。修正的手段就是把虚构添加进来，人们通过想象制造一些对象，克默德把这些对象称为"和谐的虚构"，因为它使人们无限地接近深不可测的开端和结局，使开端、中间和结尾成为和谐的整体，使人类的生命成为两个不能穿越的极点之间的连接。但是这种"和谐的虚构"仅仅是实用主义的，没有本体论基础，只是人们应对死亡的恐惧和不确定性的想象的或臆想的产物，是确定与不确定之间的连接，是对开端、中间

---

① 〔古希腊〕柏拉图：《理想国》，郑斌和、张竹明译，商务印书馆1986年版，第388页。
② 〔古希腊〕柏拉图：《理想国》，郑斌和、张竹明译，商务印书馆1986年版，第401页。
③ 〔英〕弗兰克·克默德：《结尾的意义——虚构理论研究》，刘建华译，辽宁教育出版社2000年版，第4页。
④ 〔德〕沃尔夫冈·伊瑟尔：《虚构与想像：文学人类学疆界》，陈定家、汪正龙等译，吉林人民出版社2003年版，第124页。

和结尾的富有想象力的再现,超出了可知性的范畴,它本身也是不确定的、假象的、样态的、假设的,是不可信或不可靠的,与神话的功用是一致的,正如伊瑟尔所说,它的"语用学压倒了本体论的定义","虚构"按照其"全面展示的功用来说显得与神话的墨守成规没有差别"[①]。也有把虚构的意义解释为人们为了消除对死亡的恐惧而做的臆想或假设:"我们之所以创造虚构,是因为我们不知道死后会发生什么事。简言之,我们力图改进由哲学和宗教创造的虚构,它把预示性的内容归因于生命,并且为其存在而臆想了一个全然假设的意义。"[②] 这些观点反映了在早期哲学中人们因为认识的缺陷或局限性而求助于虚构来弥合认识与现实的鸿沟的企图,这种努力建立在虚构有用但不可信的基础之上。虽然这些论断已经暗含对"虚构"的实用功能的肯定,但在价值定位上仍然对虚构持批判、排斥和否定的态度。

在近代,随着科学的进步和发展以及经验主义哲学的兴起,人们更加注重对事物的真实把握或体验,对虚构的否定和批判更是毫不留情。培根把人们头脑中的联想和虚构等同于假象和错误,主张清除一切错误、偏见和假象,他对四大假象的批判代表了对各种形式的虚构的全面否定。在《新工具》中,他明确说道:

> 文字所加于理解力的假象有两种。有些是实际并不存在的事物的名称(正如由于观察不足就把一些事物置而不名一样,由于荒诞的假想也会产生一些"有其名而无其实"的名称出来);有些虽是存在着的事物的名称,但却是含义混乱,定义不当,又是急率而不合规则地从实在方面抽得的。属于前一种的有"幸运"、"原始的推动者"、"行星的轨圈"、"火之元素"以及导源于虚妄学说的其他类似的虚构。这一种的假象是比较容易驱除的,因为要排掉它们,只需坚定地拒绝那些学说并把它们报废就成了。[③]

因此他提出"拒绝一切形式的虚构和欺骗"[④]。洛克也把虚构与实在

[①] 〔德〕沃尔夫冈·伊瑟尔:《虚构与想像:文学人类学疆界》,陈定家、汪正龙等译,吉林人民出版社2003年版,第128页。
[②] 〔德〕沃尔夫冈·伊瑟尔:《虚构与想像:文学人类学疆界》,陈定家、汪正龙等译,吉林人民出版社2003年版,第210页。
[③] 〔英〕培根:《新工具》,许宝骙译,商务印书馆1984年版,第31—32页。
[④] 〔英〕培根:《新工具》,许宝骙译,商务印书馆1984年版,第26页。

和真实对立起来，认为虚构是人们心灵的一种奇思妙想，甚至可能是狂乱的观念的集合体。"我们的一切简单观念都是实在的、真正的，只是因为它们同能产生于人心中的那些事物的能力相契合；因为只要有这个条件，它们就会变成了实在的，而不是任意的虚构……""心灵的虚构……没有产生任何简单的观念的能力""相反，它们所含的那些简单观念的集合体，如果没有实在的联合，如果并不存在于任何实体中，则它们完全是幻想的。你如果说有一个理性的动物，具着马头人身，如人所说的半人半马的怪物那样……"① 而这一切批判的基础都在于人们把虚构等同于假象和虚无，否定其实在性存在及作用。正如实证主义的代表人物艾耶尔（Alfred Jules Ayer）从对虚构对象的实体存在的否定出发对虚构所进行的批判，他说："断定虚构的对象有一种特别的非经验的实在存在样式，是没有任何字面意义的。"②

经验主义注重人们的经验认识与外部世界的对象相契合，把虚构看作导致假象和错误认识的原因之一。培根批判虚构造成假象和错误，赞扬新工具能带给人们真正的认识，即强调只有实验才能使人们认识自然。他说："感官本身就是一种虚构而多误的东西；那些放大或加锐感官的工具也不能多所施为；一种比较真正的对自然的解释只有靠恰当而适用的事例和实验才能做到，因为在那里，感官的截断只触及实验，而实验则是触及自然中的要点和事物本身的。"③

这些批判者可能自己都没有意识到，他们在论及分析实验的操作过程时，对实验的肯定之中已暗含了对"虚构"的存在和作用的肯定——因为实验需要一定的理论指导和评估，这其中就包含了理论假设、假定、评判、构造、推算、预测等虚构成分，而这种包含虚构成分的理论规划又成为人们下一步动作的基础。这种虚构是建立在科学理论和经验总结基础之上的。实验的目的是将未知的自然领域再现或描绘出来，而人类心灵对自然的再现或描绘则建立在对事物的判断评估之上，在一些学者看来，培根批评假象为虚构，却没有意识到"再现的相反的流动和操作的另外的形式

---

① 〔英〕洛克：《人类理解论》（上册），关文运译，商务印书馆1959年版，第352—353页、第351页。
② 〔英〕A. J. 艾耶尔：《语言、真理与逻辑》，尹大贻译，上海译文出版社1981年版，第44页。
③ 〔德〕沃尔夫冈·伊瑟尔：《虚构与想像：文学人类学疆界》，陈定家、汪正龙等译，吉林人民出版社2003年版，第31—32页。

产生了虚构的双重性"①。随着哲学的认识论转向，人们对知识起源的探究日渐深入，"虚构"的价值开始进入哲学视野。

第二节 对"虚构"的哲学价值的双重性定位

培根对作为假象的"虚构"的批判暗含了对"虚构"的操作作用的肯定，从而一方面否定"虚构"的哲学价值，另一方面肯定"虚构"的实用价值，这种双重性开始引起哲学家的注意。休谟与培根和洛克不同，他没有简单地把虚构排除在认识论之外或与确定的认识对立起来，反而认为因果关系法则和所有的认识论前提都是"心灵的虚构"。只不过在休谟那里，这些虚构与想象都是没有规则的、任意的，人们的思想在各个对象间可以不规则地任意流动，"想象可以支配它的全部观念，可以在一切可能的方式下结合、混合并改变它们。它可以设想各个对象和它们的地点和时间的全部情景"②。这段话的意思是人们的一切行动，包括逻辑归纳和因果推理都受到想象的支配。在某种程度上，"心灵的虚构"和想象在休谟那里已经变成了一个思考认识论的前提批评性工具。甚至可以说休谟正是基于人们的推论和因果判断之中这种虚构与想象的必不可少的存在，才提出了著名的"休谟难题"，对归纳和因果判断的有效性进行诘难。但休谟还是区别了虚构与信念，信念作为"被心灵感觉到的某种东西，可以是判断的观念区别于想象的虚构"③，而信念可以变为全部行动的支配原则。尽管如此，休谟至少肯定了想象和虚构对信念发挥了作用。

耶米利·边沁（Jeremy Benthan）也看到了虚构的这种双重特性，提出"虚构的实体"概念，标志着对"虚构"的现实性或实用性作用肯定的开始。首先，边沁把实体分为可感知的和推论的，而无论是可感知的或推论的实体都可分为真实的（real）和虚构的（fictional），人类的对话和法律都是在真实的实体与虚构的实体关系之上建立起来的。④ 其次，在边沁看来，"联系"使虚构的实体具有真实的物体存在条件的特征，"形式应该

---

① 〔德〕沃尔夫冈·伊瑟尔：《虚构与想像：文学人类学疆界》，陈定家、汪正龙等译，吉林人民出版社2003年版，第146页。
② 〔英〕休谟：《人性论》，关文运译，商务印书馆2016年版，第112页。
③ 〔英〕休谟：《人性论》，关文运译，商务印书馆2016年版，第112—113页。
④ 李燕涛：《边沁的虚构理论》，http://dzl.ias.fudan.edu.cn/ShowTopic.aspx?topicid=13404。

也是最初秩序的虚构的实体,这是自然的,至少是因为每个物体虽然作为真实的实体,也拥有外表、深度和以不同方式环绕它并赋予其特别的轮廓的边界"①,"静止、运动、表面、深度、边界以及诸如此类的东西都是没有自己的存在,而是只能通过与真实的物体相关联的存在发生作用的符号与指示物之间的关系"②。这其中虚构与真实的纽带就是联系,"联系使想像的产物——作为虚构的实体——变成物体的模式;它使真实的物体超越它自己,然后通过其产品把想像合并进物体"③。这表明边沁认为真实的事物的不可或缺的性质,或称属性,诸如运动、长度、重量、边界等,都是通过虚构与符号相连而呈现出来的。"虚构的实体"成为再现的手段,成为物体特殊性的显现,因而虚构在边沁那里不再一无是处,反而成为再现真实的手段,成为语言符号与真实事物之间发生关系的模式。虽然边沁的最终目的是为"法"的实体性进行辩护,说明法律也是"存在客体"——"单词'权利'是一个虚构实体的代名词;为了对话的目的作为一个存在客体被杜撰出来——通过虚构而成为必要,没有它,人类的对话就无法进行"④,但其中也体现了边沁对"虚构"概念的两重肯定:语言的表现和现实存在的认可。第一,"虚构"依赖语言而表现出来,从而具有实在的存在,"它相当程度上是由话语所组成的,其中人们能够谈论的唯一现实是与话语相关的真正的实体的现实"。并且这种存在还是非常重要的存在,"对于语言来说——仅仅对于语言——虚构的实体确实拥有自己的存在,它们的不可能而又必不可少的存在"。⑤ 第二,法律就是对法的虚构的认可,法的虚构作为社会契约是显而易见的,法律实践实际上已经压制了人们对它们的虚构特性的意识,而变成了人们现实上或实践上对虚构的认同和肯定。由此,边沁提出了"虚构的实体"的概念,并认为它们与真正的实体有关。"每一个虚构的实体都与某些真实的实体发生某些关联,能够以另外的方式被理解而不会局限于被感知的范围之内——一个

---

① 〔德〕沃尔夫冈·伊瑟尔:《虚构与想像:文学人类学疆界》,陈定家、汪正龙等译,吉林人民出版社 2003 年版,第 157—158 页。
② 〔德〕沃尔夫冈·伊瑟尔:《虚构与想像:文学人类学疆界》,陈定家、汪正龙等译,吉林人民出版社 2003 年版,第 167 页。
③ 〔德〕沃尔夫冈·伊瑟尔:《虚构与想像:文学人类学疆界》,陈定家、汪正龙等译,吉林人民出版社 2003 年版,第 167—168 页。
④ 〔德〕沃尔夫冈·伊瑟尔:《虚构与想像:文学人类学疆界》,陈定家、汪正龙等译,吉林人民出版社 2003 年版,第 167 页。
⑤ 以上两则引文均出自〔德〕沃尔夫冈·伊瑟尔:《虚构与想像:文学人类学疆界》,陈定家、汪正龙等译,吉林人民出版社 2003 年版,第 159 页。

可以获得关联的构思"①，因为在边沁那里，"真正的实体"和"虚构的实体"可以在认识论里共存。"我所谓的虚构，指的是一种假定为真，明显为假的事实，人们在这种事实的基础上进行思考，好像它是真的一样。"②而人们借助语言进行思考和交流的前提都是通过虚构建立的真实实体与虚构实体的联系。但是，边沁对虚构的肯定只是一种功能上的肯定，或者说是一种语言学上的肯定，把虚构限制为只能从话语中获得意义，表示了语言符号与事物之间的关系，人们必须借助这种关系进行思考和交流，但也仅限于此。

第三节　对"虚构"的哲学价值的肯定

早期亚里士多德在对比诗的真实性与历史的真实性时，就对诗的真实性给予了高度评价，为后来肯定具有创造性的虚构思维的真实性奠定了早期的古希腊哲学理论基础。在《诗学》中，他说："诗是比历史更富于哲学意味的和更严肃的；因为诗所关心的是普遍真理，历史所讨论的是个别的事实。""从诗的效果上看，描写现实中、事实上不可能发生却合理可信之事，比描写现实中、事实上可能发生却不合理不可信之事更为可取。"③但亚里士多德对诗的肯定仅限于描写合理可信之事，对不合理、不可信甚至是相互矛盾的事物则是严肃批判的。但人们大量的创造性虚构可能是不合逻辑的或相互矛盾的，如圆的方、飞马等事物，它们的意义能够为人们所理解并且被大量运用，说明其哲学价值仍有待挖掘并获得相应认可。1911年费英格《"仿佛"哲学》一书的出版，则标志着对"虚构"的哲学地位的肯定。

汉斯·费英格受康德《纯粹理性批判》的启发，提出"仿佛"哲学，也被称作虚构主义，其核心思想就是数学、自然科学、经济政治理论、法学、伦理学、美学、哲学等领域的概念和理论，都是人类心灵的虚构，它

---

①〔德〕沃尔夫冈·伊瑟尔：《虚构与想像：文学人类学疆界》，陈定家、汪正龙等译，吉林人民出版社2003年版，第155页。
② 李燕涛：《边沁的虚构理论》，http://dzl.ias.fudan.edu.cn/ShowTopic.aspx?topicid=13404。
③〔古希腊〕亚里士多德：《亚里士多德全集》第九卷《论诗》，苗力田主编，中国人民大学出版社1997年版，第654页。

们相互间不一致,甚至矛盾,却是不可或缺的和有用的^①,因为它们有洞见和预断的功能,能够为人们的实践提供正确的指导。

费英格的虚构主义把虚构看作出于人类智力和伦理要求的意向性创造。心灵的虚构不是凭空而来的,而是来源于感觉经验,这一点与现代科技哲学对科学虚构的定位一致:"只有被感觉到的东西,才是在对世界的感知中与我们相对的东西,不论它是外在的或是内在的都是真实的。"[②] 感觉"是一切逻辑活动的起点,同时也是它们必然趋向的终点";感觉材料"由心灵本身重新塑造、重新铸造、压缩……清除杂质和其他合金混合在一起",也就是说感觉为心灵的虚构提供了"机遇、激发因素和线索";[③] 心灵对感觉进行彻底的研究、过滤、加工、改造,创造出观念,"心灵充分研究通过感觉被表现的物质……感觉在心灵自身内部产生了从现在观点看没有现实事物……能与之符合的纯粹主体过程"[④]。在费英格看来,由于这些观念是虚构出来的,所以它们不可能与现实一致,不能够用现实来证实,"谈论物体、事物、真实的实体,甚至论据、条件和属性如今只是武断"[⑤]。心灵为了使观念和现实达到平衡,需要借助虚构、假设和信条,虚构是观念变化中一个比较高级的阶段。他说:

> 一方面,我们拥有一套毫无疑问地被认为表达了现实的观念,另一方面这些观念对客体的有效性却是大可怀疑的,前者是信条,后者是假设……心灵(就其起源说,当称为灵魂)具有一种将所有观念的内容转变成均衡状态并在它们之间建立完整的联系的倾向。……心灵倾向于使每一种心灵的内容稳定并加强这种稳定性。……倘若虚构和假设被加以比较的话,在心灵中发展张力的状况归功于比源自假设的张力具有大得多的重要性的虚构……我们被要求去假定我们确信的某

---

① Thomas Mautner, ed., *The Penguin Dictionary of Philosophy*. London: Penguin Books Ltd., 2000, p. 200.
② 〔德〕沃尔夫冈·伊瑟尔:《虚构与想像:文学人类学疆界》,陈定家、汪正龙等译,吉林人民出版社 2003 年版,第 171 页。
③ 〔美〕梯利:《西方哲学史》(增补修订版),葛力译,商务印书馆 2003 年版,第 716—717 页。
④ Thomas Mautner, ed., *The Penguin Dictionary of Philosophy*. London: Penguin Books Ltd., 2000, p. 585.
⑤ 〔德〕沃尔夫冈·伊瑟尔:《虚构与想像:文学人类学疆界》,陈定家、汪正龙等译,吉林人民出版社 2003 年版,第 171—172 页。

种事情一点也不是事实，我们认为它仿佛如此如此……①

这段话表明了费英格对"虚构"的高规格定位："虚构"成为变化着的观念中的最高一级。由于信念，心灵达到了观念被当作现实的稳定状态，又由于虚构，观念与它所指向的内容不相符，心灵又具有不稳定状态。虚构不断地勾勒出现象与感觉之间的差距，信念不断地拉平这种差距，由此，费英格认为，虚构在感觉与现象的不一致之间形成张力，成为变化的观念的动力。

费英格把对"虚构"功能的肯定推到极致，将所有的概念和理论都看作虚构，它们虽不能描述事实却构造概念，是各科学理论体系建造的基础。他认为虚构"不是描述实在，而是对现实事实的速记的总结或阐明和解释观察到的经验材料有用的方法。科学和哲学虽不能达到关于心智以外的实在的认识，却为人类心灵整理和解释观察和经验的事实，提供唯一可以得到的概念体系"②。他运用大量的例证说明虚构在数学、物理学、心理学、经济学、政治学、法学、伦理学、美学和形而上学中都是不可或缺的。例如他指出数学中的一切基本概念，包括空间、点、线、面等都是理想的、想象的和矛盾的，因而也是虚构的；物理学中像物质、力、原子这样的基本概念也是纯粹虚构的，但它们都有科学的"效用"；心理学中的记忆、判断、抽象、反省等抽象概念帮助人们从心理上了解意识，促成对人的了解；所有的法的体系和经济体系都建立在法和货币的虚构价值之上；在伦理学中，道德理想是"历史上最崇高的人有创造性的想象的产物，为人类所坚持，人类据以指引他们的行动"；哲学体系及其范畴也是虚构，它们"只有在实践上，而不是理论上——也就是说为调整有序、传导和行动，才有价值；在理论上它们没有价值，而在实践上却重要"③。

与边沁不同，费英格的虚构主义理论正式确立了"虚构"在哲学领域的话语权，肯定了"虚构"在哲学以及其他社会科学和自然科学领域的作用，他不再把"虚构"看作语言性的存在，而是使之脱离了语言和逻辑的框架，以至他的学说在注重语言分析的今天也没有受到太多学者的重视，

---

① 〔德〕沃尔夫冈·伊瑟尔：《虚构与想像：文学人类学疆界》，陈定家、汪正龙等译，吉林人民出版社2003年版，第173页。
② 〔美〕梯利：《西方哲学史》（增补修订版），葛力译，商务印书馆2003年版，第715页。
③ 〔美〕梯利：《西方哲学史》（增补修订版），葛力译，商务印书馆2003年版，第719页。

甚至有的学者（例如奥格登）认为还不如边沁的"虚构的实体"学说。①纳尔逊·古德曼（Nelson Goodman）则采用逻辑分析的方法肯定了"虚构"的哲学价值。

纳尔逊·古德曼从界定事实与虚构之间的关系的角度对虚构进行了肯定。他从反事实条件句难题入手，通过探讨反事实条件句的真值与前件和后件之间的关联，把反事实条件句的证明与谓词的逻辑演算结合起来，提出"什么样的语句可确证的问题，只不过变成了一个等价的问题：从已知的情况到未知的情况什么样的谓词是可投射的"②。这就用投射理论重新塑造了传统的休谟归纳难题，把归纳辩护的难题界定为区分可确证假说与不可确证假说的难题。他指出："对于休谟之解释的真正不恰当之处，不在于他的描述进路，而在于其描述的不精确性。根据他的看法，经验中的规则性，引起了期待的习惯；并且因此，正是与过去的规则性相一致的预测，才是正常的或有效的。但是休谟忽视了一个事实，某些规则性确实建立起此种习惯，而某些则不；基于某些规则的预测是有效的，而基于其他规则的预测则是无效的。"③ 他把事实与虚构的关系通过对确证难题或者他称之为有效投射的难题的解释联系起来，把归纳有效性的问题归结为界定证据与假设之间确证或有效投射的问题，即把证据或事实（古德曼也称为基础情况）作为一方，把假说、预测或投射作为另一方，界定两者之间的某种关系。"我们问的不是预测怎么被作出，而是在假定它们被作出的情况下它们怎么会被筛选为有效的或无效的。……关注于描述或者界定它（指心灵）所作出的有效投射与无效投射之间的区分。"④ 由此可以看出，古德曼试图从方法论上找到预测有效性的突破口，从而区分事实与虚构。

与边沁把虚构看作可以改变其他实体的"虚构的实体"、费英格把虚构看作不可接近的事实的加工过程不同，古德曼的虚构是一种通过假说和预测构造事实的方法，用伊瑟尔的话说就是"虚构产生了事实"⑤。他们

---

① 〔德〕沃尔夫冈·伊瑟尔：《虚构与想像：文学人类学疆界》，陈定家、汪正龙等译，吉林人民出版社2003年版，第184页。
② 〔美〕纳尔逊·古德曼：《事实、虚构和预测》，刘华杰译，商务印书馆2007年版，第46页。
③ 〔美〕纳尔逊·古德曼：《事实、虚构和预测》，刘华杰译，商务印书馆2007年版，第98页。
④ 〔美〕纳尔逊·古德曼：《事实、虚构和预测》，刘华杰译，商务印书馆2007年版，第103页。
⑤ 〔德〕沃尔夫冈·伊瑟尔：《虚构与想像：文学人类学疆界》，陈定家、汪正龙等译，吉林人民出版社2003年版，第193页。

分别从概念、功能和方法上肯定了虚构，确立了虚构在哲学中的地位和价值。自 20 世纪 80 年代初开始，哲学界兴起虚构主义思潮，纽约大学教授菲尔德（Hartry Field）出版了数学哲学领域的虚构主义专著《没有数字的科学：唯名论的辩护》（*Science Without Numbers: A Defence of Nominalism*），麻省理工学院教授亚布罗（Stephen Yablo）发表了论文《走向数字：来自虚构主义的一条道路》（Go Figure：A Path through Fictionalism），普林斯顿大学教授范·弗拉森（Bas van Fraassen）出版了科学哲学领域的虚构主义专著《科学的形象》（*The Scientific Image*），等等。这些成果肯定了"虚构"在数学和科学领域必不可少的作用，引领"虚构"研究走向了当代哲学的最前沿。

第四节　"虚构"在当代哲学研究中的价值

在当代哲学的众多领域中，都能或多或少地看到"虚构"的身影，如心灵哲学探讨和解释心、身关系，日益深入对人的意向性和认知过程的考察，在解释心灵如何感知和呈现外部世界时注重人的各种心理和意识功能的作用，其中就包括想象、推理、预感等虚构性心理和意识机能，并努力探寻这些机能与人们的其他生理和心理机能之间的关系。心灵哲学代表人物塞尔不仅倡导心灵的意向性功能，还把意向性与指称和意义联系起来，主张心灵具有信念、希望等不同的心理学模式或意向状态，并且这些意向状态与命题态度构成复合体，其中的命题态度就是以语言表达的完整命题，它构成意向状态的内容，如果意向状态指涉的是一个真实世界的对象（如某人），塞尔就把它表象为 S（n），"n 为一个对象命了名，或对它作出了指称"。由此，心灵具有"通过不同的心理学模式与世界相联系"的能力。[1] 可见无论是实用主义的还是自然主义的心灵哲学，在解释和定位大脑运作和生物机制时都把心灵的虚构功能纳入考察范围。

在哲学伦理学领域，边沁以虚构主义为基础提出的"最大幸福原则""法的虚构合理性原则"[2]、乔伊斯（Richard Joyce）提出的"道德虚构主义"[3]，都把"虚构"置于核心位置，把个人与社会发展所需的法律、道

---

[1] 〔美〕约翰·R. 塞尔：《心灵导论》，徐英瑾译，上海人民出版社 2019 年版，第 168 页。
[2] 〔英〕边沁：《道德与立法原理导论》，时殷弘译，商务印书馆 2015 年版。
[3] Richard Joyce, *The Myth of Morality*. Cambridge：Cambridge University Press, 2001, pp. 185—215.

德、伦理、幸福等法律和道德话语与文学虚构话语类比，指出现实经验中的法的原则、道德命题以及幸福和美好言谈虽然都建立在非事实性基础之上，但都对人们的言行举止产生了实实在在的影响，人们依然相信和坚持它们并依据它们而行动，从而为个人和社会的长期发展、和谐和幸福带来益处。这种建立在"虚构主义"基础之上的带有非认知心理机制的实用主义伦理学成为当前元伦理学理论研究的重要进路。

这一思想也对数学哲学产生了影响，20世纪80年代以菲尔德（H. Field）、亚布罗和范·弗拉森为代表的学者提出了数学和科技哲学中的虚构主义，主张数学和科学领域的理论话语中包含诸如数字、函数、点、线、面等抽象对象，它们都不是可以直接借助经验观察得以验证的对象；包含这些抽象对象的数学和科学理论虽然无法借助现实经验观察检验其真实性，但它们依然具有演绎作用（deduction utility）。因此，科学理论不一定要以真理为规范，而只需满足实践上的恰适性或"经验足够性（empirical adequacy）"[①]即可，即这些理论可以恰当地解释或预测现实世界的现象规则，指导人们的数学和科学推演。这一理论提出后获得了数学和科技哲学界一些理论家的支持。可以说，虚构主义成为工具主义和实用主义在数学哲学理论领域发展的新方向。

在语言哲学领域，对"虚构"的语言分析引领了语言哲学最前沿的热门话题的探讨，同样的，建立在"虚构"肯定基础之上的实用主义观点在哲学本体论和认识论、逻辑学和科学技术哲学中也产生了重大影响，而虚构话语的分析也与这些领域有交集。梳理这些哲学领域中的"虚构"的作用和影响将为后续虚构话语的语言分析提供理论基础和参考。

一、对"虚构"的语言分析引领语言哲学最新发展

对"虚构"的语言分析引领了语言哲学传统理论的更新和发展，成为新理论提出的契机。

对"虚构"的语言哲学分析为语言哲学的一些传统重要理论带来新的发展。例如以罗素为代表提出的摹状词理论就是为了解决包含虚构对象和抽象对象的话语的意义问题，即在不动摇传统哲学本体论的基础上，既保留语言和逻辑哲学"健全的实在感"，又能够对虚构话语的意义加以解释。摹状词理论后经维特根斯坦和塞尔发展为簇摹状词理论，它们构成了指称理论的两大代表性理论之一——描述性理论的核心内容。而指称理论的另

---

① 黄益民：《道德虚构主义》，《社会科学战线》2008年第8期，第41页。

一代表性理论——直接指称论（也称历史因果命名理论）则因为早期回避了虚构名称的指称、涵义及其获得问题而面临诸多质疑。譬如空名问题就是直接指称论所面临的最大挑战，"一些哲学家认为空名问题本身就足以证明直接指称理论是错误的"①。两大指称理论在对虚构名称的指称和涵义的研究中不断修正自己并相互借鉴，相继出现了卡茨（J. J. Katz）的意义形而上学为描述性理论辩护，赛尔蒙（Wesley Salmon）、泰勒（Charles Taylor）等的空名理论为直接指称理论辩护。这一情况也同样出现在意义理论、真值理论、语言的语义和语用意义等问题的探讨中。正是为了应对"虚构"可能给传统语言哲学理论带来的矛盾和问题，这些理论不断地更新、发展和完善。

在语言哲学当前一些重要的发展趋势中，都能看到"虚构"占据一定地位。语言哲学当代最具代表性的发展趋势之一是从原子主义向整体主义发展，其代表人物蒯因（W. V. Quine）在批评逻辑实证主义的基础上提出自然化认识论。他指出人们如果要理性构造关于世界的科学理论，并证明种种科学理论的合理性，就必须建立观察语句与理论话语的关系，而这种关系的建立离不开两个方面：一方面用神经生理学和心理学方法解释从感觉输入到观察语句形成的过程，另一方面要解释观察语句如何过渡到理论语句。前者与心理学相关，后者与发生学相关，这两个方面都离不开人们的感知、类比、联想、集合和构造。这个认识的过程"在只给定感觉证据的条件下，实际地说明我们是如何构造出（但不是演绎出）我们关于世界的理论的"②，它是一个建立在逻辑、集合和整体论基础之上的虚构的过程。这种包含认知和发生学的自然化整体主义思想受到越来越多哲学家的支持。

引领语言哲学当代发展的另一趋势是戴维森（Donald H. Davidson）和达米特（Michael Dummett）围绕语句的真值问题展开的争论。二人分别在继承塔尔斯基（A. Tarski）和弗雷格意义理论的基础上建立了自己的意义理论，把语句的意义解释与真理理论联系在一起，其中戴维森的意义理论在寻求对话语的彻底解释中提出，要了解自然语言的意义，离不开对说话人语境、意向和信念的理解，"语句仅仅相对于与一个说话者和一

---

① 黄益民：《空名问题的几种解答》，《世界哲学》2005年第6期，第78页。
② 陈波：《奎因哲学研究——从逻辑和语言的观点看》，生活·读书·新知三联书店1998年版，第44页。

个时间才为真,并且被认为是真的"①。戴维森首先强调对语句意义的理解一定与说话人说出这句话的特定语境有关,其次强调要了解说话人的信念和意向,由此戴维森提出要先建立信念理论和意向理论才能彻底解释语言,而说话者的信念和意向恰恰也是一个包含虚构的心理因素。达米特则主张通过对意义的分析来完成对真理、实在和心灵等问题的研究,倡导通过对语言的逻辑分析和解释来寻求解决真理问题之道。他的语言逻辑分析和解释都建立在意义理解基础之上,意义理解也是一个离不开人们的心理因素、认知和意向建构的过程,其中也包含虚构。可见即使从语言内部进行概念和逻辑分析,也应对其中所涉及的虚构进行合理解释。

回顾近十几年英美语言哲学研究的热门问题,几乎所有新的重要理论的提出都与"虚构"有直接或间接的关系,例如直接指称论对"弗雷格之谜"和"信念之谜"的处理直接与空名和命题态度相关,此外,意义问题中的无对象理论,真理问题中的紧缩理论,语义学问题中的二维语义学、模态语义学,逻辑学中的模态理论,语境问题中的语用模态理论,意向问题中虚构话语的意向性理论,心灵问题中心灵与语词的关系问题、心灵与世界的关系问题,隐喻问题中隐喻对象与隐喻语词的关系、谓词的多元论等问题,无一不涉及虚构名称和虚构语句。② 可以毫不夸张地说,正是对虚构话语的语言分析和深入研究引领了英美语言哲学研究的最新发展。

二、"虚构"对传统哲学本体论产生深远影响

终极问题和本体关怀始终是西方哲学最基本、最核心的问题,虽然传统西方哲学的思想重心已经从对世界本原的关注转移到人的意识是否可以达到对世界本原的正确认识并且语言是否可以正确描述这种认识,其中一个始终无法回避的问题仍是对抽象实体的定位,它贯穿了传统哲学本体论研究的始终。

早期有柏拉图的"理念论"把抽象的概念或理念定义为真正的实在,认为真正的知识是关于抽象的概念的知识;亚里士多德则把一般概念看作蕴涵在具体事物之中的实在的东西,认为感觉经验是知识的起点,但真正的知识研究的是形而上学。中期围绕一般概念是否是真正的实体,一般与个体孰先孰后,产生了唯名论和唯实论之争。近代围绕知识的起源和确定

---

① 〔美〕D. 戴维森:《真理与意义》,A. P. 马蒂尼奇编,《语言哲学》,牟博、杨音莱、韩林合等译,商务印书馆2004年版,第148页。
② 江怡:《近十年英美语言哲学研究进展》,西方语言哲学国际研讨会2008年论文摘要集。

性产生了经验主义和唯理主义之争。当代分析哲学以语言和逻辑分析为重心，试图说明语言与实在世界的关系，其中以语言的逻辑结构分析为核心的语言哲学在探讨意义和指称时，对抽象实体的定位与虚构名称的指称和涵义的意义、关系等问题交织在一起。对虚构名称的指称对象的争论实际上包含了对虚构实体的肯定或否定这一哲学本体论之争。

长久以来，传统的语言哲学指称理论认为"指称"表示语词与外部世界的对象之间的关系，从而把语言表达式与外部世界联系起来，"涵义"则表示对象的本质属性。对虚构名称的指称和涵义的不同理论和解释分别建立在不同的本体论立场之上，它们都支持各自的本体论前提。例如承认虚构名称的指称对象为某种抽象实在，并且把指称当作语言联系实在世界的手段的观点，支持了其语言实在论的本体论立场；而反实在论站在否定指称的意义在于指向某种语言外部世界对象的立场，否定实在论的指称对应论观点，把虚构名称的指称看作指向某种语义对象的心理活动，虚构话语的意义在社会使用框架内可以由具有认知能力的使用者或言说者理解和运用，主张在语言内部本身对语词进行语形、语义和语用分析，从"语形的精确性、语义的一致性和语用意义的整体性"[①] 上去确定语词的意义。因此分析虚构名称的指称对象是什么，具有什么性质，可以帮助人们更深入地思考语言与实在、虚构与实在的关系等问题，从而推动哲学本体论问题研究的深入。

在认识论领域，一方面表现出对虚构的认识论作用的认可，从而把对虚构的认识论价值的肯定拓展到包括自然科学和人文社会科学在内的众多学科领域，丰富了传统认识论理论研究；另一方面不断涌现新的理论和观点，尤其是虚构主义，表现出否定和颠覆传统哲学认识论的倾向，对传统认识论的理论基础产生冲击。这主要表现在两个方面：

一是在真理理论领域提出相对主义和整体主义理论，反对传统真理理论。例如处理虚构对象的紧缩理论，把虚构名称的指称对象称为某种紧缩对象，承认虚构名称的指称和虚构话语的真值性。[②] 这一理论的基础就是否定传统真理理论的本体论基础，即认为真理是一种不以任何条件为转移的客观存在和本性或本质，真理理论就是寻求这种本性或本质。紧缩理论否认真理的这种本性或本质，认为包括符合论、融贯论、语义论、实用论

---

① 胡瑞娜：《当代反实在论的语言转向》，《哲学动态》2006年第7期，第49页。
② Edward Zalta, "The Road between Pretense Theory and Abstract Object Theory", in A. Everett & T. Hofweber, eds., *Empty Names, Fiction, and the Puzzels of Nonexistence*. Stanford: CLSI Publications, 2000, pp. 117—147.

在内的各种真理理论都预设了这种本性或本质作为前提,这是一个错误。把这一理论拓展到语言哲学领域,则对任何语句来说,不存在一个固定不变的为真或为假的真理判断标准,任何语句的真或假都会随着使用框架或运用式样的变化而变化,从而意味着任何真理都是相对的、暂时的。在科学技术领域,以虚构主义为代表的真理理论也提出反实在论的科学真理观,如虚构主义代表人物范·弗拉森认为,科学理论的目的不是理论与实在相符,科学不是去发现"某些与不可观察现象相关的真理",而是类似于一种渐进的"建构适合于对象的模型"①,科学理论虽然描述所观察的对象,但这种描述是在主观经验内容的基础之上,随着科学发展的推进逐步建构起来的。理论只要"经验上适当",能够指导我们认识世界,就是科学的,这就以工具主义和实用主义的科学观反驳了传统的真理标准。有学者明确提出"'事实'概念是一个本体论赘物,它无法为真理的客观性提供担保"②的观点,主张没有"事实"概念的新的符合论真理观。这些观点引领了认识论在理论和实践上具有颠覆性的新发展方向。

二是随着波普尔"三个世界"理论的提出,尤其是现代科学技术的发展,包括计算机、互联网、大数据、人工智能、人机互联等技术的发展,"虚构"在当代的新表现形式——虚拟技术越来越深入人们生存实践的方方面面,超越现实的、以纯粹形态出现的虚拟化生存实践越来越醒目地出现在人们的生存实践中,并对人们的现实生存产生强烈冲击。哲学界越来越肯定和重视"虚构"概念的认识论和实践性意义,有一些人走向极端,主张完全抛弃传统哲学的本体论立场,把虚拟生存看作与人类现实生存并列并完全不同的第二种生存方式,把虚拟实在看作与物理实在等同的实存实在,把虚构实在看作一个"强化的实在",引领人们进入一个无限可能的世界。③ 这些观点都对传统哲学的本体论和认识论根基造成了冲击,甚至有人提出:"现在形而上学的中心问题不再是古老的和不可动摇的'一和多'的问题,而是'实'和'虚'的问题。"④

三、"虚构"对逻辑学产生影响

哲学家在探讨世界的本原时最关注的核心问题就是何物存在,由此引

---

① Bas van Frasasen, *The Scientific Image*. New York: Oxford University Press, 1980, p. 5.
② 陈波:《"事实"概念是一个本体论赘物——答陈嘉明、苏德超》,《江淮论坛》2021年第1期,第76页。
③ 〔美〕迈克尔·海姆:《从界面到网络空间——虚拟实在的形而上学》,金吾仑、刘刚译,上海科技教育出版社2000年版,第133页。
④ 徐世甫:《虚拟世界的本体论探析》,《科学技术与辩证法》2005年第1期,第23页。

出对"存在"一词的逻辑定位,其中像"飞马不存在"这样的虚构性否定存在句难题,对逻辑学带来了巨大的挑战。正是在试图解决虚构性否定存在句难题的过程中,现代逻辑学才不断演进和发展,对虚构性否定存在句的谓词演算和逻辑演算贯穿了现代经典逻辑和非经典逻辑的全部发展过程,并且是其核心内容之一。

(一)关于"存在"是否是一个谓词的争论

早期哲学在关注世界的本原时,从事物的现象和本质、偶然性和必然性之间的关系出发关注"存在"问题,亚里士多德把"存在"看作事物的本质属性,认为在主谓句中"存在"对主词的性质进行了界定或说明,由此推出"存在"是谓词。

中世纪经院哲学家提出"关于上帝存在的本体论证明",其证明过程大致如下:

前提1:上帝具有一切性质。
前提2:存在是一种性质。
结论:上帝存在。

由此引出了哲学界许多哲学家参与论战的一个问题:"存在"究竟是不是谓词?分析哲学对谓词的定义不同于语法中所说的谓语即语法谓词,它指的是一个逻辑谓词,即它代表它所说明的主词的某些属性或性质。"存在"毫无疑问是一个语法谓词,它可以与主词一起构成合乎语法的有意义的句子,而进入逻辑本体论时,当人们说某物存在是否为主词增添了某种新的内容或对主词性质做了某种说明时,不同的哲学家持不同的观点。总体可分为三派:"存在"不是谓词、"存在"是谓词和"存在"是跨界谓词。

以康德、弗雷格、罗素、蒯因、斯特劳森等人为代表的哲学家否定"存在"是谓词。康德在《纯粹理性批判》中指出,上述证明的荒谬性就在于前提2是错误的,"存在"只是表面上像谓词,但并不是真正的谓词,例如我们可以想象口袋中有一百元钱,但这并不代表口袋中真的有一百元钱。罗素秉承了这一观点,用一阶逻辑证明"存在"不能作谓词修饰主词,只能修饰命题函项,如可以说"金山存在"或"金山不存在"等。罗素说:"存在本质上是命题函项的一个谓词……与其说'存在'代表个体的性质,毋宁说它表示命题函项的可满足性,即是否有适当的个体使得该命题函项为真或为假。"① 由此罗素把"存在"划归量词之列。弗雷格则通过逻辑演算证明"存在"不能划归一阶概念之列，类似于"上帝存在"这样的句子，其中的"存在"修饰的是"上帝"这一概念而不是个体，从而不能从本体论上论证上帝存在，因此弗雷格也主张"存在"是一个量词。

皮尔斯（C. S. Peirce）修正了罗素关于"存在"不能作谓词修饰个体的说法，定义了一个"存在不是谓词"的最低限度的表述："存在不是谓词"至少意味着动词"to exist"（存在）产生了指称重言式和指称矛盾式。前者是说主词本身就暗含了主词所指称事物的存在；后者是说如果我们说"某某不存在"，"某某"本身通过其指称就暗含了其存在，但动词"不存在"又否认它的存在，从而造成指称上的矛盾。但是皮尔斯又指出，这个最低限度表述不能成立有三种情形，其中第一种就是主词指称虚构对象的情况。皮尔斯认为单称存在句的主词指称某个虚构世界中的个体时，它只蕴涵该个体在虚构世界中的存在，并不蕴涵它在现实世界中的存在。假如这时言说者断定该个体在现实世界中存在，则无疑给它增添了新的内容，于是该语句不再是指称重言式。同样的道理，当言说者否定该个体在现实世界中存在时，也不会造成指称矛盾式。② 由此他把"存在"定义为一个跨界谓词，既根据"存在"是针对现实世界还是虚构世界而言的不同情况区分其现实存在和概念存在。比如当人们说"贾宝玉存在"这一语句时，"贾宝玉"本身暗含了贾宝玉存在于曹雪芹所写的《红楼梦》这个小说的虚构世界之中，但并不意味着他在现实世界的存在；而人们说"贾宝玉不存在"则指的是他在现实世界的不存在。最终，皮尔斯认为"存在"是一个特殊的谓词。可以看到，皮尔斯的这种观点实际涉及的是"存在"概念的不同层次的定义，进一步澄清了对"存在"的概念存在和现实存在的区分和界定。

此外自由逻辑论者允许空词项在形式逻辑系统中作为真正的逻辑主词出现，因而肯定"存在"是谓词。这种观点的本质是把语句的真值为真看作语言内部本身逻辑的一致性，否定语言与外部世界的关系。这种观点有违人们的直觉，因为描述事态正是语言存在和使用的一个最根本目的，语言无法脱离与外部世界的关系。

皮尔斯把存在看作一个特殊的谓词的观点比较符合人们的直觉，但是

---

① 陈波：《逻辑哲学导论》，中国人民大学出版社 2000 年版，第 61—63 页。
② 陈波：《逻辑哲学导论》，中国人民大学出版社 2000 年版，第 64—65 页。

它仍然预设了一个实在论的前提条件,即语言表达与现实世界直接相连,语句的指称仍然是语言与现实世界产生关系的方式。同时该解释也接受了带有实用主义倾向的语境决定论观点,区分了虚构语句的不同使用语境。首先,它承认蕴涵虚构名称的存在句可以在自然语言中被有意义地使用;其次,它间接承认以虚构对象为主词的存在语句可以为主词增加新的内容,可以为人们带来新的知识。如果秉承上一节所持温和实在论的本体论前提,把虚构话语看作依据文本和作者及读者意向而存在的语言或意向实体,按照虚构话语使用的两个存在框架,即语言形式框架和实在世界框架,则虚构话语具有不同的意义,"存在"一词也就有不同的性质。在自然语言中当人们谈论虚构对象时,有时是在语言形式框架内,有时又在实质世界框架内。本书将在后四章里表明,针对不同的语言框架,有时是虚构世界,有时是现实世界,存在句有不同的意义。例如当人们针对现实世界说"福尔摩斯不存在"或"孙悟空不存在"时,可以判断语句的命题内容为真,此时人们对虚构对象的性质做了说明。同样当人们说"福尔摩斯存在"或"孙悟空存在"时,"存在"区别于一般逻辑谓词,而是表明他们分别作为《福尔摩斯探案集》和《西游记》小说中的人物存在于不同的小说世界之中,两个语句分别是"福尔摩斯存在于小说中"和"孙悟空存在于《西游记》中"的简略形式。有知的读者此时可以判断两个语句命题内容为真;而如果把以上两个语句理解为针对现实世界而言的实体存在,则语句命题内容为假。因此,可以说存在句也对特定虚构对象的个体性质进行了描述,为主词增加了新的内容。站在概念存在这一角度,本书认为当人们谈论何物存在时,"存在"为主词增添了其本身并没有的新内容,因而在某种意义上可以成为一种特殊的逻辑谓词。

(二)虚构性否定存在句难题

在很长一段时间,人们持意义指称论的观点,即表达式的意义等同于指称,而相当多的哲学家认为指称等同于外延,即表达式所指称的外部世界的对象,由此引出了包含虚构对象的否定存在句难题,也称迈农悖论。例如以下两个语句:

    例句1:a. 孙悟空不存在。
       b. 圆的方不存在。

按照这种观点,当人们说出"孙悟空"或"圆的方"这样的事物的名称时，由于名称总是指向某一个体或事物的，实际上已经蕴涵或预设了该事物或个体的存在。但以上语句又分别否认它们的存在，会造成语义矛盾。其结果就是要么否定以上两个语句的意义，要么承认像"孙悟空"或"圆的方"这样的事物的存在。迈农采取了后一种方式，遭到大多数哲学家的批评。

迈农在他的老师布伦塔诺（Franz C. Brentano）的意向性观点基础上提出"对象理论"，从本体论上肯定了虚构对象的实体地位。他认为传统的形而上学仅限于研究实存的东西，也就是人们通常可以在现实世界里找到的、实际存在的东西，但也有非实存的东西，它们不是纯粹的无，而是存在于我们思想或观念中的对象，它们也应该成为我们的认识对象。"当我们从事相信、判断、假定这类认知行为时，我们总是相信、判断、假定某个东西，'没有所知的东西，知是不可能的'，而这些认识对象常常不是实存的，是虚存的。例如，数就是一个虚存对象。因此，有两种对象：实存对象和虚存对象。"① 在他看来，虚构名称指称的就是某个虚存（他也称为潜存）对象，"指称一个潜存的对象，并不等同于指称某种虚无，不能把指称这个概念局限于指称实在的东西"②。按照他的理论，任何名称都有所指，并且所指的对象都存在，要么实存，要么虚存或潜存。

迈农的这种极端实在论观点也为早期的罗素所接受。罗素认为从原则上说名称可以指称实在的个别事物，也可以指称抽象的事物，如数、关系等，还可以指称并不存在的事物，如小说中的人物或"飞马""独角兽"等，甚至可以用名称去指称那些逻辑上不可能的事物，如"最大的系数""圆的方"，等等。③

但后期罗素彻底批驳了迈农的对象理论，认为诸如"独角兽""圆的方""哈姆雷特"这样的对象都是"假对象"（pseudo-object），它们都不存在，也没有必要预设它们存在。

> 主张哈姆雷特存在于他自己的世界中，即存在于莎士比亚幻想的世界中，就像拿破仑存在于通常的世界中一样真实，这种说法不是有意惑人，便是不堪信任的糊涂话。只有一个世界，这就是"实在的"世界：莎士比亚的幻想是这世界的一部分，在写哈姆雷特时他所有的

---

① 涂纪亮：《现代欧洲大陆语言哲学》，中国社会科学出版社1982年版，第18页。
② 涂纪亮：《英美语言哲学概论》，人民出版社1988年版，第421页。
③ 涂纪亮：《英美语言哲学概论》，人民出版社1988年版，第424页。

思想是实在的。在读这剧本时,我们所有的思想是实在的,此外没有一个客观的哈姆雷特,这是虚构事物的本质……实在的意识在逻辑中很重要,谁玩弄戏法,佯称哈姆雷特有另一种实在,这是在危害思想。①

由此,罗素完全摒弃了这种把虚构对象定义为实在对象的观点,并在此基础上提出了摹状词理论。

罗素区分了专名与摹状词,批驳了迈农的对象理论,认为其错误地把自然语言的表象结构,即语法结构与逻辑结构混为一谈,把自然语言中的一切名称当作专名。在罗素看来,这些专名只不过是伪装的摹状词,而当限定摹状词充当句子的主词时,它并不一定指称某个特定存在的对象。因此,类似于"喷火龙"或"圆的方"这样的名称被说出时,并不意味着其蕴涵"喷火龙存在"或"圆的方存在"这一前提。因此就上述两个语句而言,无论说"孙悟空存在"还是"孙悟空不存在","喷火龙存在"还是"喷火龙不存在",都可以通过把存在句的主词变成命题函项和谓词的方式消解否定存在句难题或悖论。

此外摹状词理论的另一优势在于把类似于"圆的方"这样的逻辑矛盾词项纳入逻辑演算,合理解决了逻辑矛盾词的存在句难题。但是摹状词理论对逻辑专名的定义过于严格,与常识不符。另外在部分哲学家如斯特劳森看来,摹状词理论混淆了名称的指称和使用。克里普克在批判摹状词理论的基础上提出区分说话者指称与语义性指称。

总之,正是在试图解决"存在"是否是谓词、虚构语句的真值等各种语言和逻辑问题的过程中,以弗雷格、罗素为代表的语言哲学家建立和发展了以意义、悖论和真值为核心的现在逻辑语义学,会同以布尔(G. Boole)、哈密尔顿(W. Hamilton)、波尔扎诺(B. Bolzano)等为代表的逻辑哲学家发展和建立了现代经典逻辑,并在20世纪中期逐渐发展出模态逻辑、相干逻辑等非经典逻辑。直至今日,在逻辑学领域呈现出包括经典逻辑和各种非经典逻辑,如弗协调逻辑、自由逻辑、认知逻辑、反事实与归因逻辑等各种逻辑多元发展的趋势,为逻辑学的发展带来"广泛的可能与开放性"②。虚构语句的逻辑分析对现代逻辑学的发展功不可没。

---

① 〔英〕B. 罗素:《摹状词》,A. P. 马蒂尼奇编,《语言哲学》,牟博、杨音莱、韩林合等译,商务印书馆2004年版,第402—403页。

② 刘杰:《当代逻辑哲学发展现状及趋势:逻辑的多元性》,《科学技术哲学研究》2017年第1期,第20页。

四、科学中的虚构与虚构主义

科学一向以严谨、准确、系统地描述事物和现象为目的,虚构作为实在或真实的对立面本应排除在科学之外,如同培根对各种形式的虚构的批判。但科学的本性不仅有精确还有预见和建构,这就决定了科学中也包含虚构的因素,越来越多的哲学家和科学家意识到虚构是科学发展必不可少的成分,应采用客观、辩证、全面和发展的立场来定位科学中的虚构。

(一)虚构是科学发展必不可少的成分

科学中的虚构不可避免,其原因主要有三点。

1. 科学理论中的虚构可能为真

纵观整个科学发展史,科学发展的历程也可以看成是一部科学概念和理论不断发展和变更的历史。而这一发展的历史过程也是一个充斥了虚构的过程,以不同表现形式出现的虚构可能为真。此处的"为真"表现在两个方面:一方面指由虚构转化为现实;另一方面指计算和逻辑正确,能够对现实发挥指导作用。

首先,以猜测、推断、预设等形式出现的理论对象在被证实之前都属于虚构,但一经证实,就会转变为事实。"翻开一部科学史,我们会惊奇地发现:一方面,每个时期,科学都力图真实地反映我们所面对的这个现实世界,而且也越来越广阔、越来越深入、越来越精确、越来越有效地描述了这个世界各种现象之间的联系和规律。另一方面,科学史却又充斥着一幅又一幅虚构的世界图景。人们不断抛弃旧的虚构,又不断编织新的虚构。"[1] 纵观科学理论的发展史,再结合科学理论发现的过程,可以看到对科学真理的追求本身是一个具有抽象性、概括性、逻辑推演性和前瞻性的过程,离不开科学家抽象性、跳跃性、前瞻性的思维创造。因此科学理论也离不开合理虚构。甚至在波普尔看来,科学不等于真理,知识本质上是猜测性的。在波普尔提出的理论成长图式中,人们为了解答问题而提出理论,所有理论都是试探性的,意味着它们都是猜测和合理虚构。"事实是,我们通过选择预想、期望或理论的方法取得进展,通过试错法取得进展。"[2] 例如,"原子""基因""场"等实体刚开始都是假说性的,人们通

---

[1] 殷正坤、邱仁宗:《科学哲学引论》,华中理工大学出版社1996年版,第245页。
[2] 〔英〕卡尔·波普尔:《客观知识:一个进化论研究》,舒炜光等译,上海译文出版社2005年版,第273页。

过理论假设和实验检验过程证实它们以后，确认了它们的实体存在。反之同理，一些当初被认为是事实的理论随着科学技术的发展和认识的深入，也可能被证实为谬误。

其次，任何科学理论的开端都是假说，而假说作为科学家创造性思维的产物，对新的本质规律做了大胆说明和预测，指导实验，才促进了科学的发展。一些假说被证实后也转化为事实；一些假说即使没有转化成事实，也成了科学发现的必要手段。即使有的科学家声称他们的理论不需要假说，完全建立在坚实的经验材料基础之上，但如果更深入地探究科学家本身所持的本体论立场，每一个科学理论都有的本体论核心，其实也是一种先验的世界观或自然观，其本质就是某种形式的虚构。例如牛顿在建立经典力学理论时声称"我不需要假说"，但随着相对论和量子力学的发展，人们意识到其理论中设立了三个明显虚构的本体论前提：绝对空间、绝对时间和超距作用。

2. 理论虚构是科学发展必不可少的手段

科学理论中的虚构不是胡思乱想，也不是漫无边际的无中生有。虽然虚构可能包含错误的成分，或者假说经证实为假，但不能完全否定科学中理论虚构的存在和作用。它表现在三个方面。

一是科学中的概念、假说、理论、模型等，都是基于一定的现实经验，运用合理方法，如精密的计算、合乎逻辑的推演、正确的归纳演绎、高度抽象、纯粹分析、逆向思维等产生的，符合科学探索和发现的规律和逻辑。例如从古希腊的四大悖论、古德曼的蓝绿宝石悖论等，到普特南的"孪生地球"和"缸中之脑"思想实验，都对现实情况进行大胆假设和逆向思维，考虑与事实相反的多种可能性或反事实情况，力图借助这些可能情况或反事实情况的逻辑分析来研究它们可能对事实产生的作用和影响，这些都是基于现实的合理虚构，完善和推动了科学理论的发展。马赫（Ernst Mach）也认为，科学中的假设都是从经验素材中推出来的。他说："不管是哥伦布猜测西方的大陆，还是勒维烈猜测在给定的方向施加吸引力的扰动的行星，在两个案例中，观察只不过是以习惯的方式按照观察者的每日经验完成的。初始观察愈新颖、愈奇特、愈非同寻常，猜测也愈如此。不过，在这里，不管猜测可能多么奇异地结合在一起，它们也必定从经验素材中推出。"① 这些都说明，与文学虚构截然不同，科学理论中的虚构不是其创作者的主观臆想，而是建立在科学的归纳、演绎、推导、分

---

① 〔奥〕恩斯特·马赫：《认识与谬误》，李醒民译，华夏出版社1999年版，第232页。

析、计算等基础上的，是人们进行理性认识、科学分析和探索必不可少的手段。

二是科学中的理论建构需要借助一些未经验证或无法验证的理论实体。这是因为科学家在构造理论的过程中，必须要以一些实际无法或暂时无法实现的理想状态或绝对概念为基础做假设或预设，或者借助一些不可观察、不可检验的理论概念或实体等来说明、解释或预测可观察的实验现象。很多科学理论中的理想化状态或实体也是虚构的，它们在现实中不可能实现或存在，只可能出现在科学理论中，一些实际上绝对不可能出现的或只在极限情况下才可能出现的理论实体或理论状态（如绝对真空、理想气体等），是科学理论中必不可少的术语和工具。夏佩尔（Dudly Shaper，也译作夏皮尔）称其为"理想化术语"，以区别于他所说的指称真实客体的"存在术语"或"实体术语"。但是这些理想化术语又是建立科学理论必不可少的前提或基础。最典型的就是牛顿所设立的以绝对时空为背景的惯性参考系，促成了18—19世纪分析力学的建立，使得力、速度、加速度、位移、能等概念也可以理想化地被严格定义，并建立起分析力学理论体系，进一步为之后的声学、光学、电学等理论的发展打下了基础。绝对空间概念的建立还使抽象的空间几何图形与数学联系起来，促成了抽象的空间几何学的发展。"经典物理理论中作为一切物理现象背景的时空概念的建立，对物理学摆脱自然哲学的纯思辨、走向科学化的分析起了决定性的作用。"①

三是一些学科和研究的对象和本体本身就是虚构和抽象的，无法采用经验方法予以检验。一些学科的研究对象或本体都是基于已有的发现和证据，根据计算、推演、归纳、演绎等提出的理论假设，是逻辑推演和高度抽象的产物，即使其中一些学派互相对立，也不能否认这些学说或假设是对事实和规律的正确描述或推理，而且它们也实实在在地为该学科的发展和实践发挥着作用。例如地质学中关于地质构成的研究、经济学中反映经济规律的模型、生物学中物种的起源等问题，在现有条件下无法用观察的方式进行证实或完全证实，但这些学科和研究并没有因此停滞不前或成为纯思辨性研究，而是形成了具有完整的研究体系和方法的科学。地质学诞生和发展的历史过程就是一个假说繁多，学派林立，相互争论同时又不断发现新证据，创造新成果的过程。在地质构造方面，我国就出现了以"地壳波浪状镶嵌构造学说""地质力学""多旋回构造运动说""地洼说""断

---

① 蔡肖兵：《时空概念在物理学中的地位和作用》，《哲学研究》2007年第1期，第106页。

块构造说"为代表的五大地质学构造学派,这些学说都为我国和世界地质学的发展以及矿产勘探和开发做出了实实在在的贡献。经济学也是如此,经济学的主要研究方法是"自上而下",能够反映经济事实的经济模型是基于一组前提推导出的能够逻辑自洽的程式化数学模型,"研究经济学就是构造模型"①。但经济学家并没有因为它们是纯数学模型或者不同的经济模型并存甚至可能相互矛盾而放弃对这些模型所反映的事实的信念。经济学家"已经接受了这种可能的观点:好的经济学模型是关于经济事实的,并且其含义表征了经济事实的特征、结构和功能"②。经济学家依然会用这些模型来解释经济运行的部分或整体规律,预测经济发展趋势,指导经济政策的制定。

这些实例都说明,科学理论的建构和发展离不开虚构,虚构不仅是科学发现的必要手段和方法,甚至一些学科研究的本体就是理论假设,如同夏佩尔所言,"科学史上最有普遍性变化的特征是由放弃某一组预设前提而代之以另一组预设前提决定的"③,人们并不会因为这些理论中含有虚构成分而放弃对它们的信念和运用。这似乎也验证了实用主义和虚构主义所倡导的观点:不必去追问理论对象的本体论基础,而注重理论的实践意义。科学理论和假设在科学发现中所发挥的作用也说明科学理论和学说是否被认定为真与人们所持有的信念有关,无论这些理论或假设是否包含虚构成分。而这一点恰恰是本书所关注的问题,即人们在明知科学理论包含推论和假设的前提下依然选择相信和接受它们,相信这些科学理论名词或语句为真表明人们相信科学理论是建立在逻辑和规律基础之上的正确的计算、推演、归纳或演绎的结果。

3. 任何科学理论都不是绝对精确的

任何科学理论体系都不是终极的、完满的,对于其中概念的定义都不是绝对精确的。这是因为,一方面再精确的定义都是具体的,都只涉及所研究对象的某些方面的性质和规律,可能存在歧义和模糊性等,不可能达到绝对完满和绝对正确。科学理论只是相对准确和相对完整,任何科学概念都是有局限性的,"都只是反映了人们在一定实践水平上对事物及其现

---

① 〔荷〕乌斯卡里·迈凯:《经济学中的事实与虚构》,李井奎等译,上海人民出版社2006年版,第16页。
② 〔荷〕乌斯卡里·迈凯:《经济学中的事实与虚构》,李井奎等译,上海人民出版社2006年版,第29页。
③ 〔美〕达德利·夏佩尔:《理由与求知——科学哲学研究文集》,褚平、周文彰译,上海译文出版社2001年版,第72页。

象本质的认识"①。最鲜明的表现就是在科学史的不同阶段，各学科对其中许多概念的定义和使用都在持续不断地变化和更新，如"场""能量""波""身""心""精神""能源""燃料""超低温""遗传"等概念，以及随着科学研究的方法和手段的不断发展更新，与其相关联的概念如"确证""解释""建构""认知"等也会发生相应的更新和变化，人们的信念也会随事物状况的改变而改变。"昨天被科学认为是不可证实的（关于星体构成的假说，或关于生命起源的假设），今天可能成为科学的合法部分；被人们认为是在合法科学的'分界线'之外的（不可观察的、不可证实的、不可证伪的）东西可能在某一阶段有充分的理由成为科学的合法部分。"② 另一方面，任何科学理论都不是完全详尽的，而是开放的，"科学概念总有开放性，即可以根据关于自然的新信息而改变"③。科学理论必须承认和考虑可能存在的不同选择和各种解决方案，对各种可能性进行前瞻性思考和预测，其中就可能包含虚构。这些都决定了任何科学理论都不会变成永恒的、终极的真理。

综上所述，科学理论中的虚构不可避免，它们可能是未经证实的事实，也是构建理论体系必不可少的手段和方法；同时任何科学理论都是开放的、相对准确和完整的，使得虚构成为科学理论中必不可少的成分，这奠定了科学理论名词指称和涵义的实在论立场基础。而对于科学理论名词的指称和涵义的探讨也将帮助我们更好地了解陈述与事实的关系。

（二）虚构主义

在20世纪早期，费英格提出"仿佛"哲学，奠定了虚构主义的基础。在著作《"仿佛"哲学》中，费英格最主要的主张就是承认虚构的实用价值和工具价值，而不关注其本体论基础，并且费英格还对虚构在社会科学和自然科学诸多领域的不同运用进行了阐述。他的这本著作可以看作虚构主义在科学技术领域得到系统论述的奠基之作。之后随着逻辑实证主义和科学实在论的兴起，虚构主义哲学思想湮没在其他新兴的哲学思潮之中。直到20世纪80年代美国哲学家和数学家菲尔德、亚布罗、范·弗拉森等相继发表了数学哲学和科技哲学中的虚构主义的一些论文，虚构主义才重新在

---

① 殷正坤、邱仁宗：《科学哲学引论》，华中理工大学出版社1996年版，第38页。
② 〔美〕达德利·夏佩尔：《理由与求知——科学哲学研究文集》，褚平、周文彰译，上海译文出版社2001年版，第189—190页。
③ 〔美〕达德利·夏佩尔：《理由与求知——科学哲学研究文集》，褚平、周文彰译，上海译文出版社2001年版，第239页。

科技哲学中掀起新的热潮。这种新兴的虚构主义也被学者们称为"新虚构主义"或"科学虚构主义"。亚布罗在《走向数字：来自虚构主义的一条道路》中对虚构主义的总结就是：科学虚构主义是人们假装相信或断言的内容（即科学中的虚构）发挥着追寻真实事实的作用，或者使用者所认定的真实事实使得使用者相信虚构断言都是对相关事实的真实断言。① 简言之就是虚构帮助人们形成对科学事实的正确信念。

科学虚构主义的思想近年来广泛地渗透社会科学和自然科学的不同学科和领域。在数学领域，虚构主义也出现了不同版本，范·弗拉森对数学中的虚构持实在论的立场，他主张科学理论是"关于世界像什么的一个字面上为真的故事；而接受一个理论则涉及相信它是真的"②。与之类似，建模派把数学中的虚构看作对真实的表征，是科学建模必不可少的途径。科学模型可以真实地表征目标内容，"科学旨在通过模型给予我们形成关于目标现象正确信念的手段。受过科学训练的建模者知道关于目标的假设中哪些为真，哪些为非真，知道如何利用虚构产生关于真实事物的正确信念"③。反实在论的数学虚构主义或者主张所有的数学命题都是假的，或者主张一般数学实践中的数学命题有其合理性或有用性。④ 而持物理主义立场的虚构主义者则认为数学虚构与文学虚构在本体上和语义上类似，但在实用上有区别，数学理论具有抽象性、精确性和逻辑严密性，可以准确模拟物理世界的一般性和普遍性，因而具有实用客观性。⑤ 总之，无论持何种立场的虚构主义者，都对数学中的虚构持实用主义立场，都承认数学虚构可以建构有关真实实在对象的正确信念。

在经济学领域，许多经济学家都意识到经济学模型和理论是一种虚构，例如2017年获得诺贝尔经济学奖的行为经济学家塞勒（Richard H. Thaler）就曾说："我相信，在过去的五六十年里经济学一直在研究虚构的生物。"⑥ 虽然塞勒的本意是批评经济学模型建立在人性理性、不情绪

---

① S. Yablo,"Go Figure: A Path through Fictionalism", http://web.mit.edu/yablo/www/gf.pdf, pp.24—25.
② Bas van Fraassen, *The Scientific Image*. Oxford: Oxford University Press, 1980, p.8. 译文参见李元明：《科学虚构主义：缘起、内涵与特点》，《哲学分析》2017年第6期，第118页。
③ 李元明：《科学虚构主义：缘起、内涵与特点》，《哲学分析》2017年第6期，第121页。
④ 罗广龙：《数学虚构主义与不完全性问题》，《自然辩证法通讯》2018年第7期，第12页。
⑤ 叶峰：《数学理论与虚构作品》，《科学技术哲学研究》2020年第3期，第5页。
⑥ 《塞勒：经济学家一直在研究虚构的生物》，网易财经，https://3g.163.com/money/article/D0B9I05D00258169.html.

化和自我控制的基础之上，不能真实反映反传统经济学逻辑的人类经济学行为，但许多经济学家并不因为经济学理论或模型的虚构性而否定其与现实世界的联系。恰恰相反，经济学家虽然承认经济学理论因违背了"整体真实"和"纯粹真实"而是不真实的，但依然愿意承认经济学理论和模型指涉实在世界的经济事实和规律。"经济理论视同为事物本质的部分真实的描述和对事物发展趋势的类似法则般的陈述"[①]，因此经济学理论和模型仍然可能以其"似真性（verisimilitude）"与"近律性（legisimilitude）"成为局部近似真理，例如计量经济学可以观察不明显的规律[②]，为人们的经济活动提供参考。持实在论立场的经济学家迈凯总结道："由于世界的复杂性，人们更愿意用模型来简化经济世界，以便了解世界的特性。"[③]

可以看到，与数学领域的虚构主义思想类似，经济学领域的虚构主义也具有某些科学实在论的特点，一方面承认实在世界事实和规律的客观性和实在性，另一方面主张理论和模型关于世界的可观察方面为真，强调其经验上的切适性。从这一点上看，科学虚构主义还是有别于带有强烈反科学实在论色彩的传统意义上的工具主义和功能主义。相同的是，科学虚构主义注重虚构在科学实践中的功能，从其作用方面说明其价值，而不注重从真值条件方面加以刻画。这一趋势业已拓展到自然科学和人文科学其他领域，如建筑学、物理学、美学、伦理学、法学、心理学等学科相继发表了各自的虚构主义论文，深化了虚构主义在不同学科领域的地位和价值探讨。

本书后几章对虚构名称和虚构语句的意义分析将进一步厘清科学中的虚构与文学虚构的相同与不同，从而为正确理解虚构在文学和科学领域的作用和价值做出解释。

五、虚构对现实的反作用

虚构是文学作品必不可少的组成成分，不仅如此，在哲学领域，如语言哲学、逻辑哲学、科技哲学、心灵哲学等，在自然科学领域，如数学、物理学、化学、生物学等，在人文社会科学领域，如政治经济学、法学、

---

① 〔荷〕乌斯卡里·迈凯：《经济学中的事实与虚构》，李井奎等译，上海人民出版社 2006 年版，第 215 页。

② 〔荷〕乌斯卡里·迈凯：《经济学中的事实与虚构》，李井奎等译，上海人民出版社 2006 年版，第 179 页。

③ 〔荷〕乌斯卡里·迈凯：《经济学中的事实与虚构》，李井奎等译，上海人民出版社 2006 年版，第 197 页。

伦理学、美学等，作为其基本构造的概念和理论都来自人类心灵的虚构。这些虚构不仅在理论建构和理论研究中发挥功能，同时也在指导着人们的实践，在人们的现实生活中发挥功能。

从表现形式上看，虚构可能看上去很真，甚至就和真的一模一样。本书第三章对虚构名称的意义分析表明，虚构人名的语言符号与真实人名一样，单从语言符号本身来看，在不了解名称符号内涵意义的情况下，无法分辨其指称的是虚构人物还是真实人物。而对名称意义的掌握是一个包含语言规则、社会规约、心理认知能力、言语行为、语言意向性和交际性的综合过程。第五章对虚构话语的意义探讨将表明，任何虚构话语从语法结构和用词本身来看，与事实性话语都没有分别，借用《红楼梦》中的一句话就是"真亦假时假亦真"。这也是许多虚构文本能够引人入胜，甚至让人着迷，深陷其中不能自拔的原因之一。虚构对现实的反作用最重要的表现之一就是文学文本对读者产生的影响。正是因为虚构话语的这种性质，一些人对虚构话语信以为真，甚至在感情和行为上对它们产生依赖。例如现实中一些青少年沉迷于浪漫缠绵的爱情小说，误以为现实生活本该如此，陷入浪漫的不切实际的幻想之中；一些沉迷于武侠小说想抛弃学业，跑到寺庙或山上拜师学艺，幻想做一个武艺高强的江湖高手。近年来，有的青少年沉迷于虚拟网络世界，分辨不清虚拟世界和现实世界的差别。这些现象表明，虚构与现实的联系、混合会给人们的认识带来混乱，让人们难以辨别真假。

虚构对现实的反作用之二表现在虚构与现代科学技术相结合给人们的生活实践带来的影响。现代社会，当虚构借助虚拟技术表现出来时，就突破了以往虚构只能借助语言、图画、影视作品以对象化形式进行表现的界限，可以达到与人交流、和人互为对象的程度，更添加了真实性，使人们分不清虚构和现实。这些都是虚构对认识和实践产生的负面影响。

但是对虚构话语的语言分析也表明，虚构毕竟不同于真实，它不能被现实经验验证，不能把相对于虚构世界为真的言谈奉为现实世界的真理。本书第三章对虚构名称和语句的意义分析将表明，虚构名称之所以有意义，在于它们只能指称虚构世界的人和物，如果把它们用于指称现实生活中的人或物，它们将毫无意义。第五章对虚构话语的真值判断也表明，必须区分虚构话语相对现实世界为真或相对虚构世界为真两种情况。由此可以推论，对"虚构"的功能研究要注重区分不同使用语境和适用范围，研究不同环境和不同状况下"虚构"的功能，引导人们正确认识"虚构"，合理发挥"虚构"的作用和价值。例如，要引导和教育青少年，文学作品中所谓的浪漫爱情或有情有义的江湖都来自作者美好的想象，与现实有所不同，它们体现了人们追求完美感情和事物的一种美好愿望，并不表示实际情况一定如此。

同时要强调的是，"虚构"之所以能够发挥功能，在于它并未与经验完全脱节，并非游离于人们经验之外的空中楼阁或虚无缥缈的幻境，它产生于现实经验之中，最终仍将回到现实。第四章对科学理论名词的分析将表明，任何科学理论名词不仅与人们的经验信念相融洽，还与现存的其他科学理论相融洽。一部虚构的文学作品，无论它的内容多么离奇，都割不断与现实千丝万缕的联系，否则就成了谁也看不懂的天书。连虚构主义的创始人费英格都主张"感觉是一切逻辑活动的起点，也是它们必然趋向的终点"①。同时，在当今技术领域运用"虚构"的最前沿，数字化电子技术创造的虚拟世界已渗透现实世界的方方面面，人们更应清醒认识到技术构造出的虚拟世界并不是与现实世界完全等同的平行世界。要在正确认识虚构与现实世界的联系和差别的基础上，认清虚构与现实的界限，承认并正确认识和分析虚构对现实的实在功能，指导人们的生存实践。

虚构既可以对人们的实践产生积极影响，也可以对人们的实践产生消极影响。哲学、自然科学和人文科学中的虚构作为科学理论的有机组成部分，对人们的实践可以产生积极影响，如规划、指导人们的实践，预测未来发展趋势等。文学中的虚构、现实生活中的虚拟技术等也会对人们的实践产生影响，既有积极的影响，也有消极的影响。以文学中的虚构为例，带有积极思想的虚构作品可以陶冶人们的情操，影响人们行动的动机和目的，引导人们采取正确的行为。带有消极思想的虚构作品则可能带给人们消极的思想和情绪，引导人们采取错误的甚至有害的行为。正如何其芳先生评价《西游记》和《阿拉达》两部作品所带来的不同的思想和行为影响，他称赞"《西游记》是一部有名的积极的浪漫主义的作品……吴承恩不但以现实生活为基础，把这些虚构的情节写得近情近理，能够造成真实感，而且它们本身含有高度的真实性"。这里的"真实性"指的是人们对美好生活的真实诉求，以及对人们的真实生活场景的真实反映，"从本质

---

① 〔美〕梯利:《西方哲学史》(增补修订版)，葛力译，商务印书馆2003年版，第716页。

上说，这些幻想和虚构都是含有高度的真实性，深刻的思想内容的"。①包含积极思想的文学作品表达了人们的真实愿望，反过来也引领人们产生正确的、积极的、向上的思想和行为，陶冶人们的情操，就像《西游记》坚定了人们不惧困难，历经九九八十一难仍然追求自己目标的决心。相反，包含消极思想的虚构作品，如夏多布里昂的《阿拉达》，虽然它有很高的艺术水平，在思想上却会导致人们走上歧途。与之类似的其他一些带有极端思想、反社会、反人性、反理性的文学虚构无疑也会毒害人们的心灵，造成错误的思想导向，引导人们采取错误的行动，这是需要特别警惕、甄别并采取措施进行扫除的。

在科学哲学领域，科学的虚构被看作"基于一定现实原型或者说经验材料，为了某种合理的目的而进行的创造性思维活动的结果"②，它作为科学理论的一个必不可少的环节和因素，在科学探寻真理、揭示自然和客观规律的过程中发挥着实实在在的作用，正确认识科学虚构的价值可以帮助人们更好地运用和创造科学虚构。而当今站在科技前沿的虚拟空间技术、人工智能等极大地拓展了现实与虚构交互的领域，模糊了二者的界限，深刻地改变了人们的生活方式和思维模式。科学虚构的本质定义和价值探讨是当今科技哲学亟待解决的现实问题，具有不可估量的理论和现实意义。

因此，正视并加强对"虚构"的功能研究，利用和发挥"虚构"的积极作用，预防和避免"虚构"的消极作用，对指导人们的生存实践具有现实意义。本书通过对"虚构"的语言哲学分析，探讨基于这种语言分析的结论对文学、语言学、语言哲学、科技哲学带来的启示，为在现实实践中正确认识虚构与现实之间的关系，发挥"虚构"的功能提供一定的理论支持，这也是本书的现实意义和价值。

小　结

"虚构"在哲学史上经历了一个从被否定、被排斥在哲学研究对象之外，到被肯定、被纳入哲学研究视野的历史过程。在当代哲学中，"虚构"

---

① 何其芳：《文学史讨论中的几个问题》，中国文学网，http://www.literature.org.cn/Article.asp?ID=5014.

② 殷正坤，邱仁宗：《科学哲学引论》，华中理工大学出版社1996年版，第247页。

在哲学诸多领域中都占据了重要地位，成为哲学研究的一个前沿话题。近年来兴起的"新虚构主义"或又称"科学虚构主义"，影响日益广泛，使人们对科学和哲学中"虚构"的价值有了更深刻的认识，表现在：

第一，对"虚构"的价值的探讨一方面丰富了传统理论，另一方面又表现出动摇传统哲学本体论和认识论的趋势。

第二，对虚构语句的逻辑分析促进了当代逻辑学的发展，使之呈现出更加精细化、专业化和多元化的发展趋势。

第三，科学中的虚构不可避免，主要原因有三：（1）科学理论中的虚构可能为真，（2）理论虚构是科学发展必不可少的手段，（3）任何科学理论都不是绝对精确的。正因如此，科学虚构主义注重虚构在科学实践中的作用和地位，数学和经济学都把虚构看作建模和表征事实的方法，肯定其经验价值。这一趋势也拓展到科技哲学的其他领域。

对"虚构"的语言分析可以帮助人们正确认识虚构在不同领域的功能，将有利于发挥"虚构"的积极作用，避免其消极影响，这也是本书的现实价值之一。

第三章 虚构名称的意义分析

如同现实世界指代外部世界对象采用专名和通名一样,在语言中指代虚构的人或事物也有两种形式——虚构专名和虚构通名。本章以故事、戏剧、小说中的虚构专名和虚构通名为范例,展开对虚构名称指称和涵义的探讨。

第一节 虚构专名的指称

按照弗雷格对名称意义的定义,作为名称的语言符号之所以有意义在于其有所指和有所表达,二者分别对应"指称"(reference)和"涵义"(sense,或 meaning,也称为"内涵"),这一定义获得了语言哲学界的普遍接受。当前语言哲学中关于实在事物(包括人物)的名称指称的较一致的观点是:其指称表达了名称(一个语言符号)与一个实在对象之间的关系,并且这一名称的意义就在于此。这一定义隐含了一个前提:指称建立了语言符号与物理世界对象之间的关系。本书关注的是如果把关于实在事物的名称指称的定义推及虚构名称,这一定义是否仍然有效。

一、虚构名称的指称与虚构对象

早期的很多语言哲学家把指称等同于名称的所指对象。按照弗雷格和罗素对指称的定义,专名与专名所指的对象同义。弗雷格在《论涵义和所指》中多次提道:"专名的指称就是这个名称所命名的对象本身"[①],"专名的指称因而是一个特定的对象"[②]。罗素在《摹状词》一文中定义名字

---

① 〔德〕G. 弗雷格:《论涵义和所指》,A. P. 马蒂尼奇编,《语言哲学》,牟博、杨音莱、韩林合等译,商务印书馆 2004 年版,第 379 页。
② 〔德〕G. 弗雷格:《论涵义和所指》,A. P. 马蒂尼奇编,《语言哲学》,牟博、杨音莱、韩林合等译,商务印书馆 2004 年版,第 377 页。

时，表达了类似的观点："一个名字乃是一个简单的符号，直接指一个个体，这个个体就是它的意义，并且凭它自身而有这意义，与所有其它的字的意义无关。"① 我国早些年介绍英美语言哲学的著作中也有这样的定义。"指称主要指专名和通名所指的对象，也包括摹状词以及语句所指的对象。"② 虽然有的学者认为"弗雷格的'指称'并没有严格一致的含义，有时指被指称者，即对象；有时说的是指称关系，即符号与对象之间的联系"③，但大多数语言哲学家仍然接受前一种观点。对于罗素的观点也是如此，有人认为罗素持"专名的指称就是它所指示的事物本身"的观点④，有人认为罗素所说的专名的指称对象是"一簇簇所经验到的性质和关系"⑤，但普遍还是认为包括弗雷格、罗素和早期维特根斯坦等在内的哲学家都把专名的指称看作专名所命名的对象本身，例如早期维特根斯坦说："一个名称只表示实在的一个要素，那不可毁灭的东西，那在一切变化中保持同一的东西。"⑥

当把专名的指称等同于专名所指对象时，对于虚构名称而言，其指称就应该是其所指的对象，即虚构对象。因此要回答虚构名称的专名是否有所指，要首先回答虚构专名是否有指称对象，由此引出了关于虚构名称的指称的第一个问题：是否有虚构对象？

布伦塔诺的意向性理论较早对这一问题做出了肯定回答。布伦塔诺从认识论的角度提出，不应把认识对象局限在真实存在的对象上，认识可以扩展到人们的意向范畴。例如，人们可以想象一匹飞马，这匹飞马并不需要实际存在，换句话说，人们可以把不存在的东西当作意向对象。⑦ 这一观点分别被后来的不同哲学流派继承和发展，其中有两派的观点对虚构对象的性质给予了明确的描述。

其一是现象学代表人物胡塞尔的现象学观点。胡塞尔在对语言的意义进行分析时判定，只要表达性行为与对象性的东西的联系成立，表达就有意义，无论这种联系是现实的显现，还是想象中或幻想中的显现。一些虚

---

① 〔英〕B. 罗素：《摹状词》，A. P. 马蒂尼奇编，《语言哲学》，牟博、杨音莱、韩林合等译，商务印书馆 2004 年版，第 407 页。
② 涂纪亮：《英美语言哲学概论》，人民出版社 1988 年版，第 74 页。
③ 车铭洲：《现代西方语言哲学》，四川人民出版社 1989 年版，第 59 页。
④ 涂纪亮：《英美语言哲学概论》，人民出版社 1988 年版，第 88 页。
⑤ 胡泽红：《关于专名的涵义与指称》，《自然辩证法通讯》2002 年第 5 期，第 24 页。
⑥ 〔奥〕维特根斯坦：《哲学研究》，李步楼译，商务印书馆 1996 年版，第 43 页。
⑦ 参见涂纪亮：《现代西方语言哲学比较研究》，中国社会科学出版社 1996 年版，第 397 页。

设的事物甚至是逻辑上互相矛盾、人们无法具象其形态的事物,或者逻辑上互相矛盾的命题,都可以是"正当的名称或命题",因为它们存在于人们的观念之中。正如他在《逻辑研究》中所说:

> 人们不能将无意义之物(Unsinnige)与背谬之物(Widersinnige)混为一谈……一个"圆的四方形"的联结确实提供了一个统一的含义,这个含义在观念含义的"世界"中具有其"实存"("Existenz")、存在(Sein)的方式;但绝然明见的是,没有一个对象能够与这个存在的含义相符合。……
> ……但这个含义本身是存在的。像"木质的铁"和"圆的四方形"这样的名称,或像"所有三角形都具有五个角"这样的命题,它们都与任何其他名称和命题一样是正当的名称或命题。①

显然,在胡塞尔看来,虚构名称也可以是正当的名称或命题。按照胡塞尔对意向性所做的分析,虚构对象属于想象物,其意向活动的材料为影像或幻觉,其意向活动的性质为想象,这种意向活动是"实在的",正是这种意向性构成了意识的基本结构。虽然胡塞尔的本意是通过对意向性的分析说明认识的本质,但其把包括虚构对象在内的意向对象纳入知识对象的立场,与后来的其他学者把虚构对象定义为意向对象的观点相吻合。

这一观点也为后来的"虚构"研究中的极端实在论者所接受。按照极端实在论者的观点,虚构人名指称的就是虚构人物,而虚构人物为特定的抽象实体。这一派给出的支持理由是,就像其他抽象实体,如道德、疼痛的感觉存在于我们的生活中一样,虚构人物也有特定的时空存在方式。有的学者明确指出虚构人物是一种与法律、政治、科学理论和假设等抽象实在相等同的抽象存在,虚构人物是抽象实体的一种,我们既然承认其他抽象实体的存在,就应该承认虚构人物的存在。② 譬如"孙悟空"这一名称,指称的就是小说《西游记》中的孙悟空这一虚构人物。作者通过故事创造出这一人物,并且这一人物一经产生,就成为一种人工产物,依赖物质客体和读者的意识而存在。虽然在现实生活中找不到他的实体存在,但他存在于作者和读者的意识之中以及口头或文字文本之中。从心灵哲学、

---

① 〔德〕埃德蒙德·胡塞尔:《逻辑研究》,倪梁康译,商务印书馆2017年版,第738—739页。

② Amie L. Thomasson, *Fiction and Metaphysics*. Cambridge: Cambridge University Press, 1999.

生理学和认知学角度来解释,"孙悟空"这一名称与人们使用它时脑中所产生的神经元活动有关,或者说其存在的证据就是人们脑中产生的脑电波,脑电波赋予其物理世界时空存在的证明,即使他看不见也摸不着。

另外也有学者从论证虚构对象和虚构作品是同一类实体的角度,证明虚构对象为一种实体。因为虚构作品为语义－语句实体,这一类语句区别于真实性语句之处在于其语义内容上的虚构性(ficta),这种虚构性是构成虚构作品的充分条件,也是构成虚构对象的充分条件,所以虚构对象也是一种语义－语句实体。我们既然承认虚构作品的实体存在,就没有理由不承认虚构对象的实体存在。①

这种观点最大的缺陷实际也是极端实在论的最大缺陷,它预设了一个本体论前提:说出某物就是预设了某物存在。后期的罗素也意识到这种观点存在致命的自相矛盾之处。以语句"贾宝玉不存在"为例,这是一个有意义的句子,因为它既表达了可以理解的意义,又描述了一种真实的情况。"贾宝玉"这一名称如果指称某种人物或事物,就预设了他(或它)的存在,可是上述语句又否定他(或它)的存在,造成悖论。这就是后来的"否定性存在句难题",也称为迈农悖论。

与极端实在论者相反,空无派从虚构对象为空的立场出发,认为虚构人名为空指称或空名,代表人物有沃尔顿、莱昂纳迪(P. Leoneardi)等人。他们认为虚构对象是一种幻觉,是完全的虚无和不存在,虚构人名指向一个并不存在的小说人物,因而是一个空名词,或者只能算一种指示词,因而没有外延,与专名有本质不同。

把虚构名称的指称处理为空,比较符合人们的常识,但若进入逻辑分析领域,这一理论则面临巨大的困难。

首先,从逻辑学的角度看,完全否认虚构人名的外延,在逻辑上会引起一些矛盾。按照普通逻辑的概念,与虚构概念相对应的集合不包含任何元素,是一个空集合,因而虚构的概念如"孙悟空""二郎神""四大天王"等的外延都应该为0。但这样就会产生逻辑矛盾。譬如说,就外延数量而言,"二郎神"的外延数量应该为1,"四大天王"的外延数量应该为4,"十万天兵天将"的外延数量应该为10万;如果把以上虚构人物的外延统统当作0,则意味着它们的外延数量完全相等。这与人们的直觉明显矛盾,例如人们在阅读《西游记》时,绝不会认为二郎神的数量和十万天

---

① Alberto Voltolini,"How Fictional Works Are Related to Fictional Entities", *Dialectica*, 2003, Vol. 57, No. 2, pp. 225-238.

兵天将相等，因此对于孙悟空战二郎神和战十万天兵天将在数量上的感受完全不同。另外，基于最普通的逻辑，谁也不会认为"龙""喷火龙"和"棕色的喷火龙"的外延一样大，而是会认为"龙"的外延比"喷火龙"大，"喷火龙"的外延比"棕色的喷火龙"大。如果它们的外延都为0的话，就没法解释它们在逻辑上的属于关系和包含关系。因此，有人认为"把虚构概念的外延视作零的说法是欠妥的，虚构概念与非虚构概念一样，不仅具有确定的内涵，而且具有一定的外延"[1]。当前比较普遍的一种观点是虚构名称的外延就是虚构对象，但对于虚构对象究竟是什么以及外延与内涵之间的关系，譬如谁更根本，仍然存在很大分歧。这一点本章将在后面展开探讨。

其次，在使用中，虚构名称也可以有效地区分虚构对象，并且指称单一个体，发挥与实在名称一样的指代（refer to）功能，而否定虚构名称的指称，等于否定了虚构名称的这种指代功能。与真实人名一样，虚构人名起了指代和区分个体的作用。例如像"林黛玉""哈利·波特"这样的虚构人名，当它们作为名字出现时，人们完全可以理解它们的意思，并且把它们分别与虚构文本《红楼梦》和《哈利·波特》中的某一人物联系起来，它们的作用和意义都与现实生活中人们对真实人名的使用情况完全一样。即使名称本身没有对它所指示对象的区别性特征做任何描述，人们依然可以准确无误地区分和使用它们。用罗素的话来说，它们的意义在于它们所指称的对象；用维特根斯坦和塞尔的话来说，它们的意义在于建立了名称与名称所指示对象之间的关系，只不过一个真实人名指示的是真实存在的某一人物（可以是现实的或历史的），一个虚构人名指示的是小说中的某一人物。它们都起了区分个体的作用，在众多的不同人物中特指拥有这一名称的某个人，使人们能够立刻知道所谈论的是哪部小说中的哪个人物——虚构人名正因这种指示本身而获得了意义。而且从一般情况来说，无论这个虚构人名出现在哪个场合、使用者是谁，它所指称的都是同一对象。例如"孙悟空"这个名字，除非有特别说明（譬如某个作者用这一名字实际表示另外的虚构人物，这种情况将在下一节结合虚构人名的涵义加以分析），无论古代人、现代人、作者、读者，甚至是小说中的其他人物，譬如唐僧、猪八戒，都使用这一名字来指称孙悟空这一人物。这与我们现实生活中对真实人名的使用情况完全相同。例如小说《哈利·波特》里一只可以浴火重生的凤凰叫"福克斯"，"福克斯"为指代那只凤凰的专名，

---

[1] 谈云雷：《也谈"虚构概念"的外延》，《淮阴工学院学报》2004年第2期，第38页。

当人们听到《哈利·波特》中的"福克斯"这一名称时，立刻就知道它是指那只凤凰。这些事例都说明虚构专名与真实专名在指称的功能上没有本质区别，完全否定了其指称需要首先合理解释它们为何实际发挥着指称功能的质疑。

如果从指称定义的角度看空无派的问题，可以看到，空无派关于虚构专名的指称预设了一个前提：虚构对象在实体世界为空意味着虚构专名的指称为空。由此引出关于虚构专名的第二个问题：是否承认虚构专名的指称等同于承认虚构对象的实体存在？换言之，承认虚构名称的指称是否预设了虚构对象的存在？

二、承认虚构名称的指称是否预设了虚构对象的存在

这一问题的预设前提即虚构名称的指称为空是因为虚构对象在实体世界不存在，实际上就是把指称等同于指称对象，用弗雷格的原话表述就是"专名的指称就是这个名称所命名的对象本身"。这一预设是存疑的。首先，从字面意义上看，"指称"用作名词时表示语言符号的"有所指"，在英语里常用"reference""denotation""designation"等表示；"指称"用作动词时，表示某一语言与外部世界联系的过程，它表示把某一语言符号指向（refer to）、指谓（denote）、指代（attribute to）某一非语言对象，无论这一对象是实在世界的对象（物理对象）还是非实在世界的对象（虚构对象），包括人或物。其次，从发生学过程来看，把语言符号与某一对象相联系是一个发生或构造的过程，并且与语言符号、心灵意向等因素相关，可以看作一个语义构建的过程，属于语言现象。而指称对象属于指称物（referent），是一个客观的或形而上学的对象，二者是完全不同的概念。把专名的指称等同于它所指示的对象，就意味着把语言现象等同于客观对象。这一论述如果不是从功能上说明指称的作用，至少在言语表达方面是不严密和不正确的。

换一个角度，如果按照名称的描述性理论或直接指称论对专名的意义的定义，把弗雷格以上的论述解释为专名因其指称而有意义，那么从语言使用的角度来看，指称在语言实践中确实与其所命名的对象本身相联系，甚至在某些情况下等同，但在语言分析中，语言与语言的使用则是严格区分的。实际上，很多哲学家早已意识到这一问题，例如后期维特根斯坦、蒯因、斯特劳森、唐奈兰、克里普克、刘易斯等都认为应该把语言本身与语言的使用区分开来。

从理论上说，如果一个专名的指称就是对象本身，那么一个专名对应

于一个对象,专名必须与对象正确地一一对应起来才可能在实际应用中交际成功。但大量的反例证明,专名,包括虚构专名,在使用时不需要做到一一对应。现实生活中,即使使用者把名称与名称所对应的对象搞错了,用一个名字谈论另外一个人,即俗话所说的张冠李戴,仍然能够交际成功。譬如一位外国朋友在读完《西游记》后跟人们谈论孙悟空,但他实际上用"孙悟空"这个名字在谈论猪八戒,说他外貌怎样,做了什么事,任何理性的、有知的读者马上就能知道他的错误所在并予以指正。此外,在现实生活中,大量的专名,尤其是虚构专名,都可以在没有现实的实在指称对象的情况下被有意义地使用。这些反例说明,指称与指称物并不是同义的。

实际上,弗雷格意识到这一点并提及要区分这二者。"指号的指称与涵义都必须和与之相联系的意象(image)区分开来。"只不过弗雷格在此想说明的是,专名的指称对象是人们经验到的性质和关系,因为他紧接着指出:"如果一个指号的指称是感觉的对象,则我关于它的意象是一种内心图像,这种内心图像来自于我的内部或外部的感官印象与活动的记忆。"[1] 这也是一些学者所认为的专名的指称与人们所认识或知道的专名的指称对象相连[2],用洛克的观念论来解释,语言符号与内心图像关联起来意味着语言符号与人们内心的观念或概念联系起来,指称建立了语言符号与观念和事物的结合。既然专名通过指称与对象联系起来,并且其对象可以是"感觉的对象"或"内心图像",那么"感觉的对象"或"内心图像"就既可以是实在世界的对象,也可以是非实在的、抽象的、虚构的对象。这就说明虚构专名也可以在语言符号与对象之间建立这种联系,虚构人名的指称可以定义为虚构专名(某一特定语言符号)与语言之外的某个对象(虚构对象)之间的联系,这种联系与对象为真实或虚构毫不相干,它只与语言是否可以达成这种联系相关。现代神经认知学已表明,语言符号,无论其为声音或文字,都可以激活人脑特定区域的神经元活动,引起人脑的言语感知和处理活动,如促进记忆巩固和事件学习。[3] 神经认知学已从生理学和心理学角度证明人脑具有建立作为名称的语言符号与特定观念或概念之间的联系的能力,它表明,只要语言符号与特定观念相结合,

---

[1] 〔德〕G. 弗雷格:《论涵义和所指》,A. P. 马蒂尼奇编,《语言哲学》,牟博、杨音莱、韩林合等译,商务印书馆 2004 年版,第 378 页。

[2] 胡泽红:《关于专名的涵义与指称》,《自然辩证法通讯》2002 年第 5 期,第 24 页。

[3] 〔美〕伯纳德·J. 巴斯,尼科尔·M. 盖奇:《认知、大脑和意识》,王兆新、库逸轩、李春霞等译,上海人民出版社 2015 年版,第 99、393—394 页。

指称就得以实现，无论所指称的对象是真实还是虚构。换言之，承认虚构专名的指称并不意味着预设专名所指对象的实体存在。

指称与指称对象（或指称物）的区分否定了承认专名的指称就意味着预设专名所指对象的实体存在。这一点也获得了其他理论的支持。按照蒯因的整体论思想，只要合乎语法、逻辑正确，就可以在语言框架内用虚构人名构成有意义的语句并谈论虚构人物，而不必做出语词或语句的"本体论承诺"。因此，甚至晚期克里普克都承认在一定意义上虚构人名也是有指称的，虽然虚构人名不能指称任何真实的或可能的人，但这并不表示虚构人名不能指称真实的虚构人物。如同克里普克 1973 年在约翰·洛克（John Locke）"指称与存在"第三次讲座中提到的，"夏洛克·福尔摩斯可以在两种意义上来说存在：一是故事里确有其人；二是确实有这么一个虚构人物"①。塞尔也明确提到虚构人名在关于虚构世界的言谈中是有指称的。他说："存在的原则在下述这个范围内是有效的：在关于真实世界的言谈中，我们只能指称那些实际存在着的事物；而在关于虚构事物的言谈中，我们能够指称那些在虚构中存在着的事物（如果虚构故事中也谈到真实世界的事物，那也可以指称这些事物）。"②

此外，斯特劳森对语词、语句的预设和断定的区分也解释了这一问题。按照斯特劳森的观点，在使用某个名称指称某个人物或事物时，只是预设（presuppose）这个人物或事物的存在，并没有断定这个人物或事物的实际存在，而且也不能从关于这个人物或事物的论述中衍推这个人物或事物的唯一存在性命题。以语句"孙悟空会七十二变"为例，当使用"孙悟空"这一名称时，用它去指称小说中的一个人物，只是预设了这一对象，或者说蕴涵（implication，就"蕴涵"的某种涵义而论，并不是逻辑上真正的蕴涵或断定）这一对象，斯特劳森把这种蕴涵解释为"语词的使用以唯一指称方式蕴含着、但并非衍推唯一存在性论断"。罗素的错误就在于假定一个人如果要以唯一指称的方式使用某名称，就必须认为存在着那一类的某个个体。但情况并非如此，正如斯特劳森在《论指称》中所说的："指称不等于说你正在指称……因此，我再次得出结论，指称或提到某个特定事物这一点不可能被分解为任何一种断定。指称不等于断定，尽

---

① Amie L. Thomasson, *Fiction and Metaphysics*. Cambridge: Cambridge University Press, 1999, p. 46.
② 涂纪亮：《现代西方语言哲学比较研究》，中国社会科学出版社 1996 年版，第 401 页。

管你做出指称是为了继续去做出断定。"①

以上说法都表述了一个共同的观点：名称的指称不等同于名称的指称对象，意义不是物质实体，承认虚构名称的指称并不等同于承认虚构对象的实体存在。

由此可以对前一小节末提出的问题做出回答：当把专名的指称与专名所指的对象混为一谈时，由于实在世界中并不存在这样的对象，虚构名称就没有所指；反之，站在区分指称与指称物、语言与世界的立场，把语言看作对外部世界的反映——无论是与外部世界直接相连，还是借助观念、概念等间接相连，语言都是描写外部世界的工具——就会把虚构名称的指称看作语言符号与虚构对象或概念之间的联系。承认虚构名称的指称，并不意味着承认虚构对象的实体存在。

三、虚构专名的指称的定义

按照前两小节对虚构专名的指称的分析，回答虚构专名的指称是什么，可以简单地说虚构专名指称虚构对象。再进一步追问虚构对象是什么，大体分两种回答：完全的空无或者某种抽象对象。前者实质上否定了虚构名称的指称，认为虚构名称只有内涵没有外延，把虚构专名看作空指示词，把虚构对象看成完全的空无和虚无。后者认为虚构名称有指称，虚构人名指称了虚构人物这一对象，至于虚构对象是否为实在或哪一种实在，则根据所持的不同本体论立场，分为极端实在派和温和实在派。前者把包括虚构对象在内的各种抽象对象看作与各种实体对象相并列的另一种实存对象；后者则否定其为某种实存对象，而仅仅只是从功能主义角度把虚构对象看作一种抽象或意向存在对象，其中又分为看作抽象对象、意向对象、可能对象、语法对象等多种派别。

不论把虚构对象定义为与实体对象相并列的另一种客观存在的抽象对象或语言对象，还是只存在于人们的意识和心灵的意向对象或语义对象，都是站在不同角度、基于不同侧重点对虚构对象的定义，共同承认虚构对象为某种抽象对象，因而这些观点都属于对象主义阵营。

对象主义阵营内部也分为不同派别，一种观点把虚构人物定义为"语法对象"，仅仅只是语句主词的"指称对象"（objects of reference），英瓦

---

① 〔英〕P. F. 斯特劳森：《论指称》，A. P. 马蒂尼奇编，《语言哲学》，牟博、杨音莱、韩林合等译，商务印书馆2004年版，第429—430页。

格称之为"理论实体"①,拉马克称之为"说话者指称"②。这种观点虽然把虚构人物称为对象或实体,但并不认为虚构人物是一种独立的、区别于其他实体的实体存在,而仅仅只是一种抽象的语法或理论对象,依赖于作者的故事创作以及人们的意识和语言实践而存在。把虚构对象设定为语法对象,在本体论上的确不会引起太大的争议或困难,但如果进一步追问这种语法对象对于语言意义的作用,则面临一些难以克服的困难。一方面,意义本身划分为语义意义与语用意义,而仅仅把虚构对象看作语法规则的产物,有只注重其语义一面而忽略其语用意义之嫌;另一方面,虚构对象作为一种"语法对象"或语句的"指称对象",意味着其属于语言规则的产物。虽然在某种程度上,虚构对象确实是按照一定的语法规则构建出来的,但仅仅把虚构对象定义在语法或语言层面,似乎显得过于狭隘,可能会导致其超出语言规则之外的一些特性,如语言的使用、语言使用者的意向性等要素的缺失,从而造成意义解释方面的障碍。

另一种观点把虚构人物看作可能世界实体的一种。其内部又由于对可能世界的不同定义分为两派。一派认为可能世界是可以定义并有不同定义的,例如一种看法认为:"可能世界包括我们能想像的任何世界,也就是我们能想象的任何一个世界都是可能世界。我们的现实世界只是可能世界中的一个。"③ 或者如同莱布尼茨所认为的:"可能世界是逻辑上一致的世界,即任何不包含逻辑矛盾的世界都是可能的。"④ 斯塔尔纳克(Robert Stalnaker)认为:"可能世界是一些假设性信念的本体论的类似物。"⑤ 另一派(如刘易斯等人)认为可能世界是不可定义、不可分析的,可能世界的多种可能性是不可穷尽的,只能用列举法去说明。比如一个有各种神仙鬼怪的世界、魔法世界、有神探和杀人犯的世界等,人们通过对这些例证的把握,识别出不同的可能世界。不论按照以上定义中的哪一种,小说世界都可以划归到可能世界。依前一种说法,小说世界完全是由作者通过想象构造的,然后诉诸文字呈现在读者面前,读者通过阅读和理论,在意识中构想出与作者的想象类似的小说世界;小说世界就是人们所想象的世界中的一个,而且尽管小说世界会发生现实中不可能发生的事情,比如会飞

---

① 参见 Amie L. Thomasson, *Fiction and Metaphysics*. Cambridge: Cambridge University Press, 1999, pp.18—19.
② Peter Lamarque, "Ficiton and Reality", in *Philosophy and Fiction*. Christchurch, New Zealand: Cyberedtions Corporation, 2000, pp.71—90.
③ 陈波:《逻辑哲学》,北京大学出版社 2005 年版,第 330 页。
④ 陈波:《逻辑哲学》,北京大学出版社 2005 年版,第 330 页。
⑤ 杜任之,涂纪亮:《当代英美哲学》,中国社会科学出版社 1988 年版,第 293 页。

的龙在天上喷火、石头里诞生了一只猴子,但这也是一个逻辑一致的世界,不会出现某个人是人又不是人,某件事情发生了又没有发生这种逻辑矛盾的事。依后一种说法,一部小说为读者呈现了某一可能世界的种种例证,人们通过阅读小说把握了某一特定可能世界的特征,识别它为一个特定的可能世界,就像《红楼梦》向读者说明了《红楼梦》小说世界的特征,人们通过对这些不同例证,如人物、故事、地点等的把握,识别出它是否为可能世界以及是哪个特定的可能世界。因此按照小说世界是可能世界之一种的观点,虚构人物可以被看成生活在这种可能世界中的人物,虚构人名因而指称小说世界中的人物。譬如名称"贾宝玉"就指称贾宝玉这一人物,他虽然不存在于现实中,但生活在《红楼梦》小说世界之中,《红楼梦》小说世界就是可能世界的一种,是无穷众多的可能世界的一个例证。

此外,按照塞尔的意向性理论观点,虚构对象为一种意向对象,因为虚构对象是作者意向性创造的产物。

但无论是把虚构对象定义为语义对象、抽象对象,还是意向对象,都秉持了一个基本立场,即对象主义立场。

总结起来,关于虚构专名的指称,分两种完全对立的观点:无指称(无对象主义)和有指称(对象主义)。前者认为虚构专名的指称为空,后者承认虚构专名有指称,虚构人名指称虚构人物。二者的对立分别对指称理论形成了挑战。

四、虚构专名的指称对指称理论的挑战和可能的解决之道

语言哲学中专名的意义由指称和涵义两部分组成。传统语言哲学对指称的定义预设了一个前提,即指称建立了语言与语言外部世界对象之间的一种关系。罗素对专名的定义是:"一个名字乃是一个简单的符号,直接指一个个体,这个个体就是它的意义,并且凭它自身而有意义。"[1] 这意味着指称须有外部世界对象与之对应,没有外部世界对象与之对应的专名则没有指称。在罗素看来,"司各特"是个专名,但"荷马"就不是,而只是一个缩略的摹状词,因为它不指任何东西,"不指任何东西的不是一个名字,如若有意把它作为一个名字用,那么它便是没有意义的符号"[2]。

---

[1] 〔英〕B. 罗素:《摹状词》,A. P. 马蒂尼奇编,《语言哲学》,牟博、杨音莱、韩林合等译,商务印书馆2004年版,第407页。

[2] 〔英〕B. 罗素:《摹状词》,A. P. 马蒂尼奇编,《语言哲学》,牟博、杨音莱、韩林合等译,商务印书馆2004年版,第411页。

按照罗素的定义,如果把虚构专名看作指称虚构对象的名字,它便成为毫无意义的符号。按照弗雷格对名称的定义,某些名称可以没有指称但依然有意义(有涵义),包含这种名称的语句也可以没有指称而有涵义。罗素和弗雷格的理论分别对应两个不同的前提条件:前者认为有指称就预设了指称对象以某种方式存在,或者使用者能够对指称对象有直接感知,即罗素所说的"亲知",即使不能亲知,也可以通过代代相传的描述而获知;后者没有这种预设,只要使用者具备把指称与一定的对象联系起来的能力,或者具备指号所指称对象的基本知识,即把指号与经验到的性质和关系联系起来的能力,专名的指称就成立。关于虚构专名的指称的这两种对立观点(即无对象主义和对象主义)对上述指称理论中指称建立了语言与世界的关系,以及名称可以没有指称但依然有意义(即指称与意义的关系)分别带来了挑战。

(一)语言与外部世界对象

在指称建立了语言与外部世界对象方面,当把虚构对象看作完全的空或无时,虚构专名的指称被定义为空,虚构专名被认为没有指称或无意义,如本书第一章第三节图1-1所示。这种无对象主义的定义符合本体论的基本规则,但在解释虚构话语在实践中大量存在并被有意义地使用的事实时,却面临着无法克服的困难。

从人们在生活中对虚构话语的大量使用来看,文学和科学中的虚构人物或事物并不是完全的虚无和空无,它们确实存在于小说文本以及人们的观念之中,并对现实世界产生作用。人们可以用不同方式,比如阅读小说或看根据小说改编的戏剧、影视作品,阅读图文材料、科学理论著作、学术论文等了解虚构人物的特性和行为或虚构事物的性质等,在日常生活中谈论它们并用于实践。它们实际上已经融入人们的现实生活,对现实发生反作用,用波普尔的"三个世界"理论来说,它们属于"世界3",是人类思维的产物,即"客观意义上的观念的世界——它是可能的思想客体的世界:自在的理论及其逻辑关系、自在的论据、自在的问题境况等的世界"[①]。通过精神的"世界2"对我们的"世界1"即客观物理世界发生作用和影响。从这种意义上讲,虚构人物或事物以一种不同于实体存在的方式存在于我们的现实之中,与完全虚无缥缈的人物或事物不同,它们存在于人们的意

---

① 〔英〕卡尔·波普尔:《客观知识:一个进化论研究》,舒炜光等译,上海译文出版社2005年版,第136页。

识之中或文本之中，包括使用者所产生的脑电波、印刷在书本上的文字、人们口耳相传的声音，这些都是一种真实的存在，并且也实实在在地对现实世界产生影响。因此，虚构人物或事物不能与空或无画等号。

正如本节前两小节所表明的，从语义学上把虚构人名的指称看作指向虚构人物，虚构人物不存在于现实之中，只存在于小说之中，因此承认虚构人名指称虚构人物并不意味着虚构人物的实体存在。用斯特劳森对指称的两种使用的划分，虚构人物是一种抽象的概念或属性的集合，虚构人名的指称属于指称的归属性使用或称为说话者指称，说话者指称描述了有关如此这般的（适合该人名的）人物的某件或某些事情，即对该指称对象的如此这般的性质进行归属。虚构人物可以看作构成其属性的组合或复合，甚至每一种属性的构成要素都可能在现实世界中的一个个体身上找到具体体现，但任何一个虚构人物在现实生活中都找不到对应的人物，无论现实生活中的某人与小说中的人物多么相似。[①]

在斯特劳森的归属性使用上更进一步，甚至可以说与真实人名相似，虚构人名也起了区分个体的作用，只不过它所指代的个体不是现实世界中的个体，而是文学虚构文本中的个体。从实际应用来看，人们对虚构人名的指称对象究竟是谁可以形成一致的看法，不会引起混乱，说明虚构人名的指称对象是很明确的。譬如"孙悟空"这一名字，在小说《西游记》中指称孙悟空这一人物，在动画片《大闹天宫》里还是指称同一人物。只有把某一虚构人名的外延（或指称）看作一个确定的对象，并且包含确定的内涵，才可能从逻辑上解释人们如何就某一虚构人名的指称对象形成共识，并且判断出现在不同文本中的同样的名字是否指向同一人。如果把虚构人名的指称都看作空的话，人们将无法确定不同文本中出现的同一个名字是否指向同一人物。

从逻辑学角度，在解释包含虚构名称的否定存在句难题时，有学者用逻辑论证表明承认虚构对象为某种抽象存在的对象主义方案比无对象主义方案更为合理。[②] 也有学者论证虚构名称虽然在直接意义上没有指称虚构对象整体，但在间接意义上指称了虚构对象整体，持接续主义指称观。[③] 这些论述力证了承认虚构名称的指称对象为某种抽象对象比否定其为某种

[①] Peter Lamarque, "Fiction and Reality", in *Philosophy and Fiction*. Christchurch, New Zealand:Cybereditions Co. Ltd. ,2000,pp. 71—90.

[②] 徐敏:《虚构、指称与非存在——为真难题及其解决方案》,《自然辩证法研究》2007 年第12 期,第 20—26 页。

[③] 徐敏:《虚构名字的接续主义指称观》,《现代哲学》2019 年第3 期,第 96 页。

对象更合逻辑。

再者，把指称与外部世界的实体对象等同起来，正如本节第二小节所批判的，有混淆意义与物质实体之嫌；它也否定了意谓事物的语义意义和逻辑性，这种逻辑本体论思想遭到很多哲学家的批评，甚至连晚年的罗素自己也放弃了这一观点。

由此可以看到，虚构专名的对象主义方案虽然承认虚构专名的指称，承认虚构名称的指称对象为虚构对象，但并没有把虚构对象看作与实体对象相等同的另一种存在，承认虚构专名的指称并不意味着承认其指称对象的实体存在，而是把虚构对象看作只存在于书本或人们意识之中的抽象存在。它没有违背罗素所坚持的"健全的实在感"，同时也保留了指称理论的核心，即指称建立了语言与语言外部世界对象之间的关系这一命题，不论这一对象是实在世界对象还是抽象世界对象，其语言符号的表达性功能或区分性功能均得以实现，这支持了弗雷格的指称理论。因此对象主义方案比无对象主义方案更合理。

（二）虚构专名的指称与意义的关系

在专名的指称与意义的关系方面，按照早期罗素的定义，专名只具备指示（indicate）某种对象的功能，对所指称对象的性质没有任何描述，甚至隐含的描述也没有，以至于在罗素那里，最后真正的专名只剩下"这"一个词，这显然与我们的常识相悖。专名的意义在于其指称，虚构专名因为没有指称而成为没有意义的符号。这种观点也遭到了很多哲学家的批判。

蒯因则从探讨"存在"是否是一个谓词的角度论及虚构名称的指称与意义的关系，从肯定虚构名称指称的角度肯定了虚构名称的意义。他既批评了极端实在论关于虚构对象的本体论立场，又批评了把指称与意义混为一谈的观点。他指出哲学家犯了两种错误。一种是把虚构人物或事物看作"虽然不具有在时空中的现实'存在'，可是具有另一种形式的存在，即'有'（being），它使与之对应的单称名词具有一定的意义"①。他的这段话如果用现实世界的事例来说明，可以解释为孙悟空不存在于现实世界之中，但存在于《西游记》所描写的小说世界之中，或者存在于作者的头脑之中，等等。蒯因指出，这个错误滥用了"存在"一词。蒯因认为当人们在通常意义上谈论什么事物存在时，就是指该事物具有某种时空存在，说

---

① 涂纪亮：《英美语言哲学概论》，人民出版社1988年版，第425页。

它不存在，就是说根本没有这种东西，否则它必然要存在于一定的时空当中。这些哲学家一方面承认某个事物（譬如飞马）不存在，另一方面又违背了说它不存在的意义，说有这个东西，这自相矛盾。另一种错误是把意义和指称混为一谈，认为"如果一个单称名词在被使用时要有意义，它就必须是某种东西的名称，也就是说必须有某种东西是这个名称所指称的对象"。但弗雷格对涵义与指称的划分以及罗素的摹状词理论早已表明，"我们可以有意义地使用某些似乎是真的名称而不必设想有如此命名的事物"①。晚期的罗素也承认"我们会发现一些命题字面看来似乎是有关'一个如此这般的东西'的，实际上并不包含这个短语所表示的成分。因此，即使没有如此这般的东西，这样的命题也能够是有意义的"②。这些都表明，虚构名称是否有所指与虚构对象的存在可以不必联系在一起，承认虚构名称的指称并不意味着承认虚构对象的实体存在。虚构名称有指称，因而是有意义的。

深入思考围绕虚构名称的指称而产生的一些争论的根源，就会发现，传统指称理论所预设的语言外部世界对象存在这一指称前提是不成立的。从语言学意义上说，作为名称的语言符号本身，无论是以语音符号还是文字或图形形式出现，并不能表达任何可理解或有用的信息，它之所以成为指称，是因为与语言外部对象的对应关系成立，其表达性功能（即语义学意义）或指称所谓的区分个体的功能（即"语言表达是'针对'，或'关于'什么的这样一种性质或功能"③）得以实现，其语义意义成立。而专名所指的对象为某一对象，至于这一对象是不是实体存在，或者如果承认它不是实体存在，那么无论它是意向存在、理论存在还是抽象存在，都不影响专名本身的语义意义。语义意义意味着专名本身就是一个符号，而这个符号之所以有意义，在于它在文字符号与所指对象之间建立了对应关系，其表达性功能得到实现。而这种表达性关系的建立并不依赖语言外部因素，即这种表达性功能与指称对象是实体存在还是虚构存在没有关系。

换言之，语言符号的表达性意义是其最基本意义，它与语言内部的语言规则和人们心灵的观念或概念相关，并且这里所提到的语言规则是使语言符号构成有意义的表达所必备的语言构成规则，如人脑语言生成、表征和加工处理、计算规则，它们建立了语言符号与特定的观念或概念之间的

---

① 涂纪亮：《英美语言哲学概论》，人民出版社1988年版，第425页。
② 涂纪亮：《英美语言哲学概论》，人民出版社1988年版，第404页。
③ 叶闯：《语言•意义•指称——自主的意义与实在》，北京大学出版社2010年版，第34页。

联系。例如通名"雨"所表达的语义意义是指人脑建立了"雨"或英语"rain",或语音[yǔ]这一语言符号与雨这一特定天气现象之间的联系,而不是与风霜雷电等天气现象建立起联系。虚构名称也类似,如"孙悟空"的语义意义表示这一名称的语言符号"孙悟空""Sun Wukong""Monkey King",或语音[sūn wù kōng]建立了与《西游记》小说中孙悟空这一特定人物对象之间的联系,而不是与猪八戒、唐僧或其他小说人物对象建立起联系。这一联系的建立与真实世界人脑建立某一名称与某一人物对象的机制相同。可见,只要名称与特定对象之间的联系成立,名称的表达性意义即语义意义就成立,它与名称的指称对象是实体存在还是虚构存在没有关系。

　　虚构名称作为一个符号,其指称表达性功能的实现在于一方面它符合语法规则,另一方面它建立了虚构名称这一语言符号与所指对象之间的关系。它的语用意义的成立也取决于它的这种对应关系,这使得区分对象的功能成立。"指称成立说的是一个语言表达同表达所指对象的关系成立,使语言表达是谈论或'关于'一个东西,或一件事情的"①,并以此达到区分性功能。只要虚构文本有关于这一专名所指对象的属性特征的描述,就意味着这一语言符号与对象的关系成立,并且其区分对象的功能得以实现。对虚构专名而言,指称是最根本的,它先于涵义产生。如专名"哈利·波特"建立了这一符号与其描述的对象之间的联系,同时也具有区分个体的功能。换言之,只要某个语言表达能够达到其表述性功能并满足语言表达者借此区分对象的需求,指称就得以实现,从而实现其语义意义,之后再实现其语用意义。此外,语用意义还与其他因素有关,如使用者意向,即名称满足了使用者指谓或者区分某一特定对象的意向性,没有违背使用者意愿,没有引起误会或混淆,就是实现了其语用意义。使用意义可能还包含某一名称所使用的特定场景,如时间、地点、用法范畴等诸多因素。本书第五章将结合虚构语句的意义对此做更详细的论述。

　　与虚构名称不同的是,真正的空指称不论依据何种用法范畴都为空,因为它们没有"关于"或"归属"任何与其所指对象有关的东西,譬如"福尔摩斯太太"这一名称,虽然区分性功能得以实现,但不具有表达性功能,不能成为正当的虚构专名。

---

　　① 叶闯:《语言·意义·指称——自主的意义与实在》,北京大学出版社2010年版,第33页。

由此，虚构专名的指称与意义的关系可以总结如下：虚构专名的指称分析表明指称不能等同于外部世界事物，它表示的是语言与外部世界的关系，只要表示名称的语言符号能够建立与外部世界之间的关系，指称就成立；虚构专名的指称先于其涵义产生，指称成立也意味着虚构专名是有意义的。

第二节　虚构专名的涵义

根据密尔的内涵理论对涵义和所指的划分，词或摹状词短语的涵义指的是它所指称的人或事物的某些简单或复合的特性，或者也称为它的本质属性。这一观点最早可以追溯到古希腊，特别是亚里士多德对事物的本质属性和偶然属性的区分。亚里士多德认为："一个事物的本质属性规定了关于这个事物的概念的内涵；当本质由所属的事物分离出来而与有关语词相结合时，它就变成这个语词的意义。"[①] 密尔虽然提出了名称的内涵与外延的理论，但他的名称理论把内涵与意义混为一谈，他强调词或摹状词短语的内涵就是这个词或摹状词短语的意义。具有相同外延的名称或摹状词短语可能意义不同，因为它们表达了不同的内涵，或描述了同一事物的不同方面。现代意义理论则按照弗雷格的意义理论区分专名的涵义和指称，认为意义分别包含以上两个方面。

一、虚构专名的涵义的定义

（一）虚构专名涵义的不同解释

与专名的指称一样，当前语言哲学领域对虚构专名的涵义的定义也存在分歧。弗雷格认为，任何表达式只要语法正确就有涵义，"如果一个表达式在形式结构上符合语法并且充当专名的角色，那它就具有涵义"[②]。他强调涵义与指称的区别，涵义与指称都有"意义"（meaning）的意思，但都不等于意义。他探讨 a=a 和 a=b：如果符号 a 和 b 都指称同一对象，为什么 a=b 提供了比 a=a 更多的知识？原因就像"晨星是暮星"比"晨

[①] 涂纪亮：《英美语言哲学概论》，人民出版社 1988 年版，第 127 页。
[②] 在弗雷格的著作中，涵义也被翻译成"内涵"，本书没有区分二者，会出现替换使用情况。

星是晨星"提供了更多的知识,在于"晨星"和"暮星"的内涵不同,因而有不同的意义。但弗雷格的观点在词的意义和所指方面存在矛盾之处。一方面,他指出像"天马"这样的虚构专名是一种文字虚构,它只有涵义没有指称。这样既可以说明虚构对象表达式是有意义的语句,又可以避免承认虚构对象存在,"对于涵义的把握并不能保证相应的指称的存在"①。另一方面,他又把专名定义为涵义的表达式,"专名(词,指号,复合指号,表达式)表达它的涵义,并且命名或指示它的指称。我们令指号表达它的涵义并且命名它的指称"②,反过来说就是所有有意义的表达式都有所指。他的一些矛盾的观点遭到了罗素等人的批判。罗素指出,弗雷格一方面假定指号都有所指,另一方面又承认有些指号没有所指,他对名称的意义与指称的区分不能解决语言中的空指示词(空名)问题。因此罗素不主张指称与涵义的区分,而强调专名与摹状词的区别,提出用专名与摹状词的区分来代替弗雷格的涵义与指称的区分。在空名问题上,罗素认为它们并不是真正的名称,而是伪装的或缩略的摹状词。

迈农的对象理论以承认虚构对象存在为前提解决否定存在句悖论,包括罗素在内的许多哲学家都不能接受迈农的这种以极端实在论为前提的解决方式。既承认虚存对象不存在,又肯定它们存在,是自相矛盾。由此罗素提出摹状词理论,严格区分专名和摹状词。专名只有命名或指称功能,它的意义在于所指,也就是说通过对它所指称对象的了解理解它的意义;摹状词只有描述功能,描述了对象的如此这般的性质,它不具有单独的意义,只有在具体的语境中使用才有意义。摹状词可以不需要保证它所描述对象的存在。在像"贾宝玉不存在"这样的语句中,"贾宝玉"不是一个专名,而是一个限定摹状词,的确不存在"贾宝玉"这样一个对象,因此说"贾宝玉不存在"所产生的悖论就消除了。

摹状词理论虽然从逻辑上对虚构语句的否定存在句难题进行了化解,但在许多哲学家看来,这种解决仍然是不完满的。首先,把"贾宝玉""亚里士多德"这样的名字看作摹状词而不是专名,不符合人们的常识。正如后期维特根斯坦对指称论的批判,名称的意义与其承担者是否存在无关,没有承担者的名称依然可以是有意义的名称。其次,摹状词理论本身存在重大缺陷,罗素把专名只限定为亲知的对象,使专名只有指示代词

---

① 〔德〕G. 弗雷格:《论涵义和所指》,A. P. 马蒂尼奇编,《语言哲学》,牟博、杨音莱、朝林合等译,商务印书馆2004年版,第377页。

② 〔德〕G. 弗雷格:《论涵义和所指》,A. P. 马蒂尼奇编,《语言哲学》,牟博、杨音莱、韩林合等译,商务印书馆2004年版,第381页。

"这"和"那",日常语言中人物和事物的名字,只要不是亲知,就不能成为专名,"看来似乎是名字的其实都是摹状词"①,使专名成了某种纯粹主观的东西,这与人们的直觉明显不符,显然不能令人接受。最后,如本书第一章第一节所述,这种观点混淆了意义与其所表达对象之间的差别,正如斯特劳森、唐奈兰、维特根斯坦、克里普克等人所批判的,摹状词理论没有考虑词语本身、词语的意义以及词语的使用之间的差别。因此现代的名称理论仍然采用了密尔和弗雷格所主张区分名称的指称和涵义的理论,即逻辑上对名称的内涵和外延的划分。包括胡塞尔、蒯因、斯特劳森、塞尔等人在内的大批哲学家都支持这种关于专名意义的两分观点。在此基础上,维特根斯坦和塞尔发展了罗素的摹状词理论,提出簇摹状词理论,认为内涵不是指专名本身包含了描述对象的特征,而是指专名与它所指称的对象的特征之间有一种松散的联系。也就是说,专名不蕴涵描述对象特征的属性的摹状词,而是与描述专名所指对象的摹状词之间保持着松散的联系,专名仍然有涵义,其涵义由描述其本质属性的一组或一簇摹状词构成,这是名称的描述性理论的核心。

这一观点包含两点:第一,专名的意义分指称和内涵两个方面,只要语言符号与某一特定对象之间建立了联系,达到其表达性或区分性功能,其指称就成立,与对象是否为实体存在无关(如本章第一节第四小节所述),其内涵则与描述这一对象本质属性的一簇或一组摹状词相联系;第二,专名的意义在于其指称,作为专名的语言符号并不蕴涵有关专名属性的描述性成分。从这一基础出发来看虚构专名的涵义,可以把虚构专名的涵义看作与虚构对象本质属性相关的一组或一簇摹状词。至于第二点,上节的分析已表明虚构专名能够建立特定名称与虚构对象之间的联系,其指称成立因而有意义。而虚构名称是否蕴涵有关其所指对象属性的描述性成分则有待进一步考察,本章第四节将进行专门论述。名称的描述性观点可以合理解释虚构名称的意义。

首先,描述性理论在解释专名的意义时采用的例句里就有包含虚构专名名称的句子,如罗素分析"金山不存在",弗雷格分析"当奥底修斯熟睡的时候,他的船在伊沙卡搁浅了",塞尔的理论中关于"福尔摩斯"语句的分析,都表明描述性理论在解释名称意义时,并不以名称所指对象在实在世界实存为前提。其次,根据描述性理论,虚构专名的意义也分为指称和涵义两方面。按照维特根斯坦和塞尔的簇摹状词观点,虚构人名的涵

---

① 〔英〕罗素:《我的哲学的发展》,温增锡译,商务印书馆1982年版,第168页。

义并不与描述虚构人物特性的摹状词同义,而是指虚构人物与这些摹状词之间的联系,它由一组或一簇摹状词给出,虚构人名与这一簇摹状词之间是一种松散的关系。换言之,虚构专名的指称对象的特性由一组或一簇摹状词给出,这一组或一簇摹状词描述了虚构对象的本质属性,它们构成虚构专名的涵义或内涵。按照塞尔的观点,虚构人名的内涵就是虚构人物在小说世界的一组行为特征和特性的总和的析取,它由虚构文本给出。

与之相对,直接指称论否定专名的涵义。克里普克认为专名之所以有意义在于其指称,专名只有指称没有内涵,但他所说的没有内涵意在反对专名的意义由一个或一组摹状词规定。他立足于可能世界语义学和本质主义观点,从批驳罗素的摹状词并不是对专名所指对象本质属性的描写出发,认为如果专名有涵义则应该反映的是对象的本质属性或逻辑必然性,它在任何可能世界里都是一致的,而罗素所谓的描述专名属性的摹状词只是对专名所指对象在现实世界的属性的描述,只是专名对象的偶然的、外在的属性,没有揭示其本质属性,因而不能构成专名的内涵。正如克里普克所举的"亚里士多德"的例子所示,"如果这个名称和那个摹状词或那簇摹状词意指同一个事物,那它就不是一个严格的指示词,也不一定在所有可能世界中都指示同一个对象"①。

也有学者认为克里普克否认专名涵义并不与罗素肯定专名涵义有根本性对立,而只是立足点不同,"立足于一切可能世界,专名没有涵义;站在现实世界之中,专名有语用涵义。罗素与克里普克关于专名有无涵义的观点,只是站在不同角度的回答"②。尽管如此,大部分哲学家还是倾向于认为名称的直接指称论的核心是否定专名的内涵。这一理论给描述性理论关于涵义的定义带来了挑战。

(二)描述性理论面临的挑战和解决之道

以上弗雷格的涵义理论和维特根斯坦、塞尔的簇摹状词观点可以划归到描述性理论对名称的内涵意义的解释,这一解释遭到了以克里普克为代表的名称的直接指称论(也称为克里普克的历史因果命名理论)的批判。其批判主要针对三个方面:一是名称的社会历史起源,二是摹状词与事物本质属性之间的关系,三是摹状词构成专名意义的充分必要条件。这一批

---

① 〔美〕索尔·克里普克:《命名与必然性》,梅文译,上海译文出版社 2005 年版,第 38 页。

② 龙小平:《关于专名的涵义》,《重庆师院学报(哲学社会科学版)》2000 年第 4 期,第 80 页。

判主要针对真实存在的对象，尤其是物理对象的名称展开，其核心观点也获得了大部分语言哲学家的认同。但就虚构名称而言，这一批判仍面临诸多困难和问题，仍然是哲学语言中争议不断的话题。下面分别以虚构人名为例就以上三个批判予以分析和反驳。

1. 名称的起源

以克里普克为代表的直接指称论者批驳描述性理论的第一点是名称的起源。直接指称论者坚称一个人名字的起源来源于类似于婴孩的命名仪式这样的一个历史事件或者类似于定义"1 米"这种状况，通过摹状词引入一个名称[①]，之后人们循着这样一个使用的因果历史链条，把某一名称与某一人物联系起来。对于已经去世的历史人物，这一因果历史链条同样可以借助人们代代相传的口述或文字记载沿用至今，因此也一样有效。这一理论在描述真实世界人名甚至包括物理名称时都是有效的，因为的确可以找到名称所指涉的外在人或物做坚实基础并勾画出一个因果历史链条[②]，但涉及虚构人名时，这一理论就面临巨大的困难。

根据直接指称论，虚构人名没有一个外在的真实事件作为对象与之相对应，不存在外在起源的因果历史链条，自然就没有指称。而按照直接指称论对专名的定义，专名都没有涵义，同样，虚构专名也没有涵义，于是虚构人名成了既无指称又无涵义的"空名"，包含空名的语句也没有意义。但是这样的处理结果显然与人们的常识相悖。人们在日常生活中仍然可以有意义地使用虚构语句，可以从语义和语用角度分析虚构语句，更进一步，还可以对类似于"孙悟空会七十二变""孙悟空不会七十二变""孙悟空不存在"这样的语句的真值进行判断。因此，把虚构人名简单地处理为空名且没有意义显然不能令人信服，此外如本章第一节所述，在逻辑上也会也会引起混乱。近年来，直接指称论者修正了其观点，其中一种是把虚构对象处理为一种抽象对象，并且承认其有起源，即作者虚构的过程可以看作虚构名称的起源；另外一种把虚构处理为类似"假装"的行为，并采纳维特根斯坦"意义在于使用"的观点，把虚构话语的意义处理为使用者

[①] 参见〔美〕索尔·克里普克：《命名与必然性》，梅文译，上海译文出版社2005年版，第80页脚注。

[②] 关于这一点也存争议，因为在现实世界会出现链条断裂或混淆的情况，在这种情况下，直接指称论的这种历史因果原则就是失效的。参见黄益民：《空名问题的几种解答》，《世界哲学》2005年第6期，第78—79页；陈杰：《内向指称——以康德批判哲学为进路的意义理论研究》，上海大学出版社2009年版，第123页。

在文学语言使用框架内玩"假装"或相信虚构话语为真的游戏①,或者用类似于"信念之网"的现象来解释虚构话语。② 按照第一种处理方式,当把虚构对象处理为抽象对象以后,虚构名称的指称就不为空,而是某个特定的虚构对象,其起源则根据虚构对象的来源得以确定。对于小说中的虚构人物而言,其起源理所当然地是作者的创作,也可将其称为作者的意向,是一个作者在内心把意识指向意向对象,借助语言规则创造和构造某一对象的过程;虚构名称指称的就是这一对象,其内涵就是作者意向性描述虚构对象的种种特性行为总和的析取而在使用者头脑中形成的观念或概念,它构成特定名称的语义意义。这种语义意义的形成一方面与意识直接相关,另一方面与语言(包括词汇和语句)的语法和使用规则直接相关,离开任何一方面都无法成立。例如名称"孙悟空"能够有意义,在于:作者首先意向性地把这一语言符号与特定对象联系起来,即确定其指称;之后通过写作或摹状词描述赋予这一名称特定属性特征,使之具有涵义。而在直接指称论者看来,其涵义仅仅与说话者的意向和信念(如信念之网)相关,与语义无关。这一点至少在直觉上是非常不合理的。从虚构对象的创造形式和过程来看,不可否认虚构人物的产生与作者的创造性行为有关,甚至可以说作者创造在某种形式上类似于命名仪式,但在语言基础上构建的文学作品,其所有的语言符号、语词和语句运用都与语义相关,从某个特定的语言符号与虚构对象建立联系、虚构名称实现其表达性或区分性功能,到虚构语词与语句实现表达性或描述性功能,无不建立在语言本身所具备的描述外部世界的能力基础之上,离不开语言内部包括语词和语句的概念内容和语法规则等要素的规定和约束,并且这些要素是客观的,是所有的语言使用者共同遵守的一致的、理性的、符合逻辑的规则。无法想象一个连词语和语句的概念内容、语法规则、范畴性等核心概念和观念都不了解或有错误的作者能够构建出一个有广泛共识意义的对象。站在虚构名称的使用立场来看,持有专名概念性、范畴性、规约性等语义方面核心错误认识的使用者不可能成为一个连贯地、一致地、正确地使用这个专名的合格使用者。

回到弗雷格在有关涵义解释方面所做的表述,他对涵义的定义也可以说明虚构名称的涵义与语义相关。弗雷格关于涵义的定义的主要观点可以

---

① Edward Zalta,"The Road between Pretense Theory and Abstract Object Theory", in A. Everett & T. Hofweber,eds.,*Empty Names,Fiction,and the Puzzles of Nonexistence*. Stanford: CLSI Publications,2000,pp. 117—147.

② 〔美〕克里普克:《信念之谜(下)》,吴小安译,《世界哲学》2015年第3期,第29页。

总结为两点。一是涵义由表达式来表述,"与某个指号相对应的是特定的涵义……同一种涵义在不同的语言,甚至在同一种语言中,是由不同的表达式来表述的"①。二是涵义不是人的主观意象,弗雷格将其比喻为"望远镜内物镜上的影像"②,其特征为客观的和公共的,"指号的内涵很可能是许多意象的共同性质,因而并不是个别人心灵中的某一部分或是某个人的一种特殊思维模式"③。这一定义也可以理解为专名的涵义等同于描述其所指对象特征的语言表达式,或摹状词理论所称的"摹状词"在人们的头脑中形成的概念或观念。此外,专名的涵义是客观的和确定的,是社会成员共同体基于共识性规则形成的确定的概念内容。虽然在克里普克看来,这种涵义属于"信念之谜",与人们的心理意向或认知内容有关,或者也被一些人认为等同于人们的思想内容或概念内容,或看作指称的表征(represent),这些解释都或多或少包含了个人的心理内容,但这并不意味着它是纯粹心理因素,因为其代表的是"许多意向的共同性质",这决定了它的客观性和公共性。本书认为弗雷格所定义的涵义应属于一种逻辑涵义④,它在内容上确定并且客观,与语言的概念内容、语法规则、范畴性等有关,虽然概念内容与表达意向和认知及心理因素有关,但建立在公共性基础之上的概念内容则具备客观性和公共性;在逻辑上它只与逻辑规则和逻辑推理有关,确保推理符合逻辑并且与语言系统的其他规则融贯。

以专名"福尔摩斯"和"孙悟空"为例,作为语言符号,这两个语词本身对于不了解这两个人物或不认识这一符号的人们来说,仅仅只是空洞的语言符号。它们之所以产生意义,在于这两个语言符号符合语法且分别实现了其表达性功能,即它们分别指谓了两部文学作品中的两个不同人物,从而使有知的理性的人们能够从万千对象中识别出这两个语言符号所指称的对象。这种表达性功能的实现与其所指对象是谁无关,无论是人物还是事物,是实存还是虚存,都无关,它只与社会规则、语言的功能和规则、人类的心灵认知能力有关。对于真实人物而言,指称借助类似于命名仪式之类的活动和名称使用的社会历史链条获得;对于虚构名称而言,指

---

① 〔德〕G. 弗雷格:《论涵义和所指》,A. P. 马蒂尼奇编,《语言哲学》,牟博、杨音莱、韩林合等译,商务印书馆2004年版,第377页。
② 〔德〕G. 弗雷格:《论涵义和所指》,A. P. 马蒂尼奇编,《语言哲学》,牟博、杨音莱、韩林合等译,商务印书馆2004年版,第379页。
③ 〔德〕G. 弗雷格:A. P.《论涵义和所指》,马蒂尼奇编,《语言哲学》,牟博、杨音莱、韩林合等译,商务印书馆2004年版,第378—379页。
④ 黄敏:《弗雷格的"涵义":认知解释与逻辑解释》,《哲学研究》2014年第3期,第90页。

称关系借助作者的语言创造性活动建立，它建立在语言描述世界（包括实在世界和非实在世界）的能力基础之上，以及语言的概念内容和语法规则之上。从作者的创造性活动角度来看，作者使用这两个语言符号充当各自小说的人物名称，是建立在各自对语言符号的意向性使用、语言的功能、恰当的社会规则和语言规则（包括语词和语句的语义和语用意义）的理解基础之上；从这两个名称使用的角度来看，指称关系建立在读者的意向性理解、语言的功能、社会规则和语言规则基础之上。当"福尔摩斯"这一语言符号第一次在小说《血字的研究》第一章中出现时，按照一般的社会和语言规则，理性的读者立刻就能够获知这是某一虚构人物的名字，从而实现语言使用者对这一名称的正确的信息的把握和理解；与之类似，"孙悟空"在《西游记》的第一回结尾处出现时，理性的读者也会把这一名称与特定的虚构人物联系起来，实现对这一语言符号的正确理解："福尔摩斯"指称阿瑟·柯南·道尔所创作的系列侦探小说中的一位侦探，而不是某位医生或小提琴家；"孙悟空"指称吴承恩的小说《西游记》中一只神通广大的猴子，而不是好吃懒做的猪。这些都说明这两个语言符号一旦成为虚构名称之后，就不再是空洞的语言符号，它们除了指称某一特定对象，各自也具有特定的内涵，并且这种涵义是客观的、确定的，经全体语言使用者共识形成的概念内容。按照名称的描述理论，其内涵就是从作者描述的其种种行为特征总和中析取的一组摹状词，它描述了该名称在使用中所有使用者共同形成的概念内容。名称的描述理论对虚构名称的来源的解释是合理的。

此外，按照无对象主义的空指称观点或假装指称观点，虚构名称的指称对象没有时空存在，一个在时间上没有起点的指称对象当然为空。但虚构名称的接续主义指称观表明，虚构名称的指称对象有时间起点和时间节点，"在创作语境下，S 通过虚构名字 N 的 n 次出现，分别指称了虚构对象 O 的 n 个时间部分 O_1，O_2，$\cdots O_n$，并通过部分整体关系，间接完成对 O 的指称"①。这一论证表明，与真正的没有时间起点的空名不同而与日常对象类似，虚构专名有文本基础，可以通过虚构对象与文本的对应关系确定哪些东西构成了虚构对象的具体时间部分，例如名称"孙悟空"（记作"O_1，O_2，$\cdots O_n$"）每次出现在文本中时都对应了文本 T（记作"T_1，T_2，$\cdots T_n$"），时间"O_1，O_2，$\cdots O_n$"，不仅使虚构名称的指称对象得以确立，还实现了对名称所指对象的性质描述。

---

① 徐敏：《虚构名字的接续主义指称观》，《现代哲学》2019 年第 3 期，第 95 页。

这些都说明，虚构专名是有涵义的，直接指称论对于描述理论的第一点批评是可以被驳倒的。

2. 专名的内涵与本质属性

直接指称论批驳描述性理论的第二点在于名称的内涵。描述性理论认为专名的内涵描述专名所指对象的本质属性。其内部又分为两派，一派以罗素为代表，认为专名的内涵等同于描述其本质属性的摹状词；另一派以弗雷格为代表，认为专名的内涵与描述其本质属性的摹状词之间存在联系。如上文所述，内涵由表达式表述出来，之后被维特根斯坦和塞尔发展为簇摹状词理论，专名的内涵与描述其本质属性的摹状词之间是一种松散的联系。直接指称论认为专名的本质属性只能由其物理的、化学的或生理的性质决定（例如人的家族史、自然类事物的物理或化学结构等），它不是由一组摹状词给出并确定下来的。而对于虚构人名来说，自然无法追溯虚构人物家族史，根据其起源，既然承认虚构名称的来源是文学虚构，作者的创作过程和创造出的作品是实在的，那么其创造性的产物——虚构人物就是一种抽象对象。但是直接指称论者认为，小说里关于某一虚构人物特性的种种描述只是在某一文学作品中的后天的、偶然的属性描述，因为在另外的可能世界里某一虚构人物可能会有其他种种不同的属性描述，某一文学作品的描述与虚构对象本质属性之间的联系不是先天的、必然的，读者通过阅读文学作品所获得的关于某一虚构对象性质的描述都不是对其本质属性的描述。克里普克采用模态论证的方式来证明这一论点，其主要的论证可以用例句2的a、b两个语句加以说明：

例句2：a. 孙悟空是齐天大圣。
b. 齐天大圣是齐天大圣。

按照描述性理论的观点，"齐天大圣"是与"孙悟空"同义的摹状词，两个语句的命题①也应该相同，即二者要么都必然为真，要么都必然不为真。但按照模态理论的论证，孙悟空在《西游记》这部小说中是齐天大圣，在另一部小说或可能世界中则不一定是齐天大圣，这样的话，语句1不必然为真，而语句2必然为真，由此可以证明"齐天大圣"不是"孙悟空"的摹状词。这一证明同样可以推及我们所认为的其他摹状词。于是所有认

---

① 关于虚构语句是否构成命题仍存争论，本书第五章将详细探讨。此处为了说明语句1和2的差别，暂时借用这一概念。

为是描述孙悟空本质属性的摹状词实际上都不是必然为真,它们都只是对其偶然属性的描述,不是描述其本性的摹状词。

作为描述性理论的捍卫者,达米特针对这一批驳采取的策略是引入了"宽域摹状词(wide-scope description)"这一概念。① 仍然用上述语句 1 和语句 2 来解释。按照宽域摹状词的概念,当"齐天大圣"被看作"孙悟空"这一名称的摹状词时,它是有附加条件的,这个条件就是"那个被称为齐天大圣的孙悟空是不是在每个可能世界里都被称为齐天大圣?"如果回答是否定的,语句 2 就不是必然为真了。由此,语句 1 和语句 2 都不是必然为真,二者之间不存在模态论证的矛盾。②

如果不考虑双方围绕"宽域摹状词"这一技术概念展开的论战,仅仅考虑直接指称论者对于专名的意义的论证完全把摹状词排除在外这一做法,就有其不合理性。

首先,描述性理论把专名的内涵看作描述专名本质属性的摹状词与其所指对象之间的关系,是符合形而上学对知识来源和意义的定义的。如果追溯形而上学认识论源头的话,这涉及的是认识的对象究竟是经验世界还是绝对精神的问题。按照康德对知识起源的论证,人类的知识分先天和后天,其构成有先天分析判断、先天综合判断和后天综合判断三种形式。其中先天分析判断涉及的是完全独立于经验的人类先天具有的知识和理性,具有普遍性和必然性;先天综合判断涉及的是数学、自然科学和纯形而上学判断;我们对于语言和意义的认识和构造都属于后天综合判断,其认识的对象包括以先验综合形式进行的认识活动和自在之物两个方面。"而意义则是知性与思维提供规则对语言的杂多进行整理的结果。"③ 因此,描述性理论对专名意义的定义分别包含以上两个层面:在认识论层面上,把对象的性质用一组摹状词描述出来就是以先验综合的形式进行认识活动,与专名所指的对象(等同于自在之物)结合起来,二者共同构成认识的过程和产物;在语言层面上,人们把一个或一组摹状词与某一对象联系起来,达到对某一专名的正确认识和使用,就是一个利用理性(包括知性与思维)提供规则(包括语言规则、逻辑规则、连接规则、归纳原则等)对

---

① 参见黄益民:《索姆斯对直接指称理论的最新发展》,《哲学动态》2005 年第 11 期,第 26 页。

② 参见黄益民:《索姆斯对直接指称理论的最新发展》,《哲学动态》2005 年第 11 期,第 26—27 页。

③ 陈杰:《内向指称——以康德批判哲学为进路的意义理论研究》,上海大学出版社 2009 年版,第 93 页。

语言的杂多进行整理（即对语言直观进行综合）并形成结果（包括形成概念）的过程。而直接指称论把专名的意义看作只与专名所指对象本身有关，忽略了人们的理性认识过程，只看到自在之物这一个方面，不符合形而上学认识论。

其次，直接指称论对专名意义的定义从言语行为和实在世界的因果历史链条出发，借助人们在实在世界中对名称的正确使用来说明名称的意义。从语用的角度看，这种说明本身也许并没有错，包括维特根斯坦都持这种观点，认为"意义在于使用"[①]。如前所述，它仅仅说明的是名称的指称产生的方式，或者可以证明指称先于内涵产生，而并不能证明名称没有内涵。用指称的产生去否定其内涵的产生，从语言学本身对意义的规定来看，只考虑语言的使用，忽略语言的内在涵义或概念，即使不是完全错误至少也是不够全面的。

最后，直接指称理论对描述性理论的批判，即人们不需要掌握名称的内涵或者说不需要了解与名称有关的摹状词就可以正确使用它，实际上是用语言使用的事实来否定语言的内在意义，这种做法的有效性和合理性也是值得质疑的。首先，这一论证的前提存在缺陷。其一，人们对意义的掌握是不是等同于掌握某个或某组摹状词？如前所述，意义分内涵和外延，分语义意义和语用意义，人们对意义的掌握包括以上所有方面，而某个单方面的掌握是否可以等同于全面的掌握仍然需要更多的论证。其二是对"正确使用"的定义，对于现实中可以把名称与对象直接联系起来进行交流的真人来说，也许不需要任何对名称内涵的了解就可以做到正确使用，但如果涉及间接了解，例如历史人物、虚构人物，包括建立在纯粹理论假设或预测之上的科学理论名词，人们是否可以在完全不了解其内涵的情况下正确使用它们，或在多大程度上正确使用它们，都需要首先进行合理解释，否则在该前提下的反驳就是先天不足的。其次，这一论证实际上是用语义外在论立场反驳内在论，受到不少学者的质疑。一些研究在逻辑分析的基础上发现直接指称论无论从模态论证、认识论证到语义学论证都不适用于虚构名称，"三个主要论证都不适用于反驳关于虚构对象的名字的描述理论，也不支持虚构对象名字的直接指称理论"[②]。也有学者运用弗雷格法则（即 a=a 与 a=b 虽然可能表达同一性关系，但在认知价值上具有

[①] 此处涉及对意义的语义和语用之分，本章第四节另作讨论。
[②] 参见叶闯：《虚构对象的名字与反描述论论证》，《世界哲学》2013年第11期，第96页；黄益民：《空名问题的几种解答》，《世界哲学》2005年第6期，第78—83页。

不同）来说明说话者的信念、意图和态度等都与语义相关，而不仅仅只在实用意义上传递信息。① 换言之，说话者在使用某一名称时，其关于名称意义的信念、所指或所表达的意图及命题态度等无不与内涵有关，否则也不可能达到传递信息的目的。关于这一点，本章第三节将做更详细的分析。

总结以上分析，直接指称论对涵义与其属性之间的关系的批驳是失败的。任何名称，包括虚构名称，不仅有指称也有涵义。与真实人物或事物的名称类似，其涵义与该人物或事物的本质特征或属性相关：对真实人物而言，其名称的涵义与其所有的行为特征相连；对虚构名称而言，名称的涵义与虚构作品所描述的其所有的行为特征相连，即塞尔所述的其行为特征的总和的析取，涵义由描述其行为特征总和中析取出的一组摹状词构成。

3. 摹状词构成专名意义的充分必要条件

直接指称论对描述性理论的第三个批驳是如果一个专名的内涵可以由一个或多个摹状词给出，那么如何确定哪个或哪些摹状词可以充分地、必然地给出其定义，即摹状词构成专名意义的充分必要条件是什么？直接指称论者认为将名称的指称定义为"满足了该簇摹状词中的足够数量或大多数摹状词的那个东西"② 是错误的，如克里普克所举的"亚里士多德""皮亚诺""哥德尔"或"爱因斯坦"的例子所示，描述名称属性的摹状词所表达的都不是名称的本质属性，"亚里士多德是亚历山大大帝的老师"这样的描述只是名称的偶然属性③，而对于名称的"部分的"和"偶然的"的描述是不能推论出其"先验的"和"必然的"属性的。由此不能把符合名称内涵或涵义这一点说成是赖以确定指称对象的必要而充分的条件。这一论证对真实人物或事物名称来说也许成立，对虚构名称来说则不成立。主要原因有两点：一是虚构对象的性质只能由摹状词给出，二是虚构对象的本质属性是确定和稳定的。

虚构名称产生意义的过程表明虚构对象的性质恰恰并且只能由摹状词唯一标示出。按照克里普克对簇摹状词的批判，"固定一个指称的'定义'

---

① 参见黄益民：《从弗雷格之谜及信念之谜看心灵内容与语义内容的关系》，《世界哲学》2006年第6期，第82—84页。

② 〔美〕索尔·克里普克：《命名与必然性》，梅文译，上海译文出版社2005年版，第11页。

③ 〔美〕索尔·克里普克：《命名与必然性》，梅文译，上海译文出版社2005年版，第10—17页。

和给出某个同义词的定义之间"是有区别的,这一区别对于名称是同样的,即使一个或一簇摹状词与一个名称意指同一个事物,这也只是一种"碰巧",这个名称"就不是一个严格指示词,也不一定在所有可能世界中都指示同一个对象,因为其他对象在另外的可能世界中也可能具有这样的特性";"对大多数说话者来说,除非他们是最早给某个对象命名的人,名称的指称是由'因果的'传递链条决定的"。[1] 换言之,这一批判的核心是:(1)名称的指称要么由最初的命名者通过类似于命名仪式的言语行为,把某一名称与其指称的对象相关联,要么就是借助因果历史链条确定;(2)摹状词只能起确定指称的作用,确定指称与指称的意义不同义;(3)所有摹状词对事物的描述都是偶然性的,都不能构成事物的本质属性。从虚构名称的命名过程来看,上述批判中的第一点是可接受的,第二、三点则仍然存疑。就第一点而言,如果可以追溯虚构名称产生的因果历史链条,可以看到作者对虚构人物的创造就是虚构人物产生的起点,作者采用某一符号,把它赋予某一虚构对象,使之成为某一虚构对象的名称,就是一个类似于给真实人物命名的命名行为式,这是一个一次性完成行为式,直接指称论的这一论断的确可以正确地说明虚构名称的起源,说明虚构名称达成其指示性或表达性功能的起源。但以此来否定虚构名称的内涵意义,或者说所有摹状词只能起确定指称的作用,与给出名称的所指对象不同义,对虚构名称来说则依据不足。因为对于虚构名称,根据其来源确定名称的指称与给出名称的所指对象是同一的。

虽然克里普克认为对专名来说,确定指称与该名称不同义,因为引入某个名称与说出"我用某个名称来指称我称之为某某的那个人"不同义,这样的命名仪式没有确定指称[2],对虚构名称来说,这样的命名仪式恰恰是名称得以确定的方式。作者引入某一名称指称某一人物,对其种种特性和行为进行描述,无论作者是否明确采用类似于一个最初的命名仪式之类的语句"用某个名称指称某某人",读者都可以并且只能通过对该人物的种种描述,清楚无误地把某一名称与某一人物联系起来。由此可见,对虚构人名来说,确定名称的指称等同于给出名称的所指对象。小说对虚构人物特性和行为的描述就成为赋予某一名称内涵的过程,虚构人物的指称对象只能由摹状词确定和标示。此外,虚构对象的性质也是由摹状词标示和

---

[1] 〔美〕索尔·克里普克:《命名与必然性》,梅文译,上海译文出版社2005年版,第38、41页。

[2] 〔美〕索尔·克里普克:《命名与必然性》,梅文译,上海译文出版社2005年版,第81页,注释②。

确定的。作者在文本中借助摹状词描述某一虚构人物的种种特性和行为，就是给出虚构人物性质的过程。这一点也再次论证虚构名称的涵义与摹状词是相关的。此外，虚构名称在实际中使用和传递也必须借助摹状词的描述，否则仅仅依靠一个空洞的没有涵义的符号是无法在社会历史链条之中保持和传递的。用公式来表示的话，以上论证可以表述为，对于说话者 A[①]：

公式 1：对每一个名称或指示表达式"x"来说，都有一簇与之相应的特性，也就是说，这些特性族 φ，使得 A 相信"φx"。

对虚构名称来说，以上公式是成立的，说话者 A 正是通过一簇描写虚构人物特性的摹状词 φ，确定了摹状词的指称对象和特性"φx"。即使对以上公式加以改写，分别改为公式 2 和公式 3，也是成立的。

公式 2：A 认为，其中一种特性或几种特性结合起来唯一地标示出某个个体。

公式 2 说明，读者借助对某一虚构人物的一种或几种特性的描述，足以确定摹状词的指称对象。例如读者听到"齐天大圣"，就知道指称的是孙悟空。

公式 3：如果 φ 的大多数或绝大多数特性为一个唯一的对象 y 所满足，那么 y 就是"x"的指称。

公式 3 表明，对于一个熟悉某一虚构人物特性的说话者来说，当足够多的关于 x 的特性被满足时，读者可以唯一确定其指称对象。换言之，当给出足够多的描述指称对象本质属性的摹状词，即虚构名称的涵义时，虚构名称的指称也得以唯一确认。

以上分析表明，对虚构人名来说，当某一对象符合该簇足够数量或大多数摹状词时，虚构名称的指称就是可以确定的。

当前的科学发展已经证明事物的本质属性是比较确定和稳定的。对虚

---

① 参见〔美〕索尔·克里普克：《命名与必然性》，梅文译，上海译文出版社 2005 年版，第 46 页。

构名称来说，每一虚构名称的产生都有确定的文本和作者，虚构对象也具有相对稳定和确定的本质属性，只要作者描述某一虚构人物的文本是完整的，虚构人物的性质就是完整的和确定的。这一点毋庸置疑。问题是，哪些属性可以看作事物的本质属性，或者如何区分其本质属性和非本质属性？在直接指称者看来，只有本质属性才能确定指称，非本质属性不起作用。针对以上问题，直接指称论没有明确说明，而描述性理论的代表人物罗素和塞尔对这一问题给出了回答。罗素认为专名是伪装的摹状词，塞尔则通过专名在语言中独一无二的功能来说明，专名首先指称或旨在指称特定对象，但与其他也起这种作用的表达式不同的是，专名在指称时不受语境条件限制或详细说明专名所指称对象的任何特性，但它的指称性使用预设了指称对象的某些特性。[①] 换言之，专名具有指示唯一对象的指示性功能，它本身没有涵义，但这一指示符号本身预设了指示对象具有某些特性，这些特性就是专名所指对象的本质属性。这一理论用于实在事物的解释时成立，用于解释虚构专名时，它意味着虚构专名本身也预设了指示对象的某些特性。按照描述性理论对涵义的定义，虚构名称的涵义由一组描述虚构人物本质属性的摹状词组成，如上一段所述，这种本质属性实际上就是虚构人物的种种特性与行为总和的析取，用塞尔的话说就是某一人物具有通常赋予他的种种特性的逻辑总和，即内含的析取，任何不至少具有其中某些特性的个体不可能是某人，这是一个必然的事实[②]，这一内含的析取也是全体读者对于某一虚构人物的特性所达成的基本认同或共识，与人们在日常生活中运用语言进行交流必须共同达成和遵循一些规则相似，否则人们将无法把某一虚构人物与其名称对应起来。这也恰恰是弗雷格对专名涵义的解释所强调的，专名的涵义是客观的和确定的，因而决定了其内涵是先验的和必然的。

虽然按照直接指称论的观点，对于虚构人物种种特性和行为的描述都是偶然的，也许在另一部小说或另一个可能世界中不会必然出现这些特性和行为，但是无论某个人物的一些特性或行为如何变化，其中总有一些核心的属性和特性是不变的。例如孙悟空这一虚构对象的一些本质属性对于所有懂得这个名称概念意义的使用者来说都是确定的和稳定的，不同的读者即使对于原著作者对这一人物的种种特性和所为的描写有不同理解，但

[①] 〔美〕J. R. 塞尔:《专名》，A. P. 马蒂尼奇编，《语言哲学》，牟博、杨音莱、韩林合等译，商务印书馆2004年版，第524—525页。

[②] 〔美〕J. R. 塞尔:《专名》，A. P. 马蒂尼奇编，《语言哲学》，牟博、杨音莱、韩林合等译，商务印书馆2004年版，第527页。

是对于这一人物的一些核心属性,即这一人物所有特性和行为总和的析取,例如他是猴子、会七十二变、神通广大、是唐僧的徒弟等,仍然是有共识和认同的。按照专名指称的一种因果描述观点就是,在某一专名的社会使用中,满足对现实事件有条件地符合和遵从原则,在专名的社区使用中占统治地位的承受者就是这个专名的指称。① 这种观点的核心内容就是与专名相对应的各种属性行为由一组摹状词表述,其中必定有起核心作用的一些特性,它们与专名的指称对象相关联,丧失了这些核心特性的对象不能成为这个专名的指称对象。按照直接指称论,以上种种属性都会在另一个可能世界中没有成为"孙悟空"这一名称的属性,这样一个丧失了孙悟空全部特征的虚构人物,必定也丧失了这一人物的特定概念内容,正如日常生活里人们观念中的"雨"和"风霜雷电"的概念内容完全不同一样,无论这个丧失了特征的"孙悟空"出现在谈话中还是其他小说中,都不会获得其他使用者的认同,人们顶多只会把他的名称看作对"孙悟空"这个词的借用,甚至是不恰当的借用。人们之所以能够在谈话或其他文本世界中正确使用它,必定是因为把这一名称与其人物的本质特征或属性联系起来了,这恰是专名区别于摹状词的价值所在,如塞尔所述:"专名在我们的语言中所具有的唯一性和实用上的极大便利性恰恰在于这样一个事实,即它们能够使我们公共地指称对象而无需被迫提出关于什么样的描述特性恰好构成有关对象的同一性的问题以及在这个问题上达成一致意见。"②

此外,在一些学者看来,非本质属性也在事物的概念形成中发挥着作用,完全否定非本质属性在名称意义中的作用也是不正确的。如同我国分析哲学家涂纪亮先生在《命名与必然性》中译本序言中所说的:"克里普克尽管没有清楚地说明什么是本质属性和如何确定事物的本质属性,但他十分强调本质属性在确定指称中的作用,可以说这是一个进展。不过他又走向另一个极端,低估非本质属性在确定指称中的作用,这就错了。"③

综上所述,完全否定虚构人名的内涵意义,否定虚构名称与描述其所指对象本质属性的摹状词之间的联系的论证迄今为止都不算成功。由此,按照康德的科学的形而上学认识论的观点,描述性理论对虚构名称的解释符合认识的规律,是更为合理的解释,由此推导,虚构人名是有涵义的,

---

① 黄益民:《专名指称的一种因果描述观点》,《哲学研究》2006 年第 2 期,第 60—66 页。
② 〔美〕J. R. 塞尔:《专名》,A. P. 马蒂尼奇编,《语言哲学》,牟博、杨音莱、韩林合等译,商务印书馆 2004 年版,第 526 页。
③ 〔美〕索尔·克里普克:《命名与必然性》,梅文译,上海译文出版社 2005 年版,序言第 9 页。

其涵义就是原作者在小说中对人物的特性和行为的全部描述。并且只要描述某一虚构人物的小说对人物的描述相对确定和完整，虚构人名的涵义就是确定的和稳定的，即使不同读者对其有不同理解，它们仍然能够唯一地标示和确定其指称对象。

二、虚构专名的涵义的获得

第一小节的分析已表明虚构专名与描述其本质属性的一簇或一组摹状词之间是有联系的，本小节将通过虚构专名的命名过程来说明虚构专名的涵义的获得。

虚构人物与真实人物最大的区别就在于虚构人物只出现在小说、神话、戏剧之中。对作者来说，作者通过一个意向性命名过程把某一表示名称的语言符号赋予某一人物创造出虚构专名。首先，作者把某一特定语言符号与虚构作品中的某一特定对象联系起来，使虚构专名指示或区分特定虚构对象。其次才是赋予虚构人物涵义的过程，对作者而言，这是整个故事的写作过程；对读者而言，这是一个依据作者文本对特定人物的描述，把一组行为特征与该人物联系起来的过程。譬如"孙悟空"这个名字的涵义，作者通过创造性写作，描述了他的种种特性和行为，这些特性和行为构成了这一人物的本质属性；读者通过阅读文本，了解了他的种种特性和所为，从而形成了关于这一特定虚构人物特性和所为的共识和特定概念内容。所有使用者对于某一虚构名称所共同形成的特定概念内容就构成了某一虚构名称的本质属性。简言之，建立在文本基础之上的、获得了使用者共识的某一虚构名称所指对象的种种特性和行为总合的析取构成这一虚构名称的本质属性即涵义。

此处要特别强调的是，虚构人名的涵义必须是小说原作者对人物的特性和行为的描述，其他人对小说人物性格特点的阐释、评论、总结，以及其他作家为某一虚构人物增添的新的故事和内容都不能看作对虚构人物的本质属性的增加。比如某人在现代写了一个孙悟空大战外星人的故事，即便包括作者和读者都认定新故事里的"孙悟空"与《西游记》里的"孙悟空"指的是同一人物，人们也不会把新故事赋予孙悟空这一人物的新内容看作孙悟空的本质属性，只会把新故事看作对孙悟空这一虚构人物的借用。

当把某一虚构人物的涵义看作该人物在小说世界的全部特性和行为的总和时，意味着涵义的描述贯穿了整个文本。一个引申出来的问题就是，这是否意味着虚构人物的命名过程就是作者写小说的全部过程呢？如前一小节所述，当前有两种不同看法，一种认为是作者的全部写作过程，即整个"讲故事"的过程类似于扩展了的命名仪式，只有当整个故事完成以后，这一命名仪式才算完成①；另一种认为不是，当虚构人物名称第一次在小说中出现时，就是一种完成行为式，使虚构人物存在，命名行为完成，之后对该人物的所有描述则把属性赋予该人物，是一个使该人物的内涵丰富和完整的过程②。也有学者通过区分虚构名称在虚构文本中的"初现"和"复现"支持后者。如托马森（Amie L. Thomasson）认为某一虚构人名在原小说中第一次出现时是初现，作者把一个名字与人物联系起来，命名仪式完成，之后该名字的出现都是复现；当该虚构人名在小说文本外出现时，是对虚构人名的借用或回指。③ 本书更倾向于赞成后一种观点，把命名过程看作一个一次性完成行为式。

以上两种看法代表了当前对命名过程的不同理解。如果把命名过程看作一个把某一名字与某一虚构人物联系起来的过程，则这一过程是一次完成行为式，如同后者所持观点。如果把命名过程看作赋予人名指称和涵义的过程，则会认为命名过程贯穿赋予人物涵义的始终，如同前者所持观点。对比现实生活中人们对真实人物的命名仪式，不难发现，真实人物的命名过程都是一次性完成行为式，只需把名字与特定人物联系起来即可。本书认为虚构人名的命名过程与之类似，当某一名称与某一虚构人物联系起来时，虚构人名的命名仪式就完成了。在作者一方，作者把一个表达式（即虚构人名）与一个虚构人物联系起来，是一个意向性完成行为式，在作者决定选取一个符号或几个符号并拿来作为某一人物名称的一瞬间，名称与人物的联系就完成了，名称的指称对象就确定下来，命名过程也就完成了。之后对该人物的种种特性和行为的描述，是一个赋予人物涵义的过程。在读者一方，当他们在小说中读到这个名称的时候，即使它是出现在小说中的第一个词，读者对这个名称所代表人物的没有任何了解，也能立即知道这是小说中某个人物的名称，辨别这一名称的指称对象。这也解释了现实生活中为什么有的人对某一虚构人物没有任何知识，只知道是某个小说人物，仍然可以有意义地谈论和使用这一名称。

---

① Gregory Currie, *The Nature of Fiction*. Cambridge: Cambridge University Press, 1990, pp. 2-18.

② Edward N. Zalta, "Referring to Fictional Characters", *Dialectica*, Vol. 57, No. 2, 2003, pp. 243-254.

③ Amie L. Thomasson, "Speaking of Fictional Characters", *Dialectica*, Vol. 57, No. 2, 2003, pp. 205-223.

对虚构专名的命名过程的不同定义也反映了对专名的涵义的不同理解。如果把专名的涵义等同于描述其指称对象本质属性的摹状词，把虚构人名的涵义看成蕴涵这些摹状词，那么由于虚构人物的本质属性来自作者对人物的种种特性和行为的描述，而这种描述贯穿作者的整个创作过程，所以作者讲故事的整个过程就是虚构人名的命名过程。如果把专名的涵义仅看作与描述其指称对象的本质属性的摹状词之间的关系，并且二者之间是松散的联系，则命名过程不一定必须贯穿作者的整个写作过程，而只是其中的部分或片段即可。

虽然小说文本提供了虚构人物涵义的依据，也就是说对虚构人物的涵义的了解必须依据整个文本，但文本中的语句并不等同于虚构专名的涵义，这一涵义由描述其特性的逻辑总和或者从属性析取的摹状词给出。不同的人在阅读文本时会产生不同的理解，同时对其中某一虚构人物的本质属性的析取或归纳会有所不同，因而可能会产生对某一虚构人物的涵义的不同理解。但这并不意味着虚构人名的涵义完全是因人而异、纯粹主观和不确定的东西。正如弗雷格对专名涵义的解释，"一个表达式在形式结构上符合语法并且充当专名的角色，那它就具有涵义"①，并且弗雷格把涵义比喻为"望远镜内物镜上的影像"②，表明它不是"心理学意义上的意象"，与人们的心灵内容或认知内容无关，只与该对象的客观事实有关，这也正是弗雷格把涵义看作确定的抽象实体的原因。对文学虚构专名来说，其涵义就是原著描述其所指对象的特性的逻辑总和或者属性的析取，它是逻辑析取，因而是确定和客观的，可以说是一个确定的集合，该集合包含哪些元素、有多少元素、哪些元素是根本，都是确定和客观的。即使在实际使用中对不同读者而言这个集合不确定，这种不确定性也是由自然语言本身的不严密性和个体不同的意向性及认知水平差异造成的，它不影响涵义本身的客观性。正是由于这一原因，塞尔、丘奇（A. Church）等人提出簇摹状词理论，认为一个对象成为该名的所指，并不需要满足该家族中的所有摹状词，而只需要满足其中足够数量或大多数的摹状词即可。对不同的读者而言，只要某个名称满足了其中足够多的元素，就可以确定该名称的指称对象。这意味着，语言的使用者并不需要掌握某一人名的全部涵义，才能把名字与人物联系起来。因此在日常语言的实践中，当人们

---

① 〔德〕G. 弗雷格：《论涵义和所指》，A. P. 马蒂尼奇编，《语言哲学》，牟博、杨音莱、韩林合等译，商务印书馆2004年版，第377页。
② 〔德〕G. 弗雷格：《论涵义和所指》，A. P. 马蒂尼奇编，《语言哲学》，牟博、杨音莱、韩林合等译，商务印书馆2004年版，第379页。

描述某一虚构人物的种种特性和行为时往往不必用到小说文本的全部有关描述，只需提及其中最为人们所熟知的或最能代表其区别性特点的一个或几个方面即可。例如提到孙悟空，人们可以用神通广大、会七十二变、有火眼金睛、是唐僧的大徒弟、曾经大闹天宫等描述性语言来形容他，这些属性都可以说是"孙悟空"这一名称涵义的构成成分，但又不是全部，并且还有哪些成分可以构成其本质属性，不同的人会有不同的说法。不同的人对孙悟空的本质属性的描述差异属于人们对孙悟空这一人物的认识上的差异，它反映的是不同的人在概念上或认知上对这一名称的意义的不同理解和掌握，是由各人不同的认知能力以及逻辑判断、综合、推理能力等的不同造成的，它并不能说明"孙悟空"这一名称没有确定的和客观的涵义。这也解释了为什么在日常生活中有时人们不需要对某一虚构人物有全面的了解，仍然可以正确地使用某一虚构人名。比如很多人并没有阅读《红楼梦》这部小说，但仍然可以正确地使用贾宝玉、林黛玉等名字并谈论他们。无论是描述性理论还是直接指称论，都没有承诺某个专名的使用者必须掌握某个或某组摹状词才能使用它，虚构名称同样如此。埃文斯（Vyvyan Evans）称之为起"识别作用"[1]。反过来看，当人们理解了"贾宝玉"这几个字的涵义时，就会立刻与以上提及的他的种种特性和所为联系起来，人们只需要提及几点，也就是用有限的几个摹状词就可以解释"贾宝玉"这个名字所表示的涵义。这些都证明把名字与某一个虚构人物联系起来，并不需要对人名的内涵意义的全面的理解和掌握。

三、虚构专名的涵义与指称之间的关系

探讨虚构名称的内涵与指称之间的关系，实际就是探讨究竟是内涵决定所指还是所指决定内涵。首先，从其指称和内涵获得的发生学原理来看，当把内涵看作对虚构人物本质属性的析取时，虚构人名的本质属性首先是某一语言符号成为某一虚构人物的名字，其指示性功能成立，这一"成为"的过程与日常生活中某一语言符号成为某个人的名称的过程类似，是一个一次性命名过程：人们通过某种完成行为式把名称与具体的人联系起来，这一行为一旦完成后，名称与人的联系就确定了。作者意向性地把某一语言符号用于某一虚构人物时，也类似一种完成行为式：当名称第一次出现在小说中时，作者就把某个名称与某个人物联系起来，这个联系一

---

[1] 〔美〕G. 埃文斯：《关于名称的因果理论》，A. P. 马蒂尼奇编，《语言哲学》，牟博、杨音莱、韩林合等译，商务印书馆2004年版，第565页。

旦建立，命名过程就完成了。之后每次出现这个名称时，作者都赋予名称更多涵义。从这一点上看，可以说虚构名称的指称决定了其内涵，或者说其指称先于其内涵产生。

其次，从专名的指称和涵义的关系来看，是否是涵义决定了所指？弗雷格认为是的，人们通过对某一对象的一组特征或摹状词的了解把对象与某一个名称联系起来。罗素认为恰恰相反，专名从其所指那里获得涵义，专名正是因为指向了外部世界的某一对象才获得其意义。根据他的这种观点，虚构专名没有指称因而没有意义。但是，如果把虚构专名的指称看作不指向某个外部物理世界的对象，而是指向某一虚构对象，某一虚构专名之所以能够被人们理解并使用，并不在于它蕴涵了虚构对象的某些特征，而在于它能够代表和指示这一对象，虚构专名发挥的作用正是能够指示唯一的虚构对象，使人们从万千复杂的真实和虚构对象中唯一地识别出某一虚构对象，这个名称本身可以不借助其内涵而发挥作用。这一点仍然支持专名的指称决定了其涵义。

从虚构专名的发生学和指示性功能角度来看，虚构专名的指称决定了其涵义，或者说虚构专名的指称先于其涵义产生。正是首先有了作者的虚构性创造，才产生了虚构专名。虚构专名的产生过程就是一个作者把某一语言符号与虚构对象相联系的过程，这是一个借助语言描述完成的命名行为式，它是一次性完成行为，当某一语言符号在文本中第一次出现时，这一命名行为式就完成了。之后的文本对其种种特性行为的描述都是赋予其内涵的过程，贯穿整个文本写作。作者写作完成后对该名称的使用都是对它的复指或借用，构成了这一名称使用的因果历史链条。对之后的使用者而言，对某一虚构专名的指称和涵义的确定则借助文学文本来完成：无知的读者通过阅读或听闻文学文本把某一专名与特定对象联系起来并了解其特性行为，有知的读者则遵循该专名的使用链条有意义地使用它。

由此可以总结，从虚构专名涵义的获得来看，其指称先于内涵产生，或者说其指称决定了内涵。

第三节　文学虚构通名意义分析

虚构事物的专名与通名的区分标准就是名称是否指称唯一的对象，如果是，则可以判定为一个专名；如果指称多个具有同样内涵的对象，则为通名。例如"Pegasus"指称希腊神话中的一匹飞马，它指称了希腊神话故事里一个唯一的对象，这个对象拥有马的身体和鸟一样的双翅。而"飞马"则为通名，指称所有会飞的马。简单地说，虚构事物的通名可以指称一类事物的全体成员。按照密尔的说法，就是："通名通常被定义为那样一种名词，它们能够在同一意义上被真实地应用于不定数目中的每一个事物。"①

按照普特南对通名的分类，通名包括自然种类词和科学理论名词，其中科学理论名词因为指称抽象的科学理论对象而可以划分进虚构通名范畴。克里普克对描述性理论有关名称的指称和涵义的批判有很多例子都来源于自然种类词，如"水""黄金""虎"等。② 克里普克关于自然种类的词的指称的来源和本质属性的理论比描述性理论更详细，但这一理论是否适用于虚构通名仍需进一步考察。

首先需要说明的是文学和日常话语中出现的虚构通名与科学理论名词有本质区别。与文学虚构通名完全出自作者的虚构和想象不同，科学理论名词或通名建立在人们理性探究外部世界规律的基础之上，它并不完全来自创造者的天马行空的想象或臆想，而是基于一定的科学事实和严格的逻辑推理，并且本质上需描述事实或预测规律。这一根本性的差异决定了科学理论名词必须符合科学发现的规律，能够真实地反映科学事实并指导人们的科学实践。基于这一基本原则，可以假定科学理论名词的指称和涵义与文学中的虚构名称既有相同之处又有所不同。因此本节着重考察文学虚构通名的指称和涵义及其对意义理论的启示，第五章将重点考察科学理论名词。

一、虚构通名的指称和涵义的定义

与围绕专名的指称和涵义而产生的争论类似，在通名的指称和涵义上，名称的两大理论也各自贯彻其关于名称的意义的立场，产生了针锋相对的观点。持名称的直接指称理论的哲学家，例如克里普克、普特南等人，从否定描述对象的特征或属性的一组摹状词为事物的本质属性或内涵出发，认为通名与专名一样是固定指号指示词，也是一种严格的指示词，在一切可能世界里都指称同一对象，其内涵并不是我们通常意义上描述其属性组合的一组摹状词，因为这些属性都是事物的偶然属性，某种事物在现实世界具有这些属性，而在另一个可能世界具有其他属性，唯一不变的

---

① 涂纪亮：《英美语言哲学概论》，人民出版社1988年版，第77页。
② 〔美〕索尔·克里普克：《命名与必然性》，梅文译，上海译文出版社2005年版，第99—114页。

就是事物的名称。与专名一样，通名也是沿着一条使用和传递的链条一环一环传递下去的。这一理论从名称获得的因果历史链条出发，把虚构名称都排除在外，否定虚构事物的专名和通名的指称和涵义，即否定虚构名称的意义，把所有的虚构通名都归为空指示词，认为虚构通名既无指称也无涵义。但与上一章对专名的涵义所做的辩护相同，这种解释首先与人们的直觉不符。例如普特南在解决他所提出的自然种类词的理论所面临的一个困难时曾说：

> 认为"马"这样的自然种类名词明确地不同于"独角兽"这样的虚构的或不存在的自然种类名词，"电"这样的物理量值名词明确地不同于"燃素"这样的虚构的或不存在的物理量值名词或实体名词，这种看法似乎是违反直觉的。的确，我本人相信，如果发现独角兽是存在的，而且人们开始发现有关独角兽的事实，对独角兽这个种类作出并不明显的确切描述或者接近正确的描述，等等，那么，独角兽这个词的语言特征就会改变；对"燃素"也是一样，但这肯定是会有争议的。①

普特南所提的"独角兽"这个词的语言特征的改变就是描述性理论所指的名称的指称和内涵意义的改变。按照名称的直接指称理论，对类似于"独角兽""燃素"这样的虚构事物，人们既不能通过一定的检验方式去了解它们的本质属性从而确定它的内涵意义，又没有一个历史的因果命名仪式把它与某一对象相连，所以它们只能既无指称又无内涵，因而没有意义。克里普克也明确说，即使"发现某些动物具有神话中独角兽那样的特征，这决不能说明，这些动物就是神话中所讲到的那些动物；或许这个神话完全是虚构的"②。换言之，所有没有得到确证的事物的名称都是空名词，既无指称也无涵义。

但正如上一节在讨论专名的指称和涵义时所指出的，人们在日常生活中可以谈论或描述虚构事物，可以有意义地使用这些词和由它们构成的语句。同时，随着科学的发展，一些在之前被认为不存在的或无法证实或证伪的事实或现象被证实为真实存在或很可能真实存在，如"引力波""黑洞""暗物质"等科学理论中的理论名词与纯粹虚构名词的界限难以划清，

---

① 〔美〕普特南：《说明与指称》，涂纪亮主编，《语言哲学名著选辑》，生活·读书·新知三联书店1988年版，第349—350页。
② 〔美〕索尔·克里普克：《命名与必然性》，梅文译，上海译文出版社2005年版，第143页。

很多在今天看来似乎是虚构的理论名词可能明天就被证实为科学事实，或者反过来，在今天看似科学事实的一些理论名词明天可能被证实为假象，如"燃素""太阳系九大行星"等。这些现象都向直接指称论发起了挑战：完全否定虚构的或不确定的事物的名称的指称和涵义既与直觉相悖，也不利于解释科学理论发展的事实。这使得人们不得不重新审视名称的指称和涵义理论，尤其是通名的指称和涵义。

持名称的摹状词或描述性理论的哲学家认为通名既有内涵又有外延。用以解释虚构事物的通名既可以指示某一类的物，也可以表示这一类物的某些简单的或复合的特性。通名既指称某一个或某一类对象，又有一定的内涵。某一个或某一类事物只要符合描述其特性的一组摹状词中的大多数或足够多数的特征，即可确定该事物为这一通名的指称对象。但传统的描述性理论把指称等同于语词所指示的外部世界对象本身，否定虚构名称的指称对象，无论是专名还是通名都如此。经过改造的描述性理论认为语词的指称（或外延）是满足人们头脑中的与该名称相关联的描述性意向内容的对象，由此，一些只可以在理论上或只能用语言加以描述的事物的名称，如"外星人""圆的方"等名称也可以说指称了外星人或圆的方。此外，按照罗素的摹状词理论，类似于"外星人""圆的方"这样的名称都被看作缩略的或伪装的摹状词，而不是真正的名称。但罗素的名称理论所认定的专名囿于亲知，遭到了比较多的批判，因此本书仍然采用密尔关于专名和通名的定义，把"外星人""喷火龙""金山""圆的方"这类表示某一类虚构事物中任一物的语词归于通名之列。

由此，与日常生活或文学中的虚构专名类似，日常种类的虚构通名的指称为具有特定特征的一类虚构事物的任一个或一类，其涵义就是表示其本质属性的一簇摹状词。

当考察虚构事物通名时，描述性理论对实在事物通名的意义的定义也具有合理性。描述性理论认为通名既指示了名称的指称对象，又包含所指对象的某个或某些内涵或涵义。换言之，通名可能包含描述其本质属性的语词，包括起修饰或限定作用的名词、形容词、副词、量词和词组等，例如"金山"的"金"、"圆的方"的"圆的"、"喷火龙"的"喷火"、"外星人"的"外星"，等等。这些名称直接指称了这一类虚构事物，字面上也同时蕴涵该类事物的某些属性。可见，描述性理论的观点是合理的，虚构名称的通名既有内涵又有指称，并且与专名相同，虚构名称的通名内涵的获得也是因为它的所指。但从名称的起源来看，仍然离不开一个历史的发生的命名过程，其传播和使用也是一个因果链条，而涵义因为与描述其本质属性的摹状词相关联，所以能够帮助人们形成关于特定事物属性特征的概念。正如神经认知学专家所述"事物的概念由感觉和运动属性即体验时习得的特征所定义"①，人们关于某事物"抽象概念的形成更依赖于外观的知觉特征和其活动的认知再现"②，人们恰恰通过描述性摹状词把握关于某类事物的知觉特征，形成该事物概念，从而把特定符号与特定对象的概念结合起来形成关于某事物名称的指称和涵义的全面把握。由此可见，与虚构专名类似，虚构通名的指称来源于命名过程，涵义与描述性摹状词相关联，必须把名称的描述理论和历史因果命名理论结合起来共同解释虚构通名的指称和涵义。

此外，在表示虚构事物的名称中还有一种表示逻辑上不可能的事物的名称，例如"圆的方""又蓝又绿的宝石"等。仍然延续上一节关于虚构名称的定义，即只要一个名称是有意义的表达式并且可以有意义地被用来指称某一特定对象，这一对象具有区别于其他对象的特别属性，就仍可称它为合法的虚构名称。表示逻辑上不可能或矛盾的名称也表达了可理解的意义，指称了某一类事物，只是无法把它们具象出来，因此从理论上说，此类名称也有指称和涵义。"圆的方"和"又蓝又绿的宝石"分别指称了"圆的四方形"和"看上去又是蓝色又是绿色的宝石"，从而区别于其他事物，并且在名称中也包摄了事物特有的属性，人们可以通过名称从思想上或观念上认识某一类对象并获得关于对象特点的有关知识。借用某位学者的话来说，"圆的方"的外延从逻辑学上来说是可以存在的，因为"圆的方"可以说统摄了"红色的圆的方""绿色的圆的方"等，它们的外延不应该为零。③ 在费英格的虚构主义哲学看来，这些在科学理论中逻辑上不可能或矛盾的事物形成的虚构恰恰是人类观念变化的最高级，为人类更好地理解现实提供了观念变化的动力，因为它们都是概念体系的一部分，"为人类心灵整理和解释观察和经验的事实，提供唯一可以得到的概念体系"④，它们在人类实践中不可或缺。

在文学作品的实际创作中，作者经常会用虚构事物的通名（如"喷火龙"等）代替专名来充当虚构事物的名称。这种情形下，不应把它混淆为

---

① 〔美〕伯纳德·J. 巴斯，尼科尔·M. 盖奇：《认知、大脑和意识》，王兆新、库逸轩、李春霞等译，上海人民出版社 2015 年版，第 361 页。
② 〔美〕伯纳德·J. 巴斯，尼科尔·M. 盖奇：《认知、大脑和意识》，王兆新、库逸轩、李春霞等译，上海人民出版社 2015 年版，第 363 页。
③ 谈云雷：《也谈"虚构概念"的外延》，《淮阴工学院学报》2004 年第 2 期，第 38 页。
④ 〔德〕沃尔夫冈·伊瑟尔：《虚构与想像：文学人类学疆界》，陈定家、汪正龙等译，吉林人民出版社 2003 年版，第 171 页。

专名。这一名称仍然属于通名，只是在某个场景中被借用为专名。其原因主要有两点。其一，绝大部分小说以讲述故事、塑造人物形象为主，即使小说中人物众多，作者也必须为其中每一位重要人物命名，便于区分个体，而事物的类型可能是独一无二的，即使它们中的某一类型数量庞大，作者只需点出其类型也就是其通名就可以起到区分个体的作用。其二，从工作效率的角度来讲，人物总是在小说中频繁出现，作者用名字代表人物，简洁明了，便于塑造人物形象，而事物出现的频率低，数量少，大多数情况下不需要塑造其性格特点等，只需点出其出现即可，一般用它们的通名或摹状词即可达到此目的，没有必要为它们一一命名。因此在小说中，我们经常可以看到用通名或摹状词指代某一具体事物的情况。例如《西游记》里的"白龙马"只指称由小白龙变成的一匹驮唐僧去西天取经的马，"白龙马"就成为这部小说中这匹马的专名，但是这个名称实际上仍然是通名，可能在日常生活或另一部小说里用来指称任何一匹意气风发、剽悍俊美的白色的马——它指称这一类中的每一个。并且"白龙马"不仅指代一类具体对象，也描述了对象的区别性特征，例如颜色为白，由龙变成或像龙一样意气风发等。

二、文学虚构通名的指称和涵义的来源

与虚构专名的指称和涵义的获得类似，虚构通名的指称和涵义的获得也有一个类似于真实事物通名一样的命名过程。当追溯"飞马""鬼""外星人"这些词的来源时，它们总是与特定的故事、传说或小说相联系。它们的创作者在创作这些故事、小说或传说时，对这些虚构事物的性质的描述形成了这些词的内涵，由此确立了这些词的语言符号与特定的涵义之间的关系。这一过程可以看作虚构通名的命名仪式。在直接指称论者萨蒙（Nathan Sallmon）看来，"神话对象"也是一种由"神话中的信念而产生"的抽象实体（reality）。[①] 这一过程完成后，语言符号与对象的联系建立起来，或者说某些性质被赋予某一名称，无论这一名称是专名还是通名，无论其产生是作者的信念还是"神话的信念"，不可否认的是，这些名称都有确定的指称对象和相对明确的涵义，例如"龙""麒麟""圣诞老人"等神话传说中的通名。即使中国神话传说中的"龙"与西方神话传说中的"龙"在涵义上有明显的差别，这种差别反映的也只是这一名称特定

---

① 叶闯：《语言·意义·指称——自主的意义与实在》，北京大学出版社2010年版，第167—168页。

内涵的东西方文化差异，并不能抹杀其具有特定内涵这一事实。无论是中国的"龙"还是西方的"龙"，这一通名都指称了某种神话传说中的特定的动物，并且具有特定的本质属性，即内涵，使之区别于其他类别的动物。一些名称的来源不确定或来源不明的事物，诸如"圣诞老人""独角兽""麒麟"等，其起源可能众说纷纭或者无法证明，但这也只是说明其起源不为人所知，并不表明它们没有命名的源头。如果追溯其源头，所有的神话传说都有特定起源，无论其流传形式是口口相传还是文字记录。这就决定了这些通名都来自神话传说或故事文本中作者的命名过程，它就是类似于命名仪式的特定的命名历史事件。

小说中虚构事物的通名是通过作者在小说创作中意向性的命名过程获得的。读者通过追溯关于某个事物的发生的历史因果链条，把名称与事物联系起来，然后再通过对小说全文的阅读了解事物的全部内涵。如《西游记》中的"白龙马"、《哈利·波特》系列小说中的"火凤凰"，与"孙悟空"这样的专名类似，其获得也是作者的意向性创造的结果。虽然在故事中白龙马出现时是龙的形态，随着故事的发展变成了马，同时兼具龙的一些特性，作者称之为"龙马""白马"，甚至多数时候直接称呼其为"马"，但是读者遵循其使用的历史因果链条，可以知道其指称对象就是小说中特定的一匹白马。同时借助文学作品对这匹马的属性特征的描述，其内涵也得以确定。

由此可以看到，与虚构专名类似，文学和日常生活中的虚构事物的通名的来源是一个历史的命名事件，它是一个一次性完成行为式，当某一名称在文本中第一次出现时，命名仪式就完成了，该名称获得其指称，其指称对象为作者意向性创造所指的某一个或某一类事物或对象；指称先于内涵产生，作者讲故事的过程就是一个赋予该名称内涵的过程。

三、文学虚构通名的文本一致性

虚构通名产生以后，依据一个历史因果的使用链条口口相传或借助文学文本流传。不论口头或文字传播，判断同一名称在不同文本中的一致性仍然需要以其内涵，即描述其性质的摹状词为依据。以"喷火龙"为例，这一名称的出现首先是因为某个传说或文学作品中作者对这一事物的命名。与文学作品中专名的命名仪式相同，它是一个一次性完成行为式，即作者把"喷火龙"这一符号与某一虚构对象相联系，同时借助讲故事的过程赋予这一语言符号一些属性，即赋予其内涵。换言之，自该语言符号成为有意义的名称之时起，它就有所指，并且包摄了对象的内涵。之后这一名称沿着一个使用的链条传播开来。与专名类似，对不同文本中这一名称的同一性的判定则以其内涵和使用者的意向为依据。

有些虚构事物，尤其是文学虚构事物的名称来源是创作者任意的想象和意向，具有完全不确定性。由于虚构事物是人们根据自己的想象或幻想臆造出来的，不同的人、不同的文本对某种或某类事物的想象和描述不同，在没有确定的对象做参照物的情况下，对虚构事物的通名涵义的解释会各不相同，或者说对虚构事物的本质属性的描述不统一。例如"飞马"作为一个通名，可以指称各种各样会飞的马，《西游记》里没有翅膀也会飞的白龙马，或者希腊神话中像鸟一样长了翅膀会飞的"Pegasus"，《哈利·波特》里长了蝙蝠翅膀会飞的马。又例如"鬼""外星人"之类的通名，谁都没有见过鬼或外星人，不同的听者或读者可能听或读不同的故事。或者又例如中国神话故事中的龙和西方神话故事中的龙。问题是：人们如何达成对某个通名的内涵的共识并正确地使用它？或者如何认定不同文本中同一通名的一致性？其答案与专名的情况类似，仍然需要结合直接指称论关于名称来源和使用以及描述性理论的簇摹状词关于名称内涵的描述来解释通名的传播和文本一致性。

在一些神话传说或故事中，虚构通名如"龙""圣诞老人""麒麟""外星人"等，对于对这些词的内涵意义无知的人来说没有什么意义。但无知的人在听完（或看完）有关故事，譬如一个关于龙或者外星人的故事以后，在思想上会对"龙"或"外星人"这一概念形成认知，进而把握词的内涵意义，即把名称与描述名称性质的特定的摹状词相联系，变成有知的人。此后，他也可能向其他人谈论这些词，由此形成一个使用和传播的链条。因此，虚构通名的指称和涵义的确定和传播与专名类似，是一个名称的命名过程和描述其性质的内涵相联系，并与使用者意向相联系的过程。对于不同版本的文学虚构来说，即使人们对虚构事物的内涵定义有所不同，但对于大多数具有类似社会文化背景的使用者来说，因为文本的确定性，其中的一些本质内核仍然是相同或共通的，类似于塞尔提到的与该名称相关联的描述性意向内容，其中包括说话者用某个名称指称某个对象的意向、对该对象特征的某些描述、相关的知识网络以及相应的背景条件。[①] 例如在《格林童话》里出现了一只喷火龙，它有大象般的身体、鹰鹫般的双爪、带羽毛的双翼、会喷火的鼻子，见到人就会杀死他们，在故事里被称为"凶恶的喷火龙"，简称"喷火龙"；在另一个故事里也出现了

---

① 参见陈波：《逻辑哲学》，北京大学出版社2005年版，第208页。

一只喷火龙,它的身体和习性像蛇颈龙,有像蝙蝠一样的会飞的双翼,会从嘴巴里喷火,但它性格温和,并且浑身粉红色,从不伤害人类,甚至和人类成为好朋友,作者和读者仍然会称它为"喷火龙",也许叫"粉红色的喷火龙"或"好脾气的喷火龙"之类。但是不论两个故事里的喷火龙多么不一样,人们也能依据关于喷火龙的背景知识和文中对该对象特征的描述,例如会喷火、有龙的特征和外形,等等,把这种动物与这一名称联系起来。并且作为通名,"喷火龙"既指称符合其内涵的一组对象,也包摄了表示其对象的特征,使人们可以很容易地把这一名称与对象联系起来并使用这一名称。而"粉红色的喷火龙"与"凶恶的喷火龙"中的"喷火龙"是否表示同一对象,则取决于作者意向。

此外,按照描述性理论,某一类事物只要符合描述其特性的一组摹状词中的大多数或足够多数的特征,即可被认定为这一通名的指称对象。并且与虚构专名类似,虚构通名的指称并不指实物对象本身,而是人们思想或认知中的对象,是人们经验到的性质和关系。对于像"外星人"这样的词,之所以人们虽然从未与外星人有实质性接触,但能够用这一词语指称这类对象,是因为人们曾经经验过"来自别的行星"这种关系(例如陨石)和"智慧生物"这种性质,经过思维的加工、构造和想象,这些关系和性质叠加组合起来,形成知识网络和相关背景知识,再结合摹状词对这些关系和性质的描述,于是"外星人"是"来自别的行星的智慧生物"这一本质属性定义和由一组摹状词所描述的概念就形成了。无论在怎样的故事或传说中,即使对外星人的外貌、性格、特征的描述各不相同,"来自别的行星的智慧生物"这一核心概念都不会改变,由此,不同的读者和听者都可以把这些词与具有一定内涵的虚构对象联系起来,形成共识并正确地使用它们。虽然其内涵也根据不同的故事版本有所不同,但其中的一些核心内容大致相同,例如"圣诞老人"在圣诞节前夜出现,为人们送去圣诞礼物;"独角兽"是头上长有一只角的马;"麒麟"是集狮头、鹿角、虎眼、麋身、龙鳞、牛尾于一体的祥瑞之兽。而正是基于其核心概念的定义和描述,人们能够把不同文本中对象与该事物的名称对应起来。

另外,按照语言内在论的观点,人们在使用"外星人""鬼""飞马"这些词的时候,依据的就是他们的概念框架内知识,使用者按特定方式共同运用这些语言符号。譬如用"外星人"指称来自外星的智慧生物,使这个词的符号与确定对象相联系,达到对这一词的意义的共识。如同普特南所说:"被某一特定的记号使用者共同体按特定方式实际运用的一个符号,是能够在这些使用者的概念框架之内符合特定对象的。"①

最后,总结文学和日常生活中的虚构通名。与虚构专名类似,虚构通名既有指称又有内涵,复合通名还包摄了其指称对象的一些特征;虚构通名的指称的来源也是一个历史的命名过程,其内涵的获得也是一个讲故事的过程,其传播也遵循了一条历史因果链,并且在传播过程中名称的同一性与描述其性质的摹状词有关。

第四节　虚构名称的意义分析对意义理论的挑战和启示

以上对虚构专名和通名的指称和涵义的分析表明,虚构专名和通名不仅有指称也有内涵,其内涵与描述其属性的摹状词有关,其指称的获得是一个类似于真人命名仪式的过程,是一次性完成的,其表达性意义的达成遵循并符合语言规则,并且在虚构名称的意义中,指称更为根本,正是作者的命名行为,使代表虚构对象名称的语言符号获得其表达性或指谓性意义。这一结果支持了直接指称论对名称指称来源的定义,并且说明指称先于涵义产生。但是对其涵义的分析也表明,专名有意义并不仅仅因为其获得指称,这一指称能够构成历史因果的使用链条,也与其内涵有关,因此名称的使用也为名称的描述性理论做了辩护,同时驳斥了早期的意义指称论的一些基本观点。

一、对意义指称论的挑战和启示

早期意义指称论的基本观念是:语言表达式具有意义,因为它们代表事物。譬如密尔、罗素以及早期的维特根斯坦等提出名称的意义等同于它所指称的现实对象,名称作为一种语言符号,通过表征、指谓、命名、指称或指示外部世界中的事物或事实而具有意义。从表面来看,这一理论似乎勾勒出了语词与世界的关系,但通过对虚构名称的意义分析,可以看到,这一理论是有严重缺陷的。

首先,虚构名称虽然不指称或命名任何现实的对象,但依然可以有指称和涵义。这是因为类似于"飞马""福尔摩斯""孙悟空"这样的名称的指称对象虽然不存在于现实世界中,但毫不影响它们指称虚构对象并具有

---

① 〔美〕希拉里·普特南:《理性、真理与历史》,童世骏、李光程译,上海译文出版社2005年版,第58页。

确定涵义，其既能够在自然语言中与其他指称真实事物的名称一样被人们正确理解和应用，也能够出现在语义学中被分析和论证。据此可以看到，早期意义指称论的错误之一在于它对意义的处理过于简单直观，没有考虑名称乃至普通名词的多样性及复杂性，包括像虚构对象、某些抽象对象（如描述性质的名词"红色""肥胖"）的名称，甚至一些既不描述事物又不描述性质的名词（如蒯因列举的"缘故""凭借"），都是有意义的并且可以合法出现在任何有意义的语句之中。早期指称论显然把这些词都排除在有意义的语词之外了。

其次，早期意义指称论的错误还在于忽略了名称意义的另外一个方面，即名称的涵义。意义不仅体现在指称上，也体现在涵义上。这也正是为什么不同的词可以拥有相同的指称对象，但涵义不同，带来不同的认知价值。例如"晨星"和"暮星"、"孙悟空"和"齐天大圣"，这两组词虽然各自分享共同的指称对象，但不仅字面意义不同，还具有不同的交际意义和认识论意义，因为每一个不同的名称都对应特定的指称对象和相对确定的涵义或一簇与之相对应的摹状词，如弗雷格所述"暮星和晨星的所指虽然是同一个星辰，但这两个名称具有不同的涵义"[1]。不同涵义的语词意义有所不同。弗雷格甚至把这一情况扩展到包括名称、词组和语句在内的所有具有指称的语言表达式上，认为"和一个指号（名称，词组，表达式）相联系的，不仅有被命名的对象，它也可以称为指号的所指（nominatum），而且还有这个指号的涵义（sense）、内涵（connotation）、意义（meaning），在其涵义中包含了指号出现的方式和语境"[2]。

同样的原理也可以用来解释某些语词的指称对象不变，但意义可以不断发生变化的情况。不仅专名如此，通名也同样。例如语词"人"的指称对象一直没变，但人们对"人"的意义的理解却在不断变化；另外有些词的指称对象不确定，但它们仍然有意义，如指示代词"我""你""这"等。这一原理也可以解释为什么某些词虽然没有指称，但仍然可以有意义并且构成命题，包括英语里的副词、连词、冠词等虚词，因为这些虚词都有特定涵义或特定的出现方式和语境。这一点也从反向验证了之前对虚构名称意义的分析，即使虚构名称在现实世界不指称任何人或物（持反对意见者认为它们指称抽象对象或意向对象），它们仍然可以有意义并构成命题。

---

[1] 〔德〕G. 弗雷格：《论涵义和所指》，A. P. 马蒂尼奇编，《语言哲学》，牟博、杨音莱、韩林合等译，商务印书馆 2004 年版，第 376—377 页。

[2] 〔德〕G. 弗雷格：《论涵义和所指》，A. P. 马蒂尼奇编，《语言哲学》，牟博、杨音莱、韩林合等译，商务印收馆 2004 年版，第 376 页。

二、对意义观念论的挑战和启示

对虚构名称的意义分析也驳斥了意义观念论的观点。对虚构名称的指称和涵义的分析表明，虚构名称的指称和涵义都是确定的和客观的。持意义观念论的哲学家，如以洛克为代表的英国近代经验论者认为，词语和语句的意义就是它们所代表的观念，或者它们在人的脑海中唤起或引起的某种精神意象。"词的使用是观念的明显标记，词所代表的观念是词的固有的和直接的意义。"① 观念论的最大特点就是它把语言变成了某种纯心理性过程，而这正是后来的语言哲学家力图批判的：语言变成某种纯心理过程，就意味着给每个人带来不同的意象或感觉，语言的意义就会因人而异，语言就会变成纯私人语言；这样的话，人们将不可能用语言进行交流。假设按照观念论的观点来解释虚构人名的意义，它就变成了人们思想中的某个观念或某种心理感受，而不同的人，由于外在的社会历史背景以及内在的思想倾向、文化学识的不同，对同一虚构人物会产生不同的理解，正如一句俗话所说："一千人读《红楼梦》，会有一千个不同的林黛玉和贾宝玉。"由此会形成同一虚构名称意义的不同解释或歧义，这也不符合虚构名称的意义具有确定性这一基本性质。根据前面几节的分析，无论一个虚构名称出现在何种历史、文化、社会背景之下，它必定要指称某一虚构对象并且满足一个或一簇表示其本质属性的摹状词，这是确定的。

从语言使用的意向性来看，意义观念论也包含某些合理因素。如果把以上所谓的"精神意象"看作关于词的涵义或与涵义有关的概念，这一理论中有一个因素却是不能忽视的，那就是无论是对意义的理解还是使用，人们的心理过程或意向确实发挥了作用，克里普克、唐奈兰、埃文斯把这一意向称为说话者信念，普特南称为命题态度。除却人们能够通过类似命名仪式这样的直接指称对象的言语行为，在其他语境下要把一个语言指号（即名称）与某一对象联系起来，都要先通过说话者的信念把一个或一簇摹状词与名称联系起来，换言之，说话者根据其信念内容确定名称的所指，虚构名称尤其如此。如本章第二节第一小节公式 1 所示：

> 公式 1：对每一个名称或指示表达式"x"来说，都有一簇与之相应的特性，也就是说，这些特性族 φ，使得 A 相信"φx"。

---

① 〔英〕洛克：《人类理解论》，关文运译，商务印书馆 1959 年版，第 391 页。

每一个具有正常语言能力的说话者借助一簇表达某虚构对象性质的摹状词,借助信念内容,把名称与虚构对象联系起来或者说识别出某虚构对象,即"A 相信'φx'"。虚构名称的意义理解与传递正是借助说话者的信念内容实现的。正如埃文斯为描述理论做辩护时所说:"关于名称指谓对象的描述性理论认为,与每个由一群说话者所使用的名称(这群说话者相信他们用的这个名称有同一个指谓对象,并且他们想要做到这一点)相联系的,是一个或一组选自这群说话者的信念的摹状词,一个事项必须满足这个或这组摹状词才能作为那个名称的承担者。"① 描述性理论恰如其分地解释了这一点,即正是每一个使用某一虚构名称的说话者相信他们谈论的是同一虚构对象并且他们也有这一意向,才使某一虚构名称得以正确的使用和传播。

此外,正如本章第二节对专名涵义的确定性阐述所表明的,虚构名称的涵义是经全体使用者共同对特定对象属性的逻辑析取形成的,具有客观性和确定性,并不是私人的和任意的,而观念论强调个人的观念和感受,对虚构名称涵义的分析驳斥了观念论的这一点。

虚构名称的语义分析对传统指称论和观念论的驳斥再次表明,虚构名称可以指称虚构对象,涵义与描述其所指对象的本质属性有关,虽然有关涵义的描述可以帮助使用者形成关于某一对象的概念或观念,结合意向或信念内容,把名称与所指对象联系起来,但虚构名称的涵义仍然是确定和客观的。

三、名称的文本一致性

弗雷格在论及同一(sameness)这一问题时明确表示同一是"对象的名称或指号之间的关系"②。a=a 与 a=b 虽然指称的是同一个东西,但因为其涵义上的差异——"指号之间的差异与被命名的对象被给出的方式上的差异是对应的",因而具有不同的认识意义,a=b 中 a 和 b 指称的对象相同,但涵义不同,这一表达式表达了真正的知识。这一论述也被称为"弗雷格之谜",其目的是说明如何从涵义不同的角度解释不同语句的认知差异。在语言逻辑学家看来,这一问题的本质是说明不同语言符号如何实现按规则同指,区别其按事实同指。在逻辑学里,按规则同指"是直接显

---

① 〔美〕G. 埃文斯:《关于名称的因果理论》,A. P. 马蒂尼奇编,《语言哲学》,牟博、杨音莱、韩林合等译,商务印书馆 2004 年版,第 565 页。

② 〔德〕G. 弗雷格:《论涵义和所指》,A. P. 马蒂尼奇编,《语言哲学》,牟博、杨音莱、韩林合等译,商务印书馆 2004 年版,第 379 页。

示、明显为理解语篇的主体所知的"①，如同以上等式 a＝a 中等号两边的 a；而 a＝b 中的 a 和 b 则是按事实同指，其同指不为主体直接所知。按照弗雷格的涵义理论，只有"严格的逻辑语言中同一个符号的不同出现才具有相同的涵义和指称，且两者涵义同一性是自明的"②，自然语言则达不到这种功能。

而本节所述的虚构名称的文本一致性与弗雷格所说的名称的同一性略有不同。不同在于此处只关注虚构名称的指称和涵义，暂不考虑语句；相同在于所关注的重心都是同一名称的不同出现是否保证按规则同指，包括如何判断自然语言中不同文学文本里出现的相同名称指称相同，其前提是预设了充当名称的同一语言符号指称和涵义相同。

判断同一文本的不同语言符号是否指向同一对象时，无论是直接指称论还是描述性理论都有其合理性，但也有不足。按照直接指称论，只要追溯某一名称命名和使用的历史因果链条，就可以找到不同名称的所指是否为同一对象。而描述性理论则可以把它们解释为具有不同内涵但有相同外延的两个名称。例如"孙悟空"和"齐天大圣"，二者是否具有相同的外延，则是根据语言规则和逻辑规则，依据文本判断得出的。如前所述，名称的所指由作者的意向性创造产生，当某一语言符号第一次出现在虚构文本中时，虚构名称的命名仪式就算完成了，之后作者对其种种特性行为的描述都构成这一专名的本质属性，其内涵与描述其本性的摹状词有关。作者可以对同一对象做不同的描述或使用不同的符号指称同一对象；根据语言规则和逻辑规则，可以判断不同的名称是否指向同一对象。简言之，出现在同一文本中的不同名称是否指向同一对象，由类似于名称使用的前因后果和语言本身的表达性功能决定。

而对于出现在不同文本中的同一语言符号是否指向同一对象，或者如何判定一个名称在不同场合的使用是否可以构成历史因果链条，直接指称论则表现出其欠缺：对真实人物而言，纯粹的时空和物理的历史因果相继的使用链条都有可能出现断裂，更不用说依据文学文本而建立的使用链条。而描述性理论则表现出其优势，它把这一问题与某一名称的内涵联系起来。本章第二节第一小节在解释名称的内涵时已说明名称的内涵具有逻辑上的客观性和确定性，这也正是弗雷格区分涵义与指称的目的。专名的内涵与其属性有关，这些属性借助摹状词的描述给出，是一组摹状词的逻

---

① 邵世恒：《弗雷格主义的两难困境》，《自然辩证法研究》2018 年第 10 期，第 3 页。
② 邵世恒：《弗雷格主义的两难困境》，《自然辩证法研究》2018 年第 10 期，第 3 页。

辑析取。如果说事物的本质属性是其物理的、化学的、生物学的属性,那么虚构专名的根本属性就是其指称性或区分对象的表达性功能的实现,这是一种逻辑属性,它只与语言本身的功能和社会规则有关,是客观的和确定的。如同伯奇(Tyler Burge)解释弗雷格所说的"涵义"时的定义:"涵义本身作为抽象实体是确定的,没有任何含糊之处,只有对涵义的掌握才会有模糊和含义不清等发生。"[①] 至于虚构专名,人们则根据名称使用时所表达的内涵与该名称内涵的吻合度来判断不同文本中的同一名称是否指向同一对象。这一过程与语言的功能和人们的理性认知和判断有关,既包含与心理和意向有关的理性推理和判断过程,又包含逻辑推导,其中理性推理和判断既符合规则及逻辑又包含心理认知等因素,即使用人的认知水平、意向和信念等,而不仅仅是逻辑学里的按规则同指。

譬如孙悟空这一人物在原著《西游记》的不同章节中有不同的称呼,分别被叫作"石猴""齐天大圣""弼马温""美猴王""妖猴"等。读者根据对故事发生的前因后果语言描述的追溯——类似一个历史因果的使用链条,可以判断出这些名称的外延相同,只是内涵各有侧重,从而判定它们的指称对象是同一人物。当虚构名称出现在文本外时,即出现在不同文本和场合时,人们根据其内涵或描述其特性的摹状词的吻合程度,可以判断不同文本中拥有同一虚构专名的两个人是否为同一人物。并且吻合的程度越高,同一的程度也越高。但是由此引出的一个问题就是:究竟吻合到什么程度才会使人们判定他们为同一人?或者出现在不同虚构作品中同名同姓的两个人物在很多方面都吻合,只有其中带有区别性特征的一条不吻合,还可以将他们看作同一人吗?这些问题涉及人们依据一定的规则做出判断的心理过程,涉及人们的内在感觉、经验、情感、心智、认知等诸多方面,迄今为止也没有形成定论,本书仅从簇摹状词和意向性两个方面做出思考和回答。

以孙悟空这一人物为例,分别出现了以下三种情形(戏剧、影视、动画等都是文学作品的不同表现形式,本书把它们与文本作品等同看待):

情形1:在一个关于孙悟空大战外星人的故事里,我们暂且把故事的名字叫作《孙悟空三战外星人》,孙悟空也是一个美猴王的形象,武器是金箍棒,会七十二变,会腾云驾雾等,只不过还会一些高科技手段,结交了一帮新朋友,与外星人展开战斗。

[①] 叶闯:《弗雷格的涵义与语言的意义》,《外国哲学》2012年第22辑,第248页。

情形2：在一部电影（如《大话西游》）里，孙悟空不是从石头里蹦出来的，而是一个普通人，谈了一场催人泪下的恋爱，在观音菩萨的点化下，变成了神通广大的猴子，陪唐僧去西天取经。

情形3：在一部动画片里，"孙悟空"是一个少年的名字，他只是一个普通人，努力学习武功，手持木棍，打败了所有的对手；除了名字，与《西游记》里的孙悟空没有任何相似之处。

人们是否会把其中出现的"孙悟空"这一名字都看作指称《西游记》里的孙悟空这一人物呢？很明显，一般人都会把情形1中出现的孙悟空与《西游记》里的孙悟空看作同一人，而把情形3中出现的少年看作另一人，只是名字恰好相同或者借用了名字。对于第二种情形的判定则存在争议，有的人会认为他们仍然为同一人，有的人认为不是。人们做出这种判断的依据就是把小说《西游记》所描述的孙悟空的本质属性，即描写其本性的摹状词，与情形2里的孙悟空的本质属性或摹状词加以比较，如果两者较吻合，没有太多明显的矛盾之处，则判定为同一人。即使其中出现一些不相符合的地方，如情形1所示，但只要大部分都符合，仍然判定为同一人。当然也有人持有不同观点，认为如果两个人物在某些本质属性上不相同，就不应该被视为同一人。但究竟多大程度上相符才能算同一人，吻合度要达到50%以上还是80%以上？并且不同的人对某一人物的本质属性的定义不尽相同，就会导致对人物的本质属性的吻合程度判定的不同。

判定二者是否为同一人物，可以有两种解决方案。第一种从读者意向出发，按照读者的意向得出仁者见仁、智者见智的结论。按照塞尔对描述性理论的辩护，只要对象"满足或适合说话者心灵当中与这个名词相关联的'描述性'意向内容"①，对象与名称之间的指称关系就成立。譬如情形2，如果有人认为两个孙悟空是两个不同的人物，实际依据的就是各自的意向内容。在情形2中，两方都可以提出充分的理由支持自己的意向内容。正方可以说虽然孙悟空的一些属性改变了，但从电影总体情节和人物关系上看，属于孙悟空的一些关键内容仍然被保留了，例如陪唐僧去西天取经，有八戒、沙僧两个师弟，出现了牛魔王、铁扇公主、观音菩萨等人物以及火焰山、盘丝洞等地点，这些都是《西游记》原著中的人物和地点，只不过故事被重编了。按照托马森的说法，这些人物，包括孙悟空，

---

① 〔美〕约翰 R. 塞尔：《意向性：论心灵哲学》，刘叶涛、冯立荣译，上海人民出版社2019年版，第268页。

都是对原著人物的借用，可以把这些名称当作对原著人物的同指，认同电影中的人物描述满足了使用者的意向内容。反方则认为本该标志孙悟空本质属性的内容都被颠覆了，新的人物属性描述没有满足使用者的意向内容，人们从感情上无法接受一个有七情六欲、靠打家劫舍起家的人物成为孙悟空，因而倾向于认为这是一个全新的孙悟空，只不过借用了《西游记》里"孙悟空"这个名字，但并不是同一人物。可见，这其中发挥决定性作用的仍然是摹状词所描述的该人物属性特征在人们心灵中形成的意向内容。这种现象也很好地解释了为什么人们从感情上无法接受对经典人物、经典情节的颠覆。例如当前社会上兴起的对经典名著或经典影片的"恶搞"之风，人们对于其中的经典人物、经典情节已经形成了相对固定的看法，即从认知上对其本质属性已经形成了根深蒂固的认同，或者说已形成相对固定和明确的信念和意向内容，任何颠覆或恶搞都会引起人们比较一致的反感和反对，越是经典越如此。而对于非经典的人物或情节，由于人们对它们的本质属性认知不深、信念不明确，它即使被颠覆或恶搞，也不会对人们的情感和态度带来太大影响。这一现象也从一个侧面证实，从全体使用者的总体来看，人们对虚构名称的内涵是有比较普遍的共性认知、信念及意向内容的。

　　第二种方案则要从作者的意向出发，追溯或推测作者本人的意向，如果作者本人有这种意向，则可以判断它们指称同一人物；如果作者没有这种意向，则判定二者名称相同只是一种巧合，并不同指。

　　如果要进一步追问不同文本中同样名字的人物是否为同一人的依据，或者称为不同人物跨文本同一性的充分必要条件，在此只能说这个问题和真实人物的情形类似。就真实人物而言，对一些明显的可以确证的事实可以进行或是或非的明确处理，但是一些无法确认的事实则存在是非不清或者互相矛盾的情况，譬如关于某一历史人物的一些特性，可能根据不同的史料得出相反的结论，难有定论。对于虚构人物在不同文本中名称同一性的判定与此类似。需要澄清的是，这种判定纯粹是使用者的主观意向，与原文本（即作者）对虚构人物的意向性创造存在差距。在此只能根据我们的常识给出最低限度，即不同虚构作品中的同一人名指称同一人物的必要条件是二者名字完全相同，充分条件是描述人物的本质属性的摹状词部分相同或作者有相同的意向性使用。也有学者把这种观点表述为：不同文本中某一虚构人名指称同一人物的充分条件就是后出现的文本的作者在使用别的文本中已经出现了的虚构人物时，表现出对该人物足够的了解。[①] 这就保证了对某一虚构人物的本质属性的描写与原著相符。如同情形 1 所显示的，当作者有同指的意向时，自然会表现出对原著足够的了解。

另外，按照克里普克的可能世界语义学，通常认为代表某个名称意义的描述名称所指对象本质属性的那个（或那些）摹状词其实描述的都不是对象的本质属性，因为某一人物在某个可能世界中不一定具有这些属性。对虚构人物而言，这一问题与另外一个问题是同价的，即在不同可能世界里，具有同一名称但属性不同的人物是否可以被看作同一人物。这一问题涉及的就是虚构人物的跨界识别问题，即虚构人物在不同可能世界的跨界同一性识别问题。譬如在《西游记》里孙悟空陪唐僧去西天取经，假设在另一个小说里的孙悟空没有陪唐僧去西天取经，这一人物是否可以看作与《西游记》里的孙悟空为同一个体（如情形 3 所示）？

首先，跨界识别问题本身在哲学界就存在争议。包括亨迪卡（Jaako Hintikka）、刘易斯（David Lewis）等人在内的哲学家认为这是一个伪问题，也有哲学家如齐硕姆（R. Chisholm）、克里普克等力图解决有关跨界识别的一些难题。他们的争论都是基于可能世界与现实世界的关系而展开的。虚构人物本身就不是现实存在的个体，或者在某些人看来小说是对人类生活的一种可能状态的描述，虚构人物本身就是可能世界的个体，因此不存在虚构人物的跨界识别问题。本书借用这一说法，并不把具有不同特性的虚构人物在不同文本中的识别问题看作真正的跨界识别问题，而是看作虚构人物在不同小说文本中的同一性识别问题。只不过与上面所谈论的情形不同的问题是，如果在不同文本中拥有同一名字的虚构人物的本质属性都不同，是否仍然可以把他们看作同一人物？对这一问题的回答则同样取决于判断的第二个依据——作者的意向，即后出文本的作者（我们暂且称为新小说作者）是否有把自己小说中的人物与原著等同的意向。如果有，新小说作者就会表现出对原著人物内涵的足够了解并在其文本中反映出来，并且会意向性地在文本中设定这一联系，引导读者相信文本中的人物与原著中的人物为同一人。这种引导本身也是借助对原著人物的内涵的描述来完成的，即使对其中部分内容做了根本性颠覆，譬如孙悟空没有陪唐僧去西天取经等，读者仍然会把新小说中的人物看作与原著人物等同的个体。可以看到，名称在不同文本和使用中的同一性并不是一个简单的一

[①] Amie L. Thomasson, *Fiction and Metaphysics*. Cambridge: Cambridge University Press, 1999, p. 69.

环套一环的因果传递，它与内涵和意向性相关，即使新小说作者用了原著中某个人物的名字，但表现出对原著人物内涵的完全无知，即新小说作者没有把自己的人物与原著人物等同的意向，则人们也会倾向于判断这只是名称的借用，而不是与原著人物的等同，如同情形 3 所示。

总之，判断不同文本中同一名称是否指称同一虚构人物，依据来自名称的内涵和作者的意向两个方面，其中后者也是借助名称的内涵来体现的，这些都说明虚构名称在使用和传播中的同一性判定离不开其内涵。由以上分析可见，不论虚构名称还是真实名称，其同一性的判断都与其内涵紧密关联。

四、虚构名称的使用意义对意义理论的启示

意义指称论和意义观念论最主要的缺陷还是对名称的意义单纯从语义角度进行解释，即不考虑虚构名称的具体使用语境。某一虚构名称的意义也与它出现的语境密切相关，由于使用的场合不同、使用者的意向不同、使用的目的不同，同一个词、词组或语句可能产生不同的意义。

弗雷格曾明确指出"涵义包含了指号出现的方式和语境"，而维特根斯坦作为意义使用论的先驱，提出了著名的"意义就是使用"的口号。在《逻辑研究》中，他说："就我们使用'意义'这个词的各种情况中有数量极大的一类——虽然不是全部——对之我们可以这样来说明它：一个词的意义就是它在语言中的使用。"① 这一观点得到了包括后期罗素、蒯因在内的语言分析学家，利科（Paul Ricoeur）在内的解释学派，奥斯汀（John Austin）和塞尔在内的言语行为论者，皮尔斯等人在内的实用论者，索绪尔和叶尔姆斯列夫（Louis Hjelmslev）在内的语言结构主义者的支持。如果用格赖斯会话含义理论来说明，话语的使用意义即"所含"意义，它可能与"所言"相同，也可能不同。例如语句"下雨了"，其"所言"是字面意思，说话者所传达的信息是"下雨"这一天气现象，但其"所含"意义可能根据会话语境的不同而与字面意思有所不同，也许说话者说出这句话时并不是陈述"下雨"这一事实，而是建议或提醒别人要带伞或收衣服等。因此对于特定语句的意义判断需要结合语句的使用。虚构名称的意义判断也是如此。

虚构名称的使用意义特指虚构专名在特定语境下是否既有指称又有涵义，成为可以表达思想内容语句的组成部分，其中首要的是指称成功。可

---

① 〔奥〕维特根斯坦：《哲学研究》，李步楼译，商务印书馆1996年版，第31页。

以看到，虚构名称根据其使用的不同，可能成为有指称和涵义的名称，也可能指称失败。就包含虚构名称的语句出现的语境而言，其划分仍存在分歧。其中有代表性的是拉马克提出的区分作者、有知的读者（informed reader）、无知的读者（misinformed reader）的使用①，托马森提出的区分语句在文本内和文本外的使用②，利科提出的区分文学层面上与现实层面上的使用。③

本书采纳利科的区分方式，根据虚构名称使用的两种不同的层面，即文学和现实，分别探讨虚构名称的不同意义。这种区分一方面与第五章探讨虚构话语真值时考量的虚构话语所出现的不同语言使用框架相对应；另一方面更简洁，符合人们日常对虚构话语的使用习惯，此外也合理涵盖了另外两种区分方式。拉马克的作者的使用和有知的读者的使用都属于文学层面的使用，无知的读者的使用属于现实层面上的使用；托马森的文本内使用毫无疑问属于文学层面的使用，文本外则分两种情况：一种是文学层面的使用，一种是现实层面上的使用。以拉马克论文所用的小说《汤姆·琼斯》中的一个句子为例④：

例句3：布莱吉特小姐拉响了铃铛叫奥沃奇先生来吃早餐。

在文本内，当某一名称在小说原文中出现，且是第一次出现时，作者有意地把名字与某一虚构人物联系起来，完成虚构人名的命名仪式；该名称在以后的复现则意味着作者把一些属性或行为赋予某一人物。此时，作者分别用"布莱吉特"和"奥沃奇"这两个名字指称他心目中的两个小说人物，是赋予虚构人物指称和内涵的过程。在这一语境下，虚构名称的初现是作者的命名活动，此时虚构名称只起区分和唯一指示虚构对象的作用，其指称确定下来，名称本身可以表达也可以不表达其内涵，但此时内涵便已预设，复现则是附加其内涵的过程。当文本全部结束之后，虚构人名的指称和内涵都确定下来。还有一种文本内使用的情况，就是小说中的人物使用其他人物的名字，这种情况只涉及小说中人物之间的关系，与现

---

① Peter Lamarque, "Fiction and Reality", in *Philosophy and Fiction*. Christchurch, New Zealand:Cybereditions Co. Ltd. ,2000,pp. 71—90.
② Amie L. Thomasson,"Speaking of Fictional Characters",*Dialectica*,2003,Vol. 57,No. 2, pp. 205—223.
③ 涂纪亮：《现代西方语言哲学比较研究》，中国社会科学出版社 1996 年版，第 402 页。
④ Peter Lamarque, "Fiction and Reality", in *Philosophy and Fiction*. Christchurch, New Zealand:Cybereditions Co. Ltd. ,2000,pp. 71—90.

实世界没有任何关系,被称为虚构人名的内部指称(internal reference),即虚构人名被虚构人物用来指称其他人物。此时,虚构人名有指称,但只是一种内部使用,某一虚构名称出现的语句与其他语句一起建构起一个完整的虚构文本。但虚构文本的语句在文本外依然能够构成有意义的语句,这则与语用有关,塞尔归纳为意向性和言语行为。其中言语行为是作者"假装"实施的[①],属于维特根斯坦所倡导的某种"语言游戏";作者的意向性创作行为被读者接受和理解,读者与作者形成默契,沃尔顿称之为"使读者信以为真的仿拟"[②]。不论何种解释,虚构名称在文本内的使用都是指称文本中的某一虚构对象,与其他虚构对象区分开来并构成关系,同时该对象具有特定属性和特征,虚构名称都是有指称和涵义的。

当虚构名称出现在文本外被读者用来描述文学文本中的事件时,虚构名称仍然指称小说中的虚构对象,拉马克称之为有知的读者的使用[③],托马森称之为对虚构名称的"借用"或"回指"[④]。有知的读者在使用这一句子时,知道这是小说中的一个句子,把例句3看作"在小说《汤姆·琼斯》中,布莱吉特小姐拉响了铃铛……"这一句子的省略句。由于该句子是对小说内容所做的为真的描述,或者是对小说人物的回指,句子具有真实性,其中的人名指称小说中出现的两个人物,只不过它们的使用是一种外部使用,虚构人名依然有指称,并且文本内容预设了其涵义。在以利科为代表的一些学者看来,这种文本内外没有本质区别。本书赞成这种观点,认为无论名称出现在文本内还是文本外,当所使用的语句构成或描述文学虚构世界的事件时,这些语句就实现了对文学虚构世界的事件进行描述或评论的功能,也能够实现增加使用者文学知识的功能。因此所有的虚构语句不仅有文学价值,也有认知价值,其中出现的虚构名称都起了指代或区分虚构对象的作用,具有指称和涵义且指称和涵义是明确的。

另外一种外部使用的情况,即无知的读者的使用。这一句子可能出自一个无知的读者之口(或笔下),无知的读者错误地以为句子谈论的是真实世界的真实人物的事实,但实际情况又不是。这时虚构人名是一种误

---

① John R. Searle, *Speech Acts: An Essay in the Philosophy of Language*. Cambridge: Cambridge University Press, 1969, p. 69.

② Kendell L. Walton, *Mimesis and Make-Believe*. Cambridge: Harvard University Press, 1990, pp. 397—401.

③ Peter Lamarque, "Fiction and Reality", in *Philosophy and Fiction*. Christchurch, New Zealand: Cybereditions Co. Ltd., 2000, pp. 71—90.

④ Amie L. Thomasson, "Speaking of Fictional Characters", *Dialectica*, 2003, Vol. 57, No. 2, pp. 205—223.

用，就像现实生活中人们用张三来指称李四，便是对名称的误用。仍然借用拉马克论文中的例句：假设"夏洛克·福尔摩斯晚上要来我们家吃饭"出现在真实世界中，因为"夏洛克·福尔摩斯"不能指称真实世界的人物，该名称指称对象错误造成指称失败，所以拉马克认为此时该名称既没有指称也没有涵义。① 我们认为此时该名称只是指称失败，但涵义仍然保留，充当这一名称的语言符号仍然是有意义的，并没有成为空洞的毫无意义的语言符号，其涵义仍然与描述其对象的摹状词相关联，但指称对象为空，出现该名称的语句既没有描述文学世界也没有描述现实世界，该名称既没有文学意义也没有现实意义。

需要说明的是，以上针对虚构名称出现的文学和现实语境所做的语用学区分只是一个最简略的区分，如果细分虚构名称出现的实际语境，在文本外还有多种情况，本书第六章第二节第三小节将做进一步的探讨。

就使用方式而言，虚构名称在现实中仍然可以有被意义地使用。对虚构名称的现实的使用方式的划分来自唐奈兰的说话者指称理论，这一理论又源于斯特劳森对罗素的限定摹状词理论在虚构语句中引起的悖论的批判②。斯特劳森指出罗素没有把语词③、语词的使用、语词的表达严格区分开来，导致关于指称的两个基本错误：（1）把语词的意义等同于它的指称；（2）把指称或者提到某个事物等于断定有某个特定的人或物存在。由此斯特劳森提出把语词的指称性使用（to refer）或识别（to identify）与描述性使用（descriptive use）或归属性使用（attributive use）区别开来，这一观点经唐奈兰和克里普克的修正和完善，发展为名称的语义学指称与说话者指称。说话者使用某一名称只是出于把某些属性归于某一名称的需要，而不必要求某一指称必须指向一个外部世界的对象，从这一意义上看，虚构名称因为其外部指称对象不存在，所以只有说话者指称，没有语义学指称。本书认为，虚构人物作为一种抽象的概念或属性的集合，其指称确实属于指称的归属性使用，它虽然不能像真实人名那样直接用于区分现实世界的个体，但可以通过描述的方式区分虚构世界的个体，描述有关如此这般的（适合该人名的）人物的某件或某些事情，即对该指称对象的

---

① Peter Lamarque, "Fiction and Reality", in *Philosophy and Fiction*. Christchurch, New Zealand:Cybereditions Co. Ltd. ,2000,pp. 71-90.

② 〔英〕P. F. 斯特劳森：《论指称》，A. P. 马蒂尼奇编，《语言哲学》，牟博、杨音莱、韩林合等译，商务印书馆 2004 年版，第 414-446 页。

③ 斯特劳森把具有唯一指称用法的词简称为"语词"，它们包括指示词、名词词组、专名、代词。参见〔英〕P. F. 斯特劳森：《论指称》，A. P. 马蒂尼奇编，《语言哲学》，牟博、杨音莱、韩林合等译，商务印书馆 2004 年版，第 420-422 页。

如此这般的性质进行归属,其说话者指称成立;而且每一虚构专名或通名都指称特定对象,达到区分虚构对象个体的功能并且有确定的内涵,其语义学指称也是成立的。这一结论再次为名称的描述性理论进行了辩护,其中使用者对指称对象性质的归属就等同于总结或析取描述其属性的摹状词,其指称建立了名称与特定对象之间的联系。同时,这一结论也从"达到了使用目的"这一点上证明了虚构专名可以合法纳入语言使用及分析体系。

虚构名称的使用意义分析表明,名称是否有指称不仅与其所指对象有关,也与名称的使用语境和使用方式有关,它们共同决定了名称是否有意义。

五、虚构名称的命名与必然性对名称理论的挑战和启示

虚构人名的命名仪式与真实人名的命名仪式有一点根本性不同,真实人名只是把一个代表名称的符号或记号与具体的人联系起来,这个符号或记号本身可能没有任何意义,其中即使包含某些涵义,也只是人们的一种寄托或愿望,例如父母给他们的婴孩起名叫"富强",至于这个孩子将来是否会又富又强则不一定。按照克里普克名称的历史因果命名理论来解释,就是名称"富强"与叫"富强"的人是否富强之间没有任何联系,即使有,也只是一种偶然的联系,即名称与其内涵之间不能形成必然联系。但是虚构名称的命名和涵义之间可以形成必然联系,这完全取决于作者的命名意向。

按照克里普克的历史因果命名理论,名称与描述名称的某些特性的内涵之间没有必然联系,如果说名称包含或表现了它所指称的对象的某些属性(在克里普克看来,这些属性都不是名称的本质属性),名称与其内涵之间有所联系,那么这种联系也只是一种偶然联系。例如"启明星"这个名称蕴涵了预示黎明的到来的那颗星星或在清晨被看见的那颗星星,但这种内涵的获得只是一个偶然的事件,因为在某些可能的世界里启明星在黎明是看不见的,那么"启明星"这个名称与清晨看得见这个事实之间就不存在必然的联系。也许给"启明星"命名的人确实在黎明看见它了,也用这个名称表明希望这个星星能预示黎明的到来,但命名仪式一旦完成,名称与它的内涵之间的这种联系就失去了,名称就成为一个简单的符号,只有指称没有内涵。人名也是如此,虽然反例并不少。例如叫"建国""国庆""解放"的人很容易让人们把他们与特殊的历史事件以及人们的情感联系起来,即使对这个人一无所知,人们看见

这些名字就能大致猜出他们的出生年代。按照历史因果命名理论的观点，这只不过是一种巧合或偶然，正如名字为"美丽"的女人恰巧也长得美丽。名字与一个人的外表或经历没有任何联系，这才是必然的真理。但对虚构名称而言，克里普克的这种偶然联系的观点是站不住脚的。真实人物的命名是在人生命的初期，人们无法预见一个人将来的经历，也就无法达到对人物内涵的了解，此时赋予的名字最多只能表达人们美好的愿望，无法蕴涵一个人的真实经历和状况。而作者在创作小说前或创作过程中，完全可以勾画出一个人物形象的全部特点，控制该人物的全部经历，也就是达到对该人物的全部内涵的掌握，因此作者可以把人物的性格特点和经历等蕴涵到名字之中，来暗示、隐喻或反映人物的性格特点和经历。这样的事例在文学创作中比比皆是。

小说《红楼梦》就是一个典型代表，作者在为其中的人物命名时有意识地赋予它们隐喻意义，从四大家族中的主仆至一些无关紧要的杂役闲人等，作者在为他（她）们命名时都匠心独运，采用谐音或名字的组合意义，暗示了他（她）的命运或性格特点。例如小说以"甄士隐"和"贾雨村"引出故事，这两个名称以汉语谐音的方式暗示"真事隐去，假语存言"，才使得这部批判现实主义的伟大作品在封建社会的文字狱中得以保存并流传下来；"贾政"是"假正经"，是一个表面上正人君子，本质上阴暗险恶的伪君子；"贾琏"是"假廉"，表面上公正廉明，本质上是寡廉鲜耻的荒淫之徒；"贾宝玉"则是封建家族中的"假宝玉"，实质上是一个具有反抗精神的"真顽石"；甄士隐的家仆"霍启"（与"祸起"谐音）带"英莲"（与"应怜"谐音）出去观灯，却使英莲走失被拐卖，使甄家"祸起萧墙"，使英莲一生受尽磨难，楚楚可怜；本是丫鬟的娇杏（与"侥幸"谐音）被贾雨村看中最终做了官太太；连一帮到荣国府附庸风雅、想沾光的清客都分别叫"詹光"（沾光）、"卜固修"（不顾羞）、"单聘仁"（善骗人）、"胡斯来"（胡死赖）、"詹子亮"（沾你的亮）等；贾家的四位小姐分别叫元春、迎春、探春、惜春，合起来就是"原应叹息"，也有作"原应探析"，暗示她们值得叹息的悲惨命运，以及作者希望唤起人们对造成她们不幸命运的时代、社会、历史因素的探析；她们的丫鬟分别叫抱琴、司棋、侍书和入画，合起来就是"琴棋书画"，表现了她们和她们的小姐们既有精通琴棋书画的才情，又有代表中国传统文化精髓的高贵品质。① 鲁迅先生也曾为其笔下虚构人物的命名仔细斟酌，使名字不仅成为代表人物的符号，也成为表现小说主题或暗示人物命运的提示。例如小说《祝福》中的祥林嫂，从字面看本应是"吉祥如林"，好运连连的意思，但她在封建社会政权、神权、族权、夫权的绞杀下，厄运不断，悲惨死去，这一名字反衬了她悲剧性的命运，同时她甚至没有自己的姓，而是随丈夫姓，暗示了封建礼教社会下妇女的卑微地位，给读者深深的震撼；小说中打击迫害祥林嫂的鲁四老爷的"四叔"这一称呼暗示了他是封建社会"四权"的代表。像这样的例子在鲁迅的小说中还有不少，如"阿Q""孔乙己"等，都不是他们确切的本名，而是旁人起的绰号，大写的"Q"像一个人后脑勺上拖着个小辫子，"乙己"是人们讽刺他半懂不懂，说话古板拗口，这两个名称一方面暗示了他们卑微的社会地位和悲惨的命运；另一方面反映了人们对他们的嘲笑，其中也蕴含了作家哀其不幸，怒其不争的悲愤心情。《药》也是如此，华家和夏家的悲剧代表了华夏的悲剧，要想华夏能够"痊愈"，中华振兴，革命者（夏瑜）的流血牺牲固然重要，普通民众（华老栓一家）的觉醒也必不可少，"痊"和"愈"分别对应了代表普通民众和革命者的"栓"和"瑜"。② 由此可见，作者在人物命名上的良苦用心，赋予了人物姓名隐喻内涵的意向性行为，不仅可以更好地塑造人物形象，还可以象征和解释人物的性格特点以及文本的主题。又例如小说《示众》，短短两千多字描绘了十几个性格鲜明的人物，他们的名称都不是正式的姓名，而是"胖小孩""胖大汉""长子""瘦子""粗人""猫脸人""椭圆脸"等表示身体特征的摹状词组，以及表示身份、职业的"车夫""学生""巡警"等，代表人物的特点，使人物性格和故事主题更加鲜明。鲁迅先生在《且介亭杂文二集》中曾说："创作难，就是给人起一个称号或诨名也不易。"作者有意用人物姓名隐喻人物命运和性格特点，这在中外文学创作中还可以找到不少例子。如歌剧《白毛女》中的地主恶霸，分别叫黄世仁、穆仁智，分别对应"枉是人""莫人子"。俄国文学家契诃夫的小说《变色龙》中的警官"奥楚蔑洛夫"在俄语中的意思是"疯癫的"，

---

① 《红楼梦》人名的部分解释参见韩刚健：《〈红楼梦〉人名拾趣》，《华夏文化》2011年第2期，第52—53页；曹万春：《匠心独运，奥秘无穷——〈红楼梦〉人名奥秘初探》，《保定职业技术学院学报》2006年第1期，第70—72页。

② 鲁迅小说人名的部分解释参见石在中：《鲁迅小说中的人名》，《语文教学与研究》2007年第21期，第8页；张跃芳：《鲁迅小说的人名艺术》，《语文教学与研究》2004年第24期，第67页。

暗示了他见风使舵、媚上欺下的丑恶嘴脸。在霍桑的小说《红字》中，"红字A"表面上看代表"Adultery"（通奸），但其中蕴含了"Affection"（真爱）、"Anguish"和"Agony"（痛苦）、"Alone"（孤独）、"Alienation"（隔离），直至最终走向"Able"（坚强）、"Amazon"（能干），成为"Angel"（天使），受人"Admiration"（尊重）。其中的人名也有深意。女主人公的名字是海丝特·白兰（Hester Prynne），在英语里"Hester"和"Prynne"两个词合起来有"言行被人窥查"的意思，暗示她在小说中是言行被人窥查，没有尊严的人；"Hester"与"Hestier"谐音，Hestier是希腊神话中掌管人间灶社的美丽女神，暗示了女主人公的美丽高贵，"Prynne"与"Purify"（净化）谐音，暗示了女主人公的纯洁善良，以及作者期望人们都能净化自己的心灵，弃恶扬善。男主人公的名字亚瑟·丁梅斯代尔（Arthur Dimmesdale）的首字母合起来就是"AD"，代表"Adultery"，暗示他是女主人公的情人，"Dimmesdale"在英语里是"幽暗的山谷"的意思，代表了男主人公隐秘、阴暗、痛苦的内心世界。①小说《呼啸山庄》中的人物名字也被作者艾米莉·勃朗特赋予了隐含的意思，暗示了人物的性格或命运。男主人公的名字希思克厉夫（Heathcliff）在英语里的意思是"长满灌木的荒原和悬崖"，暗示了他顽强、刚烈、狂暴、扭曲、咄咄逼人的性格，以及对仇人强悍、凶残、毫不留情的报复手段。呼啸山庄的原主人公叫辛德雷·恩萧（Hindley Earnshaw），"Earnshaw"在英语里表示收获很少，暗示他辛辛苦苦白忙一场，最终家产落入别人手中；"Hindley"在英语里表示"轮作的草地"，暗示被希思克厉夫夺走的山庄最终又回到了它真正的主人手中。②像这样的例子还可以在中外文学作品中找到不少。这些都表明作者可以运用自己的智慧有意地赋予虚构人名隐喻的内涵和意义，把名称与人物的性格和命运联系起来，使人们能够从名称中看出人物的性格命运和故事主题的关系。

虽然很多时候，小说的创作者给人物的命名也只是单纯作为一个符号，没有把名称与内涵联系起来，但不可否认虚构人名的命名和涵义可以形成必然联系，这正是虚构人名区别于真实人名的根本之处。而名字与涵义之间是否形成必然联系，则完全取决于作者的命名意向，即作者是否在主观上有把涵义赋予名称的意向。以上例子表明，作者可以意向性地把内

---

① 廖晓雪等：《〈红字〉中A的多重寓意与人名的隐喻》，《湖北经济学院学报（人文社科版）》2007年第10期，第147—149页。

② 刘永杰：《〈呼啸山庄〉中地名和人名的意蕴解读》，《佳木斯大学社会科学学报》2004年第6期，第79—80页。

涵赋予虚构人名，使虚构人名不仅成为代表人物的指号，还成为包含人物属性即表征内涵意义的表达式。齐硕姆提出的"意向性的首要原则"也从一个侧面支持了作者意向性的重要性。与许多哲学家认为思想的意向性是借助于语言的指称来解释的观点相反，齐硕姆认为应当用思想的意向性来解释语言的指称，即人们首先在思想上具有把某个词指向某一对象的意向，那个词才可能指示某一对象。相较于塞尔更强调语言本身指向的意向性而言，这种意向更倾向于心理。从虚构人名的起源看，这种意向可以解释为作者首先在思想上要有让一个名称既指称虚构人物又表达虚构人物内涵的意向，才能使虚构人名同时兼具指称和描述虚构人物性质两种功能。反之，如果作者没有这种意向，单纯只是用一个词来指称某一人物，例如用"夏洛克·福尔摩斯"来指称小说中的一只偶然出现的猫或一个无关紧要的路人，没有进行任何性质属性的描述，那么语词"夏洛克·福尔摩斯"就只有指称没有涵义。恰恰是作者对这一指称所指对象的种种行为特征的描述，使这一符号成了既有指称又有涵义的名称。一旦某一名称诞生，其他人对这一名称的使用便都属于借用，与作者的意向性以及该名称本身的指称和涵义的产生没有关系。假设其他人用"福尔摩斯"来指代某人，例如形容某人机智聪明、断案如神，称他为"现代福尔摩斯"，则是对名称"福尔摩斯"的比喻和象征性用法，与作者创造这个词来指代自己思想中的某一人物的意向性没有任何联系，也对这一名称本身的指称和涵义不产生影响。

此外，在文学作品和日常生活中，还有一种使用得比较普遍的既表示名称，又表达一定内涵意义的指称表达式，它们通常由一组词组成，是复合符号，但仅仅指称单个的人或事物，它们就是复合专名或通名，通常是地点、机构、特定主体的名称，如"五指山""华中科技大学""超导体"等。这些名称既有确定的指称对象，又表达了其指称对象的属性，例如"五指山"这一名称就描绘出山的形状像人的五指，"华中科技大学"表明它是地处华中地区的一所大学，"超导体"是在一定温度条件下电阻为零的材料。复合名称往往是指称和内涵俱备的表达式。虚构名称也存在同样的情况，即由一组词构成特定的虚构人物或事物的名称，一个名称指称唯一的对象，同时也可能是这一个体的唯一正式名称，它们在指称对象的同时也描述了对象的本质特征，我们称之为复合虚构名称。它们与表达真实人物和事物的复合名称一样，既有指称又有内涵。又例如小说《哈利·波特》中的"霍格沃茨魔法学校""破釜酒吧""疯眼汉穆迪""皮皮鬼"等名称，读者在看到这些名称时，不仅能够意识到它们的指称对象，还可以立即领会对象的某些特别属性。"霍格沃茨魔法学校"是教授魔法的学校;"疯眼汉穆迪"有一只可以疯狂转动的眼睛,能看清事物的本来面目;"皮皮鬼"是一个调皮的爱恶作剧的鬼。一些作家在文学创作中充分利用复合虚构名称的这一特性,采用复合名称为人物或事物命名,更直观和生动地向读者展现了人物和事物。鲁迅先生的小说中有一些既表示人物名称又描绘人物性格或身份特点的复合符号,也可以看作复合名称的一种,如"驼背五少爷""三角脸""椭圆脸"等。可以看出这些复合虚构名称实际上包含了作者的意向性,作者在为这些对象命名时,意向性地使它们包含了对象的某些特性。

总结以上分析,正是虚构文本的作者意向性创造特征,造就了虚构名称可以根据作者意向形成既指称虚构对象又包含虚构对象特性这一特点,虚构专名不仅有指称和涵义,而且其指称和涵义是确定的,名称与涵义之间可以形成必然联系。

对虚构名称命名必然性的分析表明,虽然真实世界的专名与描述其涵义的描述词之间不能形成必然联系,但对虚构名称来说,依据作者意向,这种必然性的联系可以建立。这种情况可以推广到复合专名和通名。

六、真正的空指称

有一种情况,某一虚构人名或摹状词确实没有指称,即某一名称既不能指称现实世界中的某一对象,也不能指称小说世界的某一对象,或者说根本不存在这样一种对象,例如"福尔摩斯太太"或"悟孙空",这样的名称就是真正的空指称。如同塞尔所言,"福尔摩斯太太"没有指称,因为不存在福尔摩斯太太这样一个虚构人物。[①] 但这一观点也面临挑战,持可能世界观的人会说,在某个可能世界中福尔摩斯结婚了,或者某个作者写了另外一部关于福尔摩斯的小说,在这部小说中福尔摩斯结婚了,因此"福尔摩斯太太"仍然有指称。而只有像"悟孙空"或"摩尔福斯太太"这样一些不知所指的名称,才不可能成为真正的名称(当然,要排除它们恰巧也成为某个小说中的人物名称的情况)。需要说明的是,当这些名称真正成为某小说文本的人物名称时,实际上它们已经和"福尔摩斯"这一名称一样,成了合法的虚构名称。当人们用这一名称指称现实人物或柯南·道尔的系列侦探小说中的人物时,指称失败;如果用它指称其他某个

---

① John R. Searle, *Speech Acts: An Essay in the Philosophy of Language*. Cambridge: Cambridge University Press, 1969, p. 78.

小说家写的某部小说中的人物或谈论某个可能状态下的人物的时候，它仍然可以成为有意义的名称。但要特别说明的是，在没有出现在原作者文本中时，承认"福尔摩斯太太"有指称与承认"福尔摩斯"有指称是有差别的。前者必须有特定条件的限制，即只有用它来谈论虚构人物"福尔摩斯"的某种可能状况时，或这一名称确实出现在某部与福尔摩斯有关的小说中，成为正当的小说人物名称时，用它来指称福尔摩斯太太才有效，否则它仍然是一个空指称。原因可以解释为三点：

一是从指称的意义的角度来看，与"福尔摩斯"这样的虚构名称相比，"福尔摩斯太太"的内涵是空的，即人们无法通过阅读柯南·道尔爵士的小说了解"福尔摩斯太太"的任何属性和所为，达到对语词"福尔摩斯太太"的内涵意义的比较一致的解释。它只有自己本身的字面意义，没有内涵意义，按照虚构名称的指称获得的理论以及这一指称的使用场景，一般的使用者无法得知其来源和内涵，也无法借助确定的内涵获知什么样的虚构人物可以成为这一名称的所指。而像"福尔摩斯"这样的名称就不同，它既指称了特定的小说人物，又有确定的内涵，人们可以通过对原著的阅读获知名称的起源，或通过对其名称内涵意义的解释把名称与特定人物联系起来。

二是从命名仪式的角度来看，原作者没有为像"福尔摩斯太太"这样的名称命名，也就是说福尔摩斯太太没有成为小说中的人物，它不能成为一个正当的小说人物名称，除非其他作家在别的小说中为这一人物命名。在时空关系上，这样的名称既没有时间起点，又没有与文本对应的时间点；这一名称既不存在于文本之中，也不存在于人们的意向概念之中。

三是从本体论的角度来看，承认"福尔摩斯太太"为正当的小说人名，就意味着也要承认许多其他完全不存在的小说人名为正当的虚构名称，例如"福尔摩斯的兄弟""孙悟空的姐妹"等，这既不符合常识，也违背了虚构名称有指称和确定内涵的定义。一个名称是有意义的表达式并且可以有意义地被用来指称某一特定对象，这一对象具有区别于其他对象的特别属性，因而其指称才构成真正的虚构名称。否则，即使某一名称表达了可理解的意思，它也不能成为合法的虚构名称。

还有一种情况，就是在小说中出现了真实人物或事物的名称，例如《安娜·卡列尼娜》中的人名"拿破仑"，以及"伦敦""圣彼得堡"等地名。作者的意图是用它们指称真实的人物和事物，它们的指称都是真实的，与现实生活中我们用它们指称的人物和事物是一样的，虽然小说中对某些真实人物的言行或特征的描述可能不真实。在一般意义上，人们会把小说中的这些名称等同于现实世界中的这些名称，塞尔的观点说明了这一点："如果虚构故事中也谈到真实世界的事物，那也可以指称这些事物。"①

第五节 虚构名称的意义分析对两大名称理论的挑战和启示

以上对虚构名称的语义和语用分析，对名称的描述性理论和名称的直接指称论带来了挑战和启示。

首先，从虚构名称的意义分析可见，虚构名称的涵义与摹状词有关，因为摹状词描述了代表人物或事物一个或一组属性特征的集合，它们形成该人物或事物的确定的概念，驳斥了直接指称论中意义与涵义或摹状词无关的观点，为描述性理论提供了支持。该理论认为任何合法的名称都有涵义和指称，小说中的虚构名称既有涵义也有所指，并且构成其涵义的是一组或一簇描述其本质属性的摹状词，而构成某一名称涵义的摹状词组是全体使用者对其属性涵义逻辑总和的析取，它具有客观性和确定性。这是因为，虚构名称的涵义的产生就是作者对其种种行为特征的描述，从作者的描述中按逻辑析取出的描述其行为特征的摹状词组构成其涵义。此外，人们对任何一个名称意义的了解和解释都是通过表征其属性的摹状词而进行的，虚构名称也是如此。其指称的对象是小说世界的某一人物或事物，其涵义与所有构成该人物或事物属性的摹状词相连，人们通过对这一组摹状词的了解把握该虚构名称的意义。当意义与人们的认知和概念联系起来之后，就不必受事实的约束，因此，名称既可以指称事实对象，也可以指称观念中的虚构对象。也就是说，名称的指称对象既可以是现实世界中的对象，也可以是人们观念中的抽象对象或可能世界的对象；虚构人名可以指称虚构人物，虚构物名可以指称虚构事物。

其次，对虚构名称的使用意义的分析表明，虚构名称的意义也与其使用者和使用语境如语言框架有关。塞尔、斯特劳森和维特根斯坦对意向性和语境意义的补充说明使名称的指称对象根据使用者的意向和语境得以确认，由此构成了对名称的指称和涵义的完整定义。作者在创作小说的过程中通过一个意向性行为，把一个表示名称的符号或记号与一个虚构人物或

---

① John R. Searle, *Speech Acts: An Essay in the Philosophy of Language*. Cambridge: Cambridge University Press, 1969, p. 79.

事物联系起来，构成了虚构名称的命名仪式。读者通过阅读小说或观看根据小说改编的其他形式的作品，了解虚构人物或事物的属性和行为，把虚构名称的内涵与指称对象联系起来，达到对虚构对象的了解，然后以口头或书面形式谈论它们。这一解释同时便利地解决了基于摹状词构成名称涵义的充分性和必要性难题，意味着确认名称的指称不必掌握全部摹状词，部分即可。同时它也再一次验证了涵义在意义中的重要作用，对于不了解某一虚构名称特定涵义的人来说，代表特定虚构对象的名称就只是一个空洞的符号或记号，没有任何意义。

对虚构名称的指称和涵义获得的分析给描述性理论带来了挑战。在指称与涵义的关系上，描述性理论认为涵义决定指称，或涵义先于指称产生。从虚构名称的获得过程来看，恰恰是作者的意向性创造才产生了虚构名称，它是一个历史的、因果的事件和过程，并依据一个历史的、因果的链条得以使用和传播。这说明指称先于涵义产生，涵义没有决定指称，它只是起到帮助使用者形成或识别其指称对象的作用，因而直接指称论对名称产生和使用的起源的解释更为合理。但正如本章第二节第一小节反驳直接指称论对描述性理论的质疑时所指出的，直接指称论完全否定内涵对于名称意义的作用，无法解释虚构名称命名与必然性之间的联系，也在解释名称使用的一致性方面存在缺陷。这些都说明，应提取并综合直接指称论和描述性理论中的合理因素，用于解释虚构名称的命名过程和使用、传播过程，从而更合理地解释虚构名称的指称与涵义之间的关系。

综上，本书认为虚构名称的指称先于涵义产生，且一旦产生便预设涵义，其涵义与描述其本质属性的摹状词相关。这种名称的因果描述观点继承了描述性理论的内核，加入了直接指称理论中名称的历史性和使用性的合理因素，可以看作一种描述性指称理论。这种观点也与当前向描述性理论回归的趋势相适应，与卡茨的"纯粹元语言的描述理论"[1]、塞尔的"意向性描述理论"[2]、陈波的经过修正和改造的描述性理论[3]等观点不谋而合，同时也弥补了直接指称理论把摹状词排除在外、描述性理论没有考虑语言使用的缺陷，比单纯用一种理论来解释虚构名称的意义更显合理。

---

[1] 参见 J. J. Katz,"Has the Description Theory of Names Been Refuted?" in George Boolos, ed.,*Meaning and Method：Essays in Honor of Hilary Putnam*. Cambridge：Cambridge University Press,1990,pp. 31—61.

[2] 参见 John R. Searle, *Intentionality：An Essay in the Philosophy of Mind*. Cambridge：Cambridge University Press,1983.

[3] 参见陈波：《逻辑哲学导论》，中国人民大学出版社 2000 年版，第 216—223 页。

小　结

本章对虚构名称的研究得出以下结论：

承认虚构名称的指称并不意味着承认虚构对象的实体存在，文学虚构名称不等同于空指称。

虚构名称既有指称又有内涵。其指称对象为虚构对象，是小说中的某一虚构人物或事物，它们不存在于现实之中，但存在于小说之中。其内涵与描述与其本质属性的一组摹状词有关。指称的获得是一个类似于真人命名的历史事件。作者把一个语言符号赋予小说中的某一对象的过程是虚构名称的命名仪式，这是一个一次性完成行为式。某一名称在小说中第一次出现时，命名仪式就完成了，其表达性意义的达成遵循语言规则、社会规约、作者意向等；作者讲故事的过程就是赋予对象内涵的过程。虚构名称的指称和涵义的获得是描述其本质属性的一组摹状词和历史因果链条相结合的一个综合过程。在这一过程中，虚构名称的起点、使用和传播与历史因果链条有关，使用与传播中的名称的同一性与描述性摹状词有关。

虚构名称的指称先于涵义产生，指称一旦成立，就预设了虚构对象的某些属性；虚构名称的命名和涵义之间可以形成必然联系，这完全取决于作者的命名意向。

虚构名称的使用分文学层面和现实层面。在文学层面上，虚构名称既有指称又有涵义；在现实层面上，虚构名称没有语义性指称，但有说话者指称，这种指称属于指称的归属性使用，其涵义确定。

对虚构名称的指称和涵义的分析表明，名称的描述性理论对名称意义的定义的核心内容是合理的，直接指称论关于指称产生的历史因果的观点也是合理的，描述性指称理论可以形成对名称意义比较合理的解释。

第四章　虚构名称的语言分析对文学理论的启示

第一节　虚构名称的意义与文学人类学

"虚构"一直被认为是文学的本性,在英语里"虚构"与"小说"就是同一个词:fiction。它是包括小说、故事和戏剧在内的文学作品的总称。而文学作品正是由于其内容的虚构性,才被认为只有文本表现价值、审美价值、情感价值或道德价值,但没有真实反映现实世界的价值。从表面上看,虚构语句由于指称虚构事物,在现实世界里找不到对应物,似乎是对现实物质世界不真实的反映,但本书第三章的分析已表明,虚构名称既有指称又有涵义,指称的产生与作者的意向性创造相关,涵义产生的基础也是作者的意向性创造,但涵义的确定性和客观性则是全体使用者逻辑析取的结果。第六章对虚构语句的分析也将说明虚构语句有指称和涵义,其指称和涵义构成其核心意义;结合作者的意向和文学语言的使用惯例,读者在与作者拥有共同的关于现实世界的知识背景和关于文学的知识背景的基础上,达到对文学虚构话语的理解和解释,完成作者与读者之间的信息交际。对虚构话语的语言分析说明对文学虚构对象的正确认识必须把作者的意向,读者的意向、认知、共享知识背景等纳入考察,因而对文学理论研究具有启发和指导意义,有利于把文学与人类生存境遇联系起来,深化文学人类学研究。

文学是现实与虚构的交织,文学中的虚构能对现实发生反作用。同时,对文学虚构的功能的研究也可以帮助人们更好地认识文学的影响。具有审美真实、艺术真实和道德真实的高尚境界的文学作品可以陶冶人们的情操,而趣味低级的文学作品则会损害人们的心灵,败坏社会风气,给社会带来负面影响。

一、文学是现实与虚构的交织

站在作者与读者信息交际的角度看文学虚构时，文学中虚构与现实的交织凸显出来。

首先，从虚构对象的发生学源泉来看，虚构对象都是作者在认识现实对象的基础上，以思维对现实经验或概念进行加工和改造而来的。作者的虚构和想象都是建立在现实基础之上的，即使再荒谬离奇、天马行空的虚构对象，都与现实事物有千丝万缕的联系。例如小说《哈利·波特》中充满了怪诞离奇的事物，如会像婴儿般哭泣的植物、长着双翼会急速飞翔的金属球、能看穿人内心世界的会说话的帽子等。虽然现实中找不到与这些非现实的虚构类似或可以类比的事物，但它们无一不包含现实事物的元素或成分，作者只不过给现实事物插上了想象的翅膀。像婴儿般会哭泣的植物也有一般植物的根茎花叶，也必须生长在土壤中，接受阳光雨露的滋润，只不过它们又有婴儿的性质，会哭会叫会咬人。正是因为虚构扎根于现实，所以虚构出的事物才清晰而确定，人们能够认识和把握它们。如同艾尔文（W. R. Irwin）所说："让非事实显得是事实，对于幻想来说是最根本的。"[①] 科学中的理论名词和理想状态就更不用说了，它们都是基于现实的推演或假设，能够更好地说明现实事物的本质和规律。对虚构名称的语言分析说明了虚构名称的意义及其获得途径，奠定了文学虚构语言可以有效传达作者的创作意图和信息交流的理论基础。

其次，从虚构话语的意义来看，虚构话语是内容的虚构与言说者真实的意向和言语行为的交织。这就意味着对文学虚构话语的意义解读必须把言语内容与作者意向和言语行为结合起来。本书第六章的分析将表明，当以现实为参照时，虽然虚构话语的命题内容是虚假的，但隐藏在话语背后的作者的意向和言语行为是真实的，作者向读者表达可以意会的语句意义，传递虚构人物信息，叙述故事前因后果，这些意向都是真实的，作者的言说行为、以言指事行为、以言行事行为和以言取效行为也是真实的。这对文学理论研究的启示就是，理解和解释文学语句时，不能停留在语言表达意义层面上，还需探索隐藏在语句意义背后的作者的真实的言语行为和意向，唯其如此，才能达到对语句的真实、正确的理解和解释。

再次，从文学虚构的人类学意义来看，虚构表现了作者有意超越现实

[①] 〔德〕沃尔夫冈·伊瑟尔：《虚构与想像：文学人类学疆界》，陈定家、汪正龙等译，吉林人民出版社2003年版，第294页。

的意向性"越界"行为。这里的"越界"包含两层含义：一种是作者的有意行为，把想象置于现实世界之上，超越现实经验世界走向虚构；另一种是读者通过阅读虚构作品，拓展了自己的生存视界，能够超越自己的真实生活情境界限。这就意味着文学在基于现实的基础上超越现实，创造出一个现实因素与虚构成分交织的世界，其中的虚构始终保持与现实世界的联系，离不开作者的思维创造和读者的经验分享。如伊瑟尔所说，文学中的虚构是"对现实世界进行侵犯的有意识的行为模式，于是虚构就成了越界的行为。虽然如此，它对被越界部分却始终保持着高度的警惕"[①]。本书第三章在说明虚构名称的意义来源时，把虚构名称的语言符号意义与现实世界因素联系起来，说明作者的意向性创造或"越界"是虚构名称的指称和涵义的来源。第六章对虚构话语的意义理解和判断与作者意向和现实结合起来，说明虚构语句如何在不同的语言使用框架内产生不同意义。这些都为把文学人类学疆域从现实生存领域拓展到虚构想象世界，并为二者之间的联系奠定了语言哲学基础。

最后，从文学艺术本性上来看，文学是艺术虚构与现实真实的交织。文学既是对现实的再现，又不是对现实的简单模仿，它超越现实，创造了一个人们的思维空间可以自由驰骋的想象空间，把看得见的、看不见的，在场的、不在场的，过去的、现在的、未来的，存在的、不存在的，具体的、抽象的，真实的、不真实的种种事物都展示出来，表现了人类追求极致、向往无限可能的愿望和冲动，以及追求美的享受的愿望和冲动。从这一意义上说，文学表现了人类最自然、最真实的诉求，它有情感的真、表达的真和生活实践的真，如同张士英在评说诗歌的真实性时所说："诗意语言之事理乃是'幽渺以为理，想象以为事'，例如三千丈的白发就是想象以为事，声中闻湿就是幽渺以为理，此种事理能'引人于冥漠恍惚之境'，此'境'不能简单还原为现实，它是虚拟的，但它有最高的艺术真实性。"[②] 在很多人看来，这种艺术真实性是一种最高境界的真实，因为它把艺术的作用发挥到极致，对现实的人们产生了巨大的影响。"越能超越现实，虚拟性越强的人，则越是境界高尚的人，越是具有创造力的人，也越是懂得人生真谛的人。"[③] 由此可见，文学虚构的艺术的真、修辞的真、美学的真、道德的真和实践的真结合起来，共同构成文学虚构对人们

[①] 〔德〕沃尔夫冈·伊瑟尔：《虚构与想像：文学人类学疆界》，陈定家、汪正龙等译，吉林人民出版社2003年版，第7—8页。

[②] 张世英：《现实·真实·虚拟》，《江海学刊》2003年第1期，第18页。

[③] 张世英：《现实·真实·虚拟》，《江海学刊》2003年第1期，第20页。

的生活实践的影响。

二、文学中虚构与虚假的区别

虚构从它不以事实为衬托，不是真实的事件本身或者没有真实的客观物质对象与它相对应这一面来说是虚假的，但虚构并不等同于虚假，表现在三个方面。一是某些领域的虚构不一定是虚假的，如法律、政治、经济、理论等抽象的实体或观念，以及波普尔的"三个世界"理论中提出的"世界3"及其产物，它们在现实中找不到实体对应物，但又确实存在并对人们的实践产生着巨大的影响，它们的存在和对现实的作用不是虚假的，而是真实的。二是虚构与虚假的意向性不同。按照塞尔的"假装"理论，虚构作品的作者只是在玩假装为真的游戏，其目的是让读者也假装相信他们所说的为真，因此文学作品中的虚构的意向性是假装为真，主观上没有故意欺骗别人的意向，就像演员在舞台上表演，假装自己是国王，只是为了表演而没有欺骗观众的意向；虚假则含有主观上欺骗的意向，就好像某个人假装自己是国王想混进皇宫偷东西。[①] 伊瑟尔则直接把虚构看作一种对现实越界的意向行为，它既表现了作者对现实世界的感知，又超拔现实。由此可以看出，虚构既是对人类经验的反映和呈现，又是人类不断自我超越、自我创造的表现。可以说虚构以人类自我超越、不断追求实现不可能之事为内驱力。三是虚构与虚假最终要达到的目的不同。从文学虚构的作用来看，虚构作品的作者借助想象构造出不真实的人物和事物，虽然描述的是一种假象，貌似欺骗，但作者的目的不是欺骗，而是期望借助文学虚构帮助自己更生动、更令人信服地展示情感、思想、信念、观念等，这些都是真实的，有的作者更是把虚构当作一种表现真实的手段，借助虚构的隐喻、映射、投射作用引导人们认识一个真实的世界或者更真实地认识世界；哲学抽象思维和科学理论中的虚构也是为了更加合理和真实地了解人类自身和世界。而虚假的制造者则期望借助虚构、假象和谎言欺骗、蒙蔽和误导人们。

三、文学中虚构与现实的相互作用

概括而言，文学既表现现实又超越现实，虚构与现实既相互包含又相互作用。具体地说，文学作品中虚构与现实的相互作用表现在六个方面。

---

① John R. Searle, *Express and Meaning: Studies in the Theory of Speech Acts*. Cambridge: Cambridge University Press, 1979, p. 65.

第一，文学作品中的虚构与现实的相互作用表现在文学作品中包含了对现实经验事实的描述，文学虚构中包含了对历史事实和现实事实的重现。小说对真实地点、真实事件的写实性描述是对现实的直接反映和再现。这种现象在文学作品，特别是现实主义文学作品中普遍存在。即使以侦探推理为主的作品《福尔摩斯探案集》也以此闻名，其中很多对伦敦街道、气候、人们生活状态的描述都是作者生活经验的再现，真实表现了作者所处时代的社会生活场景。小说《都柏林人》的作者对都柏林城进行了如实的详细的描绘，其作者都曾戏言，都柏林城即使毁于一旦，依然可以根据小说来重建。[①] 国内外从古到今的很多作者为了真实地描绘现实世界，自己亲身经历和体验、考察、考据以求真，例如有女性作家为了让自己的作品能达到"震撼人心"的效果而去外地当保姆。[②] 最早写出"白毛女"的作家李满天为了更好地体验农村生活，把家由天津搬到了昌黎县城。[③] 这样的事例数不胜数。人们把巴尔扎克、狄更斯、托尔斯泰、普希金、鲁迅、高尔基等小说家称为"伟大的现实主义作家"，也正是因为他们的小说注重对生活的观察和体验，创作出的文学作品在故事情节和细节上都与现实生活的形态和面貌相符合，达到了感人至深的效果。

第二，文学作品中的典型人物和典型形象是对现实经验的提炼和凝聚。虚构人物的性格特征可以看作真实人物个体的属性的组合或复合，甚至每一种属性的构成要素都可以在现实世界中的个体身上找到具体体现，但虚构人物本身又不是现实人物的简单复制或组合，而是作家对现实因素进行提炼和凝聚，经过再加工表现出的新个体，他们超拔现实，多于现实，无法还原为任何现实世界的个体。典型人物和典型形象的要素来源于现实，但变成作家所创造的艺术典型以后，又会多于现实。他们之所以能成为典型，正在于他们在读者的心目中既熟悉又陌生，既代表了普遍状况和本性，又没有任何个体能与之完全匹配。如鲁迅小说中的阿Q是愚昧、麻木、落后的穷苦平民的典型形象，他的每一个性格特点都可以在当时落后的国民身上找到，但他又与他们中的每一个人有所不同。作者把自己的意向和思想赋予人物，使每一个虚构人物都有不同于真实个体的超出现实的部分。

---

① 谢晓河，余素青：《虚构话语：言语行为和非交际性》，《外语研究》2005年第3期，第1页。

② 中国广播网，http://www.cnr.cn/2004news/society/200512/t20051228_504147358.html.

③ 参见百度百科，http://baike.baidu.com/item/李满天.

第三，隐含在文学作品中的社会历史背景知识和价值取向是真实的，它通过作者的表达表现出来。由于文学作品都是虚构与真实的混合，所以每一部作品都建立在作者一定的知识、信仰、情感、道德、价值观等基础之上。包括文学作品力图表现的一定社会历史背景下的人们的整体生活状况、知识信仰等也是与作者的社会历史背景知识相符合的，隐含在作品中间的作者的知识、信仰、道德、情感、价值观等都是真实的。再虚幻离奇的作品，也有与作者的社会历史背景知识相符合的代表普遍知识信仰和价值取向的现实因素。例如《哈利·波特》虽然描写的是一个奇异的魔法世界，但其中的"麻瓜"世界生活场景却是英国现实生活世界的反映。而无论是在"麻瓜"世界还是作者构造的魔法世界，人们的知识、信仰、道德、情感、价值取向等也与当今社会人们普遍的知识信仰和价值取向一致。"严肃的虚构作品可以用来表达关于现实世界的非常严肃认真的观点和信念。"①

第四，文学中的虚构和真实是相对而言的。它表现在两个方面。一方面，对某些历史人物或事件是真实的还是虚构的仍然存在争议。例如《咬文嚼字》给"王立群讲《史记》"挑错时，指出王立群将貂蝉与西汉衡山王刘赐的王后徐来对比是个错误，因为貂蝉是《三国演义》杜撰的人物，但王立群认为《后汉书》中出现了对貂蝉的描述，同时史学界也有人认为貂蝉确有其人，他的评讲是对的。②而以严肃记载史实著称的《史记》也充斥着妖魔鬼怪、天地人神，以写实为根本的散文甚至也兴起了虚构风潮。这类事例说明文学作品中的虚构和真实有时很难分清，甚至历史文本与虚构文本也很难分清。另一方面，某些文学作品中虚构的事物可能变成真实的事物。科幻小说作者超越时代现实经验的界限，根据一定的科学技术假设幻想出来的一些事物可能会真正实现，例如儒勒·凡尔纳曾在科幻小说中描写如天方夜谭般可以环游地球的飞艇或热气球，描写可以潜入水下在海底遨游两万里的潜水艇，这些在当时看来都是超越现实的虚构，在当今却已成为现实。谁也无法否认，将来某一天，科幻小说中的克隆人、智能机器人也许会变成现实。

第五，文学中的虚构表达了其他方面的真实。在很多哲学家看来，文学作品表现了美学的真实、道德情感的真实，这种真实与历史的真实或科学的真实虽然不同，对人们的影响却相似，甚至在精神或道德层面上超出

---

① 黄益民:《形而上学中的虚构主义》,《世界哲学》2007年第5期,第25—26页。
② 《王立群回应〈咬文嚼字〉挑出的八处错误》,《长江商报》2008年2月18日B20版。

历史和科学的真实。这些作品真实地表现了人们为了追求美好未来而不断开拓的进取精神和崇高理想，其道德、伦理、美学、价值观等方面的意向和作用都是真实的。这一思想也是利科对文学隐喻的真实性的评价。连高呼"拒斥形而上学"的实证主义代表人物艾耶尔也称赞"一件艺术作品，不一定会由于构成它的一切命题是字面上虚假的而成为较差的作品"，它们可以表达情感、激发情感，"服从于伦理学或美学的标准"。①

第六，文学作品中的虚构能够对现实产生反作用。虚构话语的以言取效行为已经证明虚构话语能够对人们的情感、道德、行为等带来实际影响。从小的方面说，文学作品能够为读者带来身心的享受或情感道德的体验，从大的方面说，一部作品甚至能塑造或改变人的信仰、行为或价值观等。正如乔依斯（Richard Joyce）为"道德虚构主义"辩护时所说："沉浸在一个虚构的作品中能够影响我们的情感甚至认知状态，而后者则会影响我们的思想和行为的动机，最后动机会影响到我们的行动。现实的历史中常常出现这样的情形，一部伟大的小说或电影真实地（具有权威性地）影响了整整一代人的思想和行为。"②

在肯定文学作品中的虚构对现实的反作用的同时，要特别注意具有低级趣味的、包含阴暗面和消极面的文学作品可能对个人和社会带来的负面影响。例如宣传暴力、色情的文学作品可能把青少年推向犯罪的深渊，宣扬消极悲观厌世和反人类思想的作品可能导致人们反社会或自杀。

这些都表明要重视文学虚构的实际作用和功能，正确认识它的积极作用和消极影响，引导人们合理区分文学作品中的积极和消极因素，发现文学虚构中蕴含的真善美和正能量，着力发扬它的积极作用。

第二节　虚构名称的意义与文学隐喻

虚构名称的意义分析对文学理论产生的影响不仅表现在文学人类学上，还表现在文学隐喻上。传统文学隐喻理论仅限于只是把隐喻作为修辞手段，着重于从诗学、文学、美学或语言学范畴探讨其效果、喻义和作用等。现代文学隐喻理论进入隐喻的结构、文本话语、概念认知、其背后隐

---

① 〔英〕A. J. 艾耶尔：《语言、真理与逻辑》，尹大贻译，上海译文出版社1981年版，第45页。
② 转引自黄益民：《形而上学中的虚构主义》，《世界哲学》2007年第5期，第25—26页。

含的文化传统等诸多范畴,利科的《活的隐喻》、莱考夫（George Lakoff,也译为莱柯夫、雷科夫）和约翰逊（Mark Johnson）的《我们赖以生存的隐喻》更是把隐喻上升到人类认知和概念建构的高度,以此来说明人类概念形成和认知发展的过程。正是在这一背景下,对虚构名称的意义分析与文学隐喻产生了交叉和关联,对虚构名称的语义和语用分析给文学隐喻带来了新的启示,可以归纳为以下四点：

第一,对包含隐喻意义的虚构名称的指称和涵义的分析建立了语言符号与语言外部世界的联系,使语言符号的表达性和概念性意义得以明确呈现,这一分析的过程与文学隐喻的表意三角关系的建立有交叉和重合,使本体、喻体和喻旨可以更清晰地呈现,有助于建构文学隐喻的表意三角。例如本书第三章第四节第五小节对《红楼梦》《红字》《呼啸山庄》和鲁迅文学文本中人物的命名及其必然性的举例分析,说明了语言符号与表现人物的本质属性的涵义之间关系的建立,从语言分析的角度把虚构名称的指称对象（本体）和虚构名称的涵义（喻体）联系起来,结合作者的命名意向（喻旨）,清晰地呈现出虚构名称的隐喻表意三角关系。

第二,对虚构名称的语用分析,包括作者的命名意向、使用场景、言语行为、交际性等因素的分析,有助于从语言、文学、文化等不同层面和角度发掘文学隐喻的喻旨。根据亚里士多德和莱考夫对隐喻本质的描述[①],隐喻在语言层面上表现为不同事物的转移,在内在概念层面上却具有相似性和相邻性特征。只有从语言和文本方面分析隐喻表层语言符号与内在涵义的关系,从使用和文学、文化层面分析不同事物之间的相似性和相邻性特征,才能达到对文学隐喻喻旨的最准确解读。例如《红楼梦》人物姓名对玉石、花草、自然现象的隐喻运用,《红字》的人物姓名对社会习俗和希腊神话的隐喻运用,只有综合运用语言、文学和文化等不同因素进行分析,才能达到对其中隐喻的最准确理解。

第三,对虚构名称的意义分析把名称的指称和涵义与使用者意向、言语行为和认知联系起来,与现代隐喻研究的认识论转向趋同,为隐喻思维提供了一条语言认知途径。莱考夫和约翰逊认为抽象隐喻是人们进行概念思维必不可少的方式,且普遍存在于语言和行为中,"不论是在语言上还是思想和行动中,日常生活中隐喻无所不在,我们思想和行为所依据的概

---

① 汪正龙：《修辞、审美、文化——隐喻的多维透视》,《江汉论坛》2016 年第 9 期,第 90 页。

念系统本身就是以隐喻为基础的"[1]。由此可见，对虚构名称的语言分析与对隐喻的概念研究在语言认知上形成交汇点，这一交汇点便是认知隐喻研究的新的增长点。

第四，对虚构名称和话语的意义分析辨析了虚构名称和话语的意义来源和认知基础，从语言学角度揭示了虚构名称和话语的创造性使用基础，结合当前认知科学和心灵哲学新的研究手段和成果，对于这种创造性思维的深入细致的研究将揭示语言和思维创造性的规律，不仅可以更深刻地揭示文学隐喻的创造性，也可以推及其他文学创造性思维和活动，丰富文学理论研究，甚至可以推及人们的日常思维和科学思维，揭示隐喻在概念思维和科学思维中的规律和作用。例如通过探讨建筑结构中的文学隐喻来揭示建筑空间线条的创造性运用[2]，通过探讨当前电子多模态文本中文学隐喻的意义传递过程来揭示认知过程[3]，或者探讨科学隐喻的特征和功能[4]。不同学科领域的隐喻研究文献的出现正是这一交叉研究方向值得大力探索的理论前兆。

小 结

本章探讨了虚构名称的意义与文学理论的关系，着重说明了其对文学人类学和文学隐喻的作用。

对虚构名称和话语的语言分析揭示了文学虚构语言的意义获得途径，奠定了其理解和解读基础；探讨文学虚构与现实的相互作用深化了文学人类学和"虚构"功能研究。

通过语言分析途径，可以揭示隐喻的语义三角关系、对喻旨的多维度理解、语言认知和思维创造性，为文学隐喻理论研究提供了新的启示和途径。

---

[1] 〔美〕乔治·莱考夫，马克·约翰逊：《我们赖以生存的隐喻》，何文忠译，浙江大学出版社2005年版，第3—4页。

[2] Michele Melarangno,"Literary Metaphors for Structural Tensegrities:'Six Characters in Search of an Author'", *Architectural Science Review*, 1994, Vol. 37, No. 1, pp. 44—47.

[3] R. Lyle Skains, "The Materiality of the Intangible: Literary Metaphor in Multimodal Texts", *Convergence: The International Journal of Research into New Media Technology*, 2019, Vol. 25, No. 1, pp. 133—147.

[4] 刘大椿：《隐喻何以成为科学的工具》，《西北师大学报（社会科学版）》2009年第4期，第1—5页。

第五章 科学理论名词的意义分析及其对科学发现的挑战和启示

通常人们认为科学的目的就是追求真理，真实反映自然规律，帮助人们更好地认识自然并控制自然，造福人类。如果问什么是科学中的真理，按照亚里士多德符合论的观点，真理就是描述与事实相符合。放到语言学领域，塔尔斯基将其发展为语义学真理，其核心就是陈述与事实相符合。进一步追问如何判断科学理论陈述与事实相符合，实际上也就是问，我们如何判定某一科学陈述的真值？要回答这一问题，就必须首先回答人们怎么知道这实在（事实）存在以及人们怎么知道这实在（事实）是什么。对此，不同的理论给出了不同的回答。对符合论者来说，科学理论的真值在于科学陈述与外部世界的事实相符合；在融贯论者看来，科学理论的真值在于不同的理论之间能够相互融贯；在实用主义者或工具主义者看来，只要科学理论有用或能够为科学发现提供指导，它们就是真的。

科学理论名词作为人们想象和推测的产物，在某种程度上也属于虚构的一种，因此本质上是虚构名词。既然是虚构，就无法与事实完全相符。这就提出了一个很严峻的挑战：如何判断包含科学理论名词的语句的真值？此类语句的真值判断成为当代哲学研究的一个热点问题。不同学派从科学的结构、功能，科学发展的模式以及语言分析等角度对这一问题给出了不同的回答，其中对虚构在科学理论中的地位的不同判断也引出了关于科学理论名词的指称和涵义的不同解释。反过来，对于包含科学理论名词的语句的意义和真值的分析也分别支持了各自的实在论和非实在论立场。

基于对理论实体的本体论地位的不同立场，哲学上分为实在论和非实在论两派；在现在的科技哲学领域，则分为科学实在论和非实在论。科学实在论者认为科学中的理论实体是真实存在的，借用普特南著名的一句话就是:"实在论是不使科学的成功成为奇迹的唯一哲学。"① 非实在论者则否定和怀疑科学理论名词所指对象的真实存在。逻辑实证主义者和历史社会学派站在证实、证伪、可观察或可验证的角度,否认理论实体可以被经验观察或证实,从而否认理论实体的客观存在。而持实在论的哲学家和科学家则相信有独立于人类心灵和意识的客观世界的真实存在,同时语句可以对客观世界的事态进行描述,科学理论就是对客观世界进行真实描述的语句,这些语句中就包含带有虚构成分的科学理论名词,它们也是科学描述,对科学理论名词的意义分析由此展开。如同本书上一章所述,虚构名称的指称对象是一种真实存在的虚构对象,对科学理论名词来说也是如此,秉持这种实在论的立场,本章展开对科学理论名词的意义分析。

第一节 科学理论名词的指称

科学实践和常识都表明,每一个科学理论名词都指向特定的对象或现象,能够从众多事物现象中标示出特定的对象,其指称是明确的——科学理论名词指称了特定的科学理论对象。名称的两大理论——直接指称论和描述性理论虽然在文学中的虚构名称方面存在巨大分歧,却不约而同地承认科学理论名词的指称。虽然其中实在论者和非实在论者关于科学理论名词所指称对象的性质存在针锋相对的立场,但二者都对科学理论名词的指称做了不同解释,支持了科学理论名词的指称。

历史社会学派站在相对主义、构造主义的立场否认科学理论名词的指称对象的客观存在。在他们看来,科学理论不是关于客观世界的知识,只是科学共同体用来解决难题的工具。例如库恩(Thomas Kuhn)站在科学发现的"范式"论立场,认为前后相继的科学理论不同,新旧理论范式标准不同,从而使科学理论名词的指称对象不同,因为根据不同范式所制定的某些定律或理论描述也就是不同的,即不同的范式不可通约,以这些定律和理论描述为依据而得出的指称对象都是不同的,它们之间没有可比性或连续性,或者说没有任何对象能够满足这些不同的理论描述,因此可以说没有那样的对象。

这一派否定的是理论对象的实体存在,但从其对科学理论名词的指称

---

① Hilary Putnam, *What is Mathematical Truth*, in *Mathematics, Matter and Method: Philosophical Papers*, Vol.1. Cambridge: Cambridge University Press, 1975, p.73.

的描述看，认为科学理论名词可以指称某一类对象，这可以当作对科学理论名词有指称的一种承认，分歧只是表现在对其指称对象的性质的认定以及涵义对理论名词意义的作用上。

近年来兴起的虚构主义则更多地站在实用主义和工具主义的立场，把科学领域中的虚构根据其在科学研究中的价值看作科学推理的工具，提出只关心其价值和作用而不必关心其真值或真值条件[①]；或者强调其经验上的切适性（adequacy），把虚构看作想象特定意向内容，获得研究系统表征所必需的载体。[②] 科学虚构主义大体上被看作温和的科学非实在论的一种，从理论表述来看，它否定虚构对象的本体基础但肯定其工具作用和字面意义，否定虚构对象的存在但认同虚构语句可以拥有真值，只不过这种真值不是符合论所主张的描述与客观相符，而是建构出符合经验的模型，与人们的主观经验的获得有关。这一派基本否定理论对象的存在，但强调科学理论的经验切适性，并且默认语言是对意向内容的真实表述。因此从语义角度来看，这一派承认虚构名称指称虚构对象，虚构语句有意义。

逻辑实证主义者为了严格区分观察和理论，把全部科学语言分为观察语言和理论语言。其中观察语言由那些对可直接观察的物体或物体性质进行描述的术语及逻辑常词组成，如"这朵花""这块金子""一束红光"，等等。这些词项直接指称一类可直接观察或者不能直接观察但借助仪器设备可以观察到的物体中的某个特定对象。在逻辑实证主义者看来，只有这些表示经验实体的词项或术语才真正具有指称和意义。虽然逻辑实证主义者面对证实学说的大量批评逐渐弱化其实证立场，把"证实"改为"确认"，及至后来改为逻辑上的"可检验性"，但非实在论者仍然认为科学理论名词属于理论语言，它们由科学假说产生，与经验没有直接联系，只是为了描述观察或预见观察而造出来的形式化的语言。例如逻辑实证主义者亨普尔（Carl Gustav Hempel）把科学理论结论形象化地比喻为保护杂技演员的"安全网"[③]，理论术语靠对应规则组成的支撑杆或公理组成的网线与观察相连，从而间接具有经验意义。概括地说，理论术语依靠与观察术语的联系获得意义。因此科学理论名词或理论术语——例如"电场""量子""熵""正负极"等词项所指称的理论实体对象——都与经验实在没有直接关系，它们只是单纯的理论虚构和逻辑构造，关于它们的理论也

---

① 参见 Bas van Fraassen, *The Scientific Image*. Oxford: Oxford University Press, 1980.

② 参见 A. Barberousse & P. Ludwig, "Models as Fiction", in Maricio Suarez, ed., *Fictions in Science: Essays on Modeling and Idealization*. New York: Routledge, 2009, pp. 56—76.

③ 参见殷正坤、邱仁宗：《科学哲学引论》，华中理工大学出版社1996年版，第70页。

只不过是一些逻辑或演算工具，理论实体并不是真正的客观存在，它们只有方法论意义，而没有本体论或认识论意义。

这一派虽然也否定科学理论名词所指对象的客观存在，但从其理论描述来看，认为科学理论名词指称理论对象，也承认了科学理论名词的指称。其指称的来源是与观察术语的联系，即其指称依据观察进行逻辑或演算推论而来，其意义是由科学家定义的。科学理论对象仅仅只是一种理论对象或逻辑对象。

总体来看，否认科学理论名词的指称无助于解释科学理论的认识论基础。无论实在论还是非实在论都持认可科学理论名词指称的立场，而实在论者则进一步论证了科学理论名词指称对象的实在性。逻辑经验主义者把理论体系的经验基础的可靠性建立在观察相对于理论的独立性上，这样的观点也受到了越来越多的哲学家的批评。塞拉斯（W. Sellars）、夏佩尔、普特南、克里普克等人分别站在不同的角度论证了科学理论名词的指称对象的实在性，支持其实在论立场。

塞拉斯作为理论实体的代表人物，论证了理论实体的存在，并且认为理论可以对理论实体进行描述。他认为科学理论名词的指称对象是否存在，就要看是否有任何实体能够满足科学理论名词所要求的种种标准。① 把上述观点按照描述性理论来解释，大致可以表述为：理论对象与人们关于某个科学名词所指称对象的信念或知识有关，它由一个或一组描述和界定某一科学理论名词特定内容的摹状词组成，人们根据某个理论实体是否与这组摹状词相符，来判定某种理论实体是否符合所要求的种种标准。例如，如果要确定"分子"这个科学理论名词所指称的对象是否存在，就要看是否有任何事物满足"分子"这个理论名词所要求的种种标准。塞拉斯认为这个标准由三部分组成：（1）某些观察命题是真的，以"分子"为例，就是"现在这个房间里存在着一种正在爆炸的气体"；（2）有某种理论说明，如果这些观察命题是真的，那么某种理论实体存在着，在"分子"的例子里，如果我们证实了一种爆炸的气体存在，同时也知道断定那种气体由分子组成的动力学理论是正确的，那么就有权利说有一组分子存在着；（3）上述理论是正确的理论，适用于解释所观察到的所有这种现象，用来解释"分子"理论实体，就是关于分子的动力学原理是正确的，它可以解释我们所观察到的房间中存在着的一种气体，它的爆炸是由于组成这种气体的分子正在从一个共同的中心向四周扩散。根据塞拉斯的观

---

① 参见杨伊：《指称理论与科学实在论研究》，武汉大学博士学位论文，2013年，第34页。

点，理论实体是真实存在的并且可以由理论名词加以描述，人们所能认知的对象也满足这些条件，"对象必须根据被给予的自我内容而被认知"①。理论名词有指称对象，也具有涵义，一组描述其特征的摹状词构成其涵义。

夏佩尔作为科学实在论的代表人物之一，从物理学"时空"概念的合理性出发，说明：一方面科学理论名词与人们的日常实践经验息息相关，深度交织着人们真实的日常生活经验；另一方面科学理论具有合理性，只不过对这种合理性要结合"域"（domain）这一参考系来判断，并且任何合理的科学理论都包含"预设"，"科学的客观性和合理性非但不要求摈弃一切预设，而且在科学构思和评价中，科学的客观性和合理性实际上依赖'预设'在科学中的运用，当然，只依赖那些满足一定条件限制的'预设'"②。由此可以看到，夏佩尔承认科学理论的真实性与合理性，并且把科学理论看作开放的、动态的、内在合理的体系，信息域是一个具有丰富内涵和复杂结构的实体，构成"域"的各个组成部分的"项"或"要素"，包括科学理论名词所指称的对象都是理论实体。③ 按照夏佩尔的这一立场，理论名词也是有指称和涵义的，其指称对象为满足某概念体系的理论实体，涵义为与人们的经验相关的描述性特征，并且这些特征随着人们经验的变化而变化。

概括而言，持描述性指称理论的科学实在论者认为科学理论名词的涵义与一组人们根据经验和观察总结出的关于某类事物的基本特征的描述性词组相关。科学家根据这组条件定义某个科学理论名词，符合这组条件或特征的事物永远是这个名称的指称对象。只不过按照罗素等人的观点，科学理论名词的内涵与描述其指称对象的属性组合的摹状词是同义的，而按照维特根斯坦和塞尔的观点，科学理论名词的内涵与描述其指称对象的属性组合的摹状词组之间的联系是松散的，只要足够多数相符合即可。

克里普克、普特南则从科学理论名词使用和传播链条历史因果连续的角度论证了理论实体的存在。他们都认为科学理论名词的指称对象是客观存在的，例如分子、电子等都是客观存在的对象，否则就不可能用包含这些理论实体的科学理论去解释或预测自然现象。普特南曾说："如果这些对象（指某种理论对象，即理论实体）事实上并不存在，那么，说一种关

---

① 涂纪亮：《美国哲学史（下）》，武汉大学出版社 2008 年版，第 39 页。
② 李晓蓉：《夏佩尔的科学哲学观点》，《自然辩证法通讯》1982 年第 2 期，第 2 页。
③ 参见郭贵春：《夏佩尔的理论实在论》，《自然辩证法通讯》1990 年第 5 期，第 15—16 页。

于遥远的引力活动（此处普特南以牛顿的万有引力论为例）的理论能够成功地预言某种现象，那就是一个奇迹了。"① 但是与描述性理论对科学理论名词的解释不同的是，历史因果命名理论认为科学理论名词的指称并不是源自人们所了解的关于这些名词所指对象的知识或信念，即这些科学理论名词的内涵与描述它们性质的摹状词组并不是同义的，因为在他们看来，这些摹状词描述的只是这些事物的偶然属性，在现实世界中如此，但在另一个可能世界中就可能改变。因此，他们认为与以人名为代表的专名一样，一个科学理论名词的指称对象得以固定，依据的是人们在命名和使用这些名词时形成的历史的、因果的链条，人们根据对某种事物已经掌握的范例或典范，把一种对象与名称联系起来。例如"电子"之所以与它所指称的对象联系起来，就是依据一条历史的、因果的传递链条，这个链条把从玻尔开始的不同研究者与这个名词和名词的指称对象联系起来；人们并不是根据玻尔对电子的理论描述来确定电子的指称的，因为世界上没有任何东西完全符合玻尔对电子的理论描述；前后相继的科学理论和科学家对"电子"这个词的引进和使用使"电子"这个名词的指称对象固定并延续下来，很可能我们当前对电子性质的描述已经与玻尔对电子的描述有很大不同，但是这个名词的指称对象却是相同的。普特南特别强调，正是因为科学理论中的名词具有指称，所以科学知识才能汇聚，即前后相继的科学理论才具有共同的指称。

夏佩尔也基本上赞同克里普克和普特南主张的科学理论名词的历史因果指称观，但不同的是，夏佩尔认为科学理论之间的延续和科学发展的连续性不是通过科学理论名词固定的指称实现的，而是由"推理链条"联系起来的，也就是说，不需要假设科学理论名词有某种共同的意义或共同的指称，其连续性是由其表征性特征以及与其他物体相互作用构成的推理链条决定的。仍以"电子"为例，这个理论名词的涵义需要沿着从斯托尼到汤姆逊，再到费因曼等人的定义和使用这样一个前后相继的链条来确定，每个阶段都可能对以前关于电子的某些属性的描述做修改、添加或删除，这样就形成了由关于"电子"这一理论名词的推理链条联系起来的一簇标准，它们就构成"电子"的涵义。

概括上述种种理论对科学理论名词的指称的定义，无论是实在论者还是非实在论者，都承认科学理论名词的指称，只是在科学理论名词指称对象的性质和来源方面存在分歧。持实在立场的直接指称论者认为科学理论

---

① 涂纪亮：《现代西方语言哲学比较研究》，中国社会科学出版社 1996 年版，第 409 页。

名词是有指称的，并且这一指称是固定的，其或经由理论推理而来，或经由历史的、因果的推理和传递链条而来；持实在立场的描述论者认为科学理论名词也是有指称的，其指称对象是满足某些特定条件或特征的某一类事物或现象，而这些条件或特征是由科学家定义的，描述这些特定条件或特征的摹状词构成了科学理论名词的涵义。由此可见，不同理论虽然在科学理论名词所指对象的性质和指称的来源方面存在分歧，但在语言层面上，都比较一致地承认了科学理论名词的指称。

科学理论名词与文学虚构名称产生的事实基础有所不同，因此无论描述性指称理论还是直接指称论都比较一致地承认科学理论名词有指称，这是科学理论名词与文学虚构名称的指称的最显著区别。至于科学理论名词指称与涵义的关系，或者其指称的来源，需结合科学理论名词的涵义共同考虑。

第二节　科学理论名词的涵义

由上节不同理论对科学理论名词的指称对象性质和指称来源的解释可以看到，虽然不同的理论都认为科学理论名词指称某外部世界对象，但因为对其指称对象的性质和指称来源的认识存在巨大分歧，所以各理论在科学理论名词的涵义解释方面存在巨大的分歧。

按照弗雷格的涵义理论，具有同一指称对象的不同语言符号（如"a""b"，"晨星""暮星"）的区别就在于涵义，即语言符号对指称对象呈现方式的不同带来认知上的不同。在弗雷格看来，涵义好比"望远镜内物镜上的影像"[1]，是一种抽象的语言实体，其核心是想说明名称既有指称又有涵义，并且涵义与信念和认知相关，它一方面与外部世界对象相连，具有客观性；另一方面与意识相连，与人的信念和认知相关，"一个专名的涵义要由这样的人来理解，他对专名所属的语言或标记整体有足够的认识"[2]。对概念词而言，涵义成为进入指称的路径，"不仅对于专名，而且对于概念词，逻辑必须都有要求：从语词进到涵义，并且从涵义进到指

---

[1] 〔德〕G. 弗雷格：《论涵义和所指》，A. P. 马蒂尼奇编，《语言哲学》，牟博、杨音莱、韩林合等译，商务印书馆2004年版，第379页。

[2] Frege,"On Sinn and Bedeutung", in Beaney Michael, ed., *The Frege Reader*. Oxford: Blackwell Publishers Ltd.,1997,p. 153.

称,这是毫无疑问的。否则就会根本无法谈论指称"①。弗雷格所说的概念词就包含科学理论名词。遗憾的是,弗雷格本人对涵义的定义和说明比较含糊,甚至有矛盾之处,因此不同理论家对其涵义理论的解释也不尽相同。有的根据弗雷格的上述论断把涵义看作指称的呈现方式或通向指称的操作路径,有的根据其客观性和确定性特征把涵义归为语义涵义或概念涵义。如达米特认为涵义描述了其指称对象的辨识性属性,类似于前述的语义学意义;米勒则更倾向于把涵义归为使用者的认知概念,类似于前述的语用学意义。有的把涵义解释为语言表达式所表达的概念或思想。而概念和思想与信念和认知相关,由此产生的一个疑问就是,当涵义与信念和认知相关时,它似乎变成了主观和心理的因素,而这恰恰是弗雷格所批判的。有的学者把涵义解释为弗雷格意义上的语义学区分和语用学区分:前者是一个封闭的集,包含特定的元素,"这样一个封闭的集在语义学上确定了名字的指称",但其中具体包含哪些元素却不清楚;后者是一种说话者意义,它是一种语用或语境意义,"说话者在特定语境下所把握到的意义,这个意义可以是语义学意义的一个部分也可以不是它的一部分"。②换言之,名称的语义学意义是确定的客观的,可以确定名称的指称,而作为说话者意义的语用学意义则是不确定的,语用学意义与说话者的信念和认知有关,意味着不同使用者对语义意义的把握也是不同的,因而语用学意义是因人而异的。但即便如此,不同使用者根据所掌握的名称的语义意义,依然可以确定名称的指称。也有的主张在逻辑的基础上理解弗雷格所定义的涵义,只要信念本身具有逻辑一致性,弗雷格所定义的涵义就不会导致"信念之谜",因而是站得住脚的。③但弗雷格把涵义放在指称的前面,由涵义进入指称,这是值得商榷的。

把弗雷格所定义的涵义看作指称对象的呈现方式或操作路径,这来自弗雷格所述"在其涵义中包含了指号出现的方式和语境"。这一论断所面临的最大困难恰恰在虚构名称上:当虚构对象都不存在时,又何来其呈现方式或操作路径呢?基于弗雷格本人对此的解释,如对《荷马史诗》中"奥德赛"和"离地球最远的行星"的解释,结合以罗素和塞尔为代表的关于意义的摹状词理论把涵义解释为一个或一组描述词或摹状词的观点,

---

① 〔德〕弗雷格:《弗雷格哲学论著选辑》,王路译,商务印书馆2006年版,第128页。
② 梅建华:《理解信念之谜:弗雷格、克里普克、索萨》,《江海学刊》2013年第5期,第70页。
③ 黄敏:《弗雷格的"涵义":认知解释与逻辑解释》,《外国哲学》2014年第3期,第85—91页。

本书将弗雷格所定义的涵义理解为：只要某个语言表达式，包括虚构专名、通名和科学理论名词呈现了某个特定对象，无论这个对象是否为虚构对象，只要表达式足以呈现对象的可辨别性特征，使之区别于其他对象，这种呈现方式就是成功的。由此本书把弗雷格所定义的涵义解释为语言符号根据规则且与语言使用者的信念和认知相关的呈现语言所指对象的一种方式。

秉承弗雷格的思想，用描述性理论解释虚构通名的涵义，可以大致概括为以下几点：虚构通名，包括科学理论名词，既有指称也有涵义，其指称（即外延）为名称所指的某一类虚构对象，包括理论、假设、推理以及未经证实的对象等；其涵义就是描述其本质属性或区别性属性的一组摹状词，使其指称对象能够区别于其他指称对象，它既与客观事实相关，也与人们的理性认知经验和概念相关。按照这一思路来解释科学理论名词的意义，就是人们既能够用这些词指称可以经验、观察或以某种方式直接或间接证实的事物，包括实在的和抽象的事物，如"黄金""水""水银""点""立方体""电子""重力""加速度""黑洞"等，又可以用它们指称有待证实的、没有或无法经验到的、不存在甚至不可能的事物，如"金山""外星人""圆的方""绝对空间"等。这是因为当涵义与信念和认知相连以后，人们可以从认知方面在概念上将能够观察到的或经验到的事物进行组合或叠加，例如将"来自外星"和"智慧生物"或者"圆形"和"方形"这样的基本词项组合起来，构成"外星人"或者"圆的方"这类未经证实或无法证实的事物的理论名词。科学理论名词的内涵一方面与客观外部世界相关，另一方面与理性和认知、信念相关。其中涉及客观外部世界的部分是由该名称所指称对象的本质属性所决定的，因此其中的元素是特定的和客观的。与使用者的理性认知、信念相连的一面表现为：科学家或者说是科学家联合体定义了描述其本质属性的一组描述词，描述其本质属性的摹状词组组成了一个获得了普遍认同的元素的集合，它构成了某一特定理论名称的涵义。特定的使用者对其中的元素的把握可以相同或者大致接近，也可以不相同，这也解释了为什么针对同一科学对象可能产生不同的科学理论，如地质学中对于地质构造形成的多种不同理论。对于"早期地质构造形成"这一事物来说，其本质属性是特定的和客观的，但科学家对其本质属性的把握是不同的，因而产生了不同的地质构造学说，它们可能正确，或部分正确，或者是从不同角度、不同方面的把握。这也解释了科学理论的发展，随着认知和信念的加深，一些之前不被认同的理论获得越来越多的认同，或者最初广为认同的理论逐渐被人们放弃。并且从历时性角度看，认知随着科学技术水平的提高而发展变化，因而科学家对科学对象本质属性的定义和描述也是不同的和变化的，这使得描述其特征和性质的摹状词即涵义也发生变化。但无论其涵义如何变化，人们都可以依据对象与描述其特征的摹状词之间的关系，把事物与特定的理论名词联系起来，使科学理论名词既有指称又有涵义。

这一观点也再次证实了科学实在论。包括克里普克、普特南、夏佩尔等在内的科学哲学家认为，成熟的科学理论名词都有指称，因为它们能够被成熟的、系统的科学理论证实。诸如"分子""电子"等理论实体是存在的，因为它们可以被成熟的理论证明为真。数学中的抽象名称所指称的对象，如"质数""点""线""面"等都是同物理对象一样的实在。"科学理论中的'理论词项'（也就是非观察词项）应当被看作是假设性地有所指称的表达式。"[①] 克里普克和普特南特别强调，科学理论名词的指称之所以能够与指称对象建立联系，在于一个社会的历史的事件发生了并产生了其使用的因果链条。

名称的直接指称理论虽然肯定了科学理论名词的涵义与外延，但与名称的描述性理论不同的是，直接指称理论认为科学理论名词的意义是由其本质属性决定的，科学理论中的通名只有指称没有涵义，或者只有外延没有内涵。描述其本质属性的摹状词虽然指出了事物的区别性或辨别性特征，但并不与描述性理论所认为的描述事物的某些属性的摹状词同义。以描述性理论对某些事物的标准性或区别性特征的描述为例，在克里普克和普特南看来，这些特征都是事物的偶然属性，譬如黄金是黄色的、有可延展性、有可熔性等，这些都只是它的偶然属性，只是事物的内在结构；黄金的原子序数为79，这才是它的本质属性，科学家通过对这些事物的本质属性的研究，才使其名称的外延确立下来。因此在克里普克看来，通名只有指称没有内涵。普特南说"内涵的作用是具体规定外延依赖于可能世界的方式"，但他否定这种内涵就是通名的内涵，说"不能把（这种含义的）'内涵'等同于意义，理由是任何两个在逻辑上等价的词项在每个可能世界中具有相同的外延，因而具有相同的内涵，但是一个理论若不能在具有相同意义的若干词项与只是在逻辑和数学上等价的若干词项之间作出区分的话，就不是一个完全的意义理论"[②]。普特南强调通名的外延意义：

[①] 〔美〕希拉里·普特南：《理性、真理与历史》，童世骏、李光程译，上海译文出版社2005年版，第259页。
[②] 〔美〕普特南：《理性、真理与历史》，童世骏、李光程译，上海译文出版社2005年版，第29页。

"词的外延有赖于充当范例的特定事物的实际上的本质,而这种实际的本质,一般来说,并不是完全被说话者所知晓的。"[1] 在直接指称论者看来,充当事物本质的是事物本身所具有的生物的、物理的或化学的属性,只有科学家才了解,而这种属性不属于概念意义,因此通名没有内涵,充当描述事物属性的摹状词并不与事物的本质同义,因而不能成为通名的内涵。但下面的分析将表明,只依赖特定的历史因果因素确定通名的意义将会导致一个困难:某一事物的名称没有内涵或不能以某种呈现方式表现出来,将无法保证该事物能够被不同的使用者把握或认知。

对比有关科学理论名词的描述性理论和直接指称理论,可以看到直接指称论把摹状词完全排除在科学理论名词涵义之外,把通名的涵义只与特定的历史因果事件相联系,把人的认知因素完全排除在外。以弗雷格的内涵理论为基础的名称的描述性理论对于通名的指称和涵义的解释强调通名的内涵的作用,更注重人的认知因素所发挥的作用。与专名和文学中的通名类似,从科学理论名词的产生和传播过程来看,科学理论名词经历了一个历史的命名事件和历史因果的传播链条,它融合了历史因果命名以及其核心特征经描述词呈现并被认知把握的过程。这一过程表现在三个方面:

第一,从来源上看,每一个科学理论名词的产生都有一个类似于确定专名的命名仪式,这是一个历史事件。例如富兰克林看见雷电在风筝上引起火花,就把这种产生火花的物质称为"电",于是产生了"电"这一名词。德国天文学家卡尔·史瓦西根据爱因斯坦的相对论计算出一种塌陷的天体,其时空曲率大到连光都无法逃脱,这一天体被美国物理学家惠勒命名为"黑洞"。与之类似,每一个科学理论名词的第一次出现都离不开一个命名过程,这个命名过程是一个历史因果事件,在这一点上,直接指称论是站得住脚的。这一个过程也意味着科学理论名词要先经过命名才得以成立,指称依然先于涵义产生。但只有命名是不够的,科学理论名词被命名后能够为大家所接受,形成使用的链条,意味着这一名称及其所形成的科学理论是对客观现象的正确呈现,它必须具有确定的、可辨的内涵,使其所具有的核心特征能够呈现出来并为人们所掌握和认知。用弗雷格式的描述性理论来解释这种命名过程,就是"电"或者"黑洞"这样的物质世界对象本身具有特定的和客观的本质属性,这些本质属性能够呈现出来是因为对这些对象的命名和使用过程。人们为某一科学现象或事物命名并使

---

[1] 〔美〕普特南:《说明与指称》,涂纪亮主编,《语言哲学名著选辑》,生活·读书·新知三联书店1988年版,第245页。

用这一命名是人们把握和认知其本质属性的表现,人们通过命名和描述其特性的方式呈现了对特定对象的信念和认知。一方面,在特定的时间段,这种客观对象的呈现方式以及人们对其的把握和认知是确定的,因而科学理论名词的涵义也是确定的。至于未经证实的或者纯粹基于理论推演、假设、模型、仿真等手段建立起来的科学理论名词,甚至是纯粹出于计算或推理虚构出来的理论名词,它们由于也是对于特定对象的信念和认知的呈现,所以也有命名过程,有确定的涵义。另一方面,从历时性角度来看,科学家对科学事实的把握的不同以及认知的提升,会使描述其本质特征的描述词发生变化,意味着涵义也会有所变化。

第二,从名称的指称与涵义的关系上看,人们能够理解并正确使用某个科学理论名词,离不开一个历史的、因果的命名和传播过程,也离不开由描述词对其性质描述所构成的涵义。这种描述一方面与外部世界对象的特性相关,是对其性质的描述;另一方面与人们的信念和认知直接相关,形成关于某个指称符号所指对象的概念,从而把名称与特定对象联系起来。任何科学理论名词的指称和涵义就像一枚硬币的两面,它们共同构成科学理论名词并确保其使用和传播的一致性。不同理论中的某个科学理论名词具有共同的指称对象,不仅因为有一条历史的、因果的传播和使用链条把它们联系在一起,也因为它们基本上都有一个共同的可辨的内涵,使人们的概念和认知能够保持相对一致,不至于引起混淆和误解。但如果把科学理论名词使用和传播的一致性全部归结为历史的、因果的传播链条,则把意识的认知性和语言的表现性都排除在外,显然是有缺陷的。普特南曾说:

> 本杰明·富兰克林知道"电"是以电花和闪电的形式表现出来的;其他人也许对电流和电磁铁有所了解;还有的人也许知道原子是由带正负电荷的粒子组成的。他们都可以使用"电"这个名词,而不必有一种他们共有的可辨的"内涵"。我要指出他们所共有的是:他们每一个人都通过某种因果链与电在其中得到描述的那种情况相联系,这种描述通常是一种因果描述——即把电挑选出来作为以某种方式造成了某种效应的那种物理量值的描述。①

---

① 〔美〕普特南:《说明与指称》,涂纪亮主编,《语言哲学名著选辑》,生活·读书·新知三联书店1988年版,第342页。

只考虑某种现象的历史因果因素，而忽略人们的认知能力以及共同的概念的作用，很难确保对某一理论名词的同一性使用。试想如果离开了对电的性质的描述，人们不可能达到对"电"这一名称的性质的了解，更不必说使用它。电流、电磁、电花、闪电虽然都是电的不同表现形式，它们本身都是不同的事物，具有不同的性质和表现，但它们最终都能够统一到"电"这一事物上，正是因为它们共同"以某种方式造成了某种效应"，实现了共有的、可辨的、核心的"物理量值的描述"。此外，语言本身的性质也决定了内涵的作用，因为语言具有公用性和约定性，每一个词的意义和使用都是约定的和共通的，正是基于对"电"这样的理论名词的内涵的描述，人们定义了"电"的性质，使它区别于"磁场"或"热"，由此人们得以掌握和运用这一名称并确保其使用在历史因果链上的一致性。从这一点上看，应该修正以上说法中"不必有共有的可辨的内涵"的观点，结合人们的认知能力和概念的作用，全面看待科学理论名词的指称和涵义。科学理论名词不仅仅指称其对象，而且都有确定的可辨的涵义。

把"信念"或"意向性"纳入考虑之中符合当前神经认知科学的研究成果，这一点也成为肯定科学理论名词内涵的另一个有力依据。虽然按照克里普克和普特南的观点，通名与专名一样作为固定指号都没有内涵，并且在一切可能世界都指称同一对象，其指称的确定并不是依据事物与描述其性质的摹状词之间的关系，而是依据该事物与恰当的定型或范例之间的关系。这种观念实际上切断了人们的信念和认知与事物之间的联系，不符合认知事物的规律。例如普特南否认事物的表征与其所指间有必然联系，否认心灵有一种能力，他批评为"意向性"力量使心灵能够去指称："与一个自然种类的名词有关的语言能力所必须的决不只是知道恰当的外延或指称（现在，这是通过因果描述来说明的），而且还与恰当的定型相联系，这种看法在我看来也适用于物理量值名词。"① 塞尔反驳说，名称如果要指称对象，就需要表明该对象如何满足其与名称相连的意向性内容，即弗雷格所述的生成概念与语言符号之间的联系。从现代科学技术对大脑和神经科学的研究成果来看，人的大脑或心灵是具有这种能力的。

神经认知语言学的角度已证实人的大脑是有这种能力的，并且人们对词语的意义的认知都是与词语的指称对象的外部表征相联系的。按照神经关系网络的认知机制，大脑生来就有神经元功能，可以连接关系，表明人

---

① 〔美〕普特南：《说明与指称》，涂纪亮主编，《语言哲学名著选辑》，生活·读书·新知三联书店1988年版，第349页。

们先天具有认知语言系统的能力。同时，大脑的语言关系网络具有双向性。"在宏观水平上看，语言关系网络既可以生成语言，又可以理解语言；生成的起始点是概念机制，理解的起始点是听觉、视觉机制。"① 概括而言，从神经认知的角度看，大脑对语言意义的把握恰恰是与直接指称理论所批判的事物的外部表征相联系的，而不是事物的内在本质属性。例如大脑对"狗"的概念的形成是与狗的许多外部感觉信息相关联的，如狗的形状（视觉）、狗叫声（听觉）、狗气味（嗅觉）、狗皮毛（触觉）以及人们可以感知的狗的其他特性，同时与词语的语音（汉语发音［gǒu］）和文字符号（汉字"狗"）联结。当人的大脑形成关于"狗"的神经关系网络以后，狗的视觉形状或听觉叫声输入后，会激活大脑中"狗"的概念，"从概念出发，激活又可以延伸到其它一些特征（如触觉、视觉等特征）或延伸到文字、语音。当然其它的特征以及相应的文字、语音也能激活'狗'概念，并从概念延伸到其它特征。"② 人的神经认知机制把语言符号与事物的外部表征相联系这一点，证明了描述性理论把语言的指称与描述其特征的摹状词联系起来是符合语言认知过程的。美国盲人女作家海伦·凯勒回忆她认识第一个单词"水"就是借助了身体感知：她的家庭女教师把她的一只手放在水流下，在另一只手上不停地拼写"water"，海伦刹那间明白了这一文字符号的意义，从此她学习语言的大门开启了。这个例子以及无数事例说明，人们在日常生活中对人物或事物名称的指称和涵义的把握基本上都是通过感觉特征或描述性语言对外部表征的描述得来的，对虚构人物或事物更是如此。直接指称理论否认大脑的这种能力，并且认为事物的这些外部表征与代表其指称的文字符号的意义无关，这种观点是值得质疑的。

第三，语言的意义不是由个人的认知决定的，决定语言的意义是一种社会行为。科学理论名词在这一点上表现得尤为明显，科学家为科学理论名词命名并固定其指称，其他人则通过对其概念意义的把握，保证对某一名词的同一性使用。在不同领域，譬如科学领域和日常生活领域，人们使用同一个科学理论名词指称同一类事物是因为不同领域的科学家掌握了某个理论名词的某些本质涵义，如水的分子结构、化学特性等，他们的工作加深了人们对理论名词所指对象的性质的了解。在直接指称者看来，科学

---

① 程琪龙：《认知语言学概论——语言的神经认知基础》，外语教学与研究出版社 2001 年版，第 79 页。
② 程琪龙：《认知语言学概论——语言的神经认知基础》，外语教学与研究出版社 2001 年版，第 79 页。

家的工作真正决定了名称的外延,"指称是由专家所理解检验来固定的"①。其他人通过与这一部分人之间有条理的合作也能够正确地使用这些词,但这也只能表明科学家对科学理论名词的意义做出了规定,或者说他们对科学理论名词涵义的描述更清晰准确,并不能说明科学理论名词的意义与特定概念或内涵无关。"一般认为与通名有关的那些特征——比如成为其成员的充分必要条件,辨别某物是否属于它的外延的方法(标准),等等——都存在于被当成了一个集合体的语言共同体之中。每一个语言共同体都表现出前面所描述的那种语言劳动分工,即共同体至少拥有某些语词,与这些语词有关的'标准'只掌握在少数人手中,其他人对这些语词的使用则依赖于与这少部分人的有条理的分工合作。"②但这些并不能否定某个科学理论名词的概念意义所发挥的作用——其他人对于他们所不了解的事物的认知恰恰是通过理解和把握这些科学家对某一科学理论名词所指对象的性质的定义和描述才得以完成。例如"黑洞"这一名称的使用情况,不同国家、不同领域的人能够协力完成黑洞照片的拍摄,都是基于他们对于黑洞这一天体的本质特征的普遍了解和接受,所有人都是在同一意义上使用它。随着科学技术水平的提高,人们对科学理论名词所指对象性质的认知也在提高。这一点也解释了科学理论名词的内涵为何不是固定不变的,而是随着人们认识的深化而改变和发展,例如人们对"电"的定义是随着科学理论的发展而改变的。

此外,与专名不同的是,科学理论名词的指称和内涵也可以在名称的字面意义中表现出来,即名称中包摄了对象的某些性质。因为科学理论名词"是一些概念,而概念是具有内涵的……无论在命名活动中所取的名称,或者在传递链条上传递的名称,都不是毫无内容的空洞符号,而是有内涵的专名或通名"③。例如"电子"既指称了某种对象,也表现了这种对象的性质,表明它是一种带电的粒子。但并不是所有的科学理论名词都如此,也有的科学理论名词字面没有表达它的指称对象的性质,如"夸克""基因""以太"等。科学理论名词是否表达对象的某些性质是相对的、动态的,它表现在两个方面:

---

① 〔美〕普特南:《说明与指称》,涂纪亮主编,《语言哲学名著选辑》,生活·读书·新知三联书店1988年版,第348页。

② Hilary Putnam, *Mind, Language and Reality*, *Philosophical Papers*, Vol. 2. Cambridge: Cambridge University Press, 1975, p. 228.

③ 涂纪亮:《〈命名与必然性〉中译本序》,〔美〕索尔·克里普克,《命名与必然性》,梅文译,上海译文出版社1988年版,第Ⅷ页。

第一，科学理论名词能够包摄和反映对象的某些性质，与人们一定的认知有关，而人们的认知水平是动态变化、程度不一的。譬如某人在看到"电子"这个词时能够意识到它说明了电子是一种带电的微粒，该人必须拥有关于电、微粒等的知识，否则"电子"这个语言符号是不会引起这种联想的。对无知的人来说，这一语言符号就是毫无意义的，就像不懂英语的人在看到"electron"这个词时，这个符号对他来说毫无意义一样。科学理论中的许多名词也正是在人们不断增长的知识中逐渐为人们所认识和掌握的，人们只有基于所掌握的知识才能把符号与对象联系起来。

第二，科学理论名词对它所指称的对象的性质的反映不一定是十分准确和恰当的，有时甚至会引起误解。譬如"水银"会让人们误以为它与银或水有关，而实际上它与这两种事物没有什么联系，而是另一种化学物质"汞"。但即便如此，从外观上来看，它有银的光泽，有水的流动性，"水银"这个符号也确实反映了它的外部表征。这一点也从一定程度上证明某些名称不仅仅是没有内涵的符号或指号，它们其实也包含了其所指对象的某些本质属性。

中国传统功法"气功"这个词的涵义的变迁就是对以上两点的生动体现。早期文献如隋唐时期的《灵剑子》中就出现了这个名称，中国古代相当多的文献如《黄帝内经》《吕氏春秋》《老子》《庄子》《气经》，以及新中国成立以后出版的一些气功专著如《气功疗法实践》等，都把它作为一个调息养气、修身养性的功法来记载或说明。按照这些文献对气功的命名和描述，"气功"这一名称生动地包摄了"练气的功法"这一核心性质，并且在晋、隋、唐、宋等朝代直至现代，人们都这样运用"气功"一词。人们对这一词语的认知和使用，包括易筋经、八段锦、五禽戏等，都建立在这一基础之上。隋唐之后随着这一功法在道法、武术和中国传统医术中的推广普及，一些人把气功神秘化，与修仙等玄虚之事联系起来，使"气功"一词的涵义偏离了其本义。后来更是有一些别有用心的人，顶着"气功大师"之名，行招摇撞骗之实，使"气功"这一名称的涵义在一定程度上背离了它本来融合中国传统天人合一思想，引导人们运气调息以养身这一原义。时至今日，一些人对它的认知不限于它是一种练气的功法，而把它与玄幻、神化、奇门怪术等概念或操作联系在一起，引起误解。从这一方面来看，"气功"这一名称对其所指对象性质的反映是不准确的。

根据以上分析可以看到，描述性理论和直接指称论在解释科学理论名词的指称和涵义时都有其合理部分，但各自也面临一些挑战。

第三节　科学理论名词意义分析对两种名称理论的挑战及启示

　　结合对虚构名称的指称和涵义（包括专名和通名）的分析可见，两种名称理论在解释虚构名称的意义时都各自面临一些问题和挑战。就名称意义的描述性理论而言，其面临的主要困难就是以克里普克、普特南等根据可能世界理论对摹状词理论提出的几点质疑，概括而言主要包括三点：一是名称的起源不是充当名称的指示词的辨别性或指示性使用，而是使用者的类似于一个命名仪式之类的历史事件；二是摹状词所描述的特定名称所指对象的属性都不是事物的本质属性；三是摹状词不能构成意义的充分必要条件。

　　本书第三章第二节已分别就虚构专名对以上三点进行了反驳，说明就文学中的虚构专名而言，作者的命名仪式等同于充当名称的指示词的辨别性或指示性使用，作者对于名称所指对象的种种属性的描述构成了名称所指对象的本质属性，虚构专名的产生过程表明虚构对象的指称和性质恰恰并且只能由摹状词唯一标示出来。此处就科学理论名词而言对以上三点予以反驳。

　　首先在科学理论名词的来源方面，直接指称论强调"指称是由专家所理解检验来固定的"[①]，把科学理论名词的指称的来源看作由科学家定义或固定的一个历史事件，并且强调不同的或前后相继的理论中的同一科学理论名词依据一个因果历史链条联系起来，具有共同的指称。这一观点从科学理论形成的社会性、传承性、本质意义决定性、知识会聚性等方面看，是合理的。直接指称论注重语言的社会性和历史性，弥补了描述性理论在这方面的不足。但它把名称的正确使用和传播与特定的事件联系起来，强调大部分人与掌握名称的本质涵义的少部分人的接触或名称的命名者、使用者、传播者之间一环接一环的传递链条，使人们不禁会问：如果链条断了怎么办？在传递过程中出了差错怎么办？譬如出现张冠李戴的情形，或者出现分别独立研究形成的理论或在时间上中断的理论中的同一科学理论名词也具有共同的指称的情况，这意味着历史因果链条的断裂，直接指称论在揭示这种状况下的科学理论名词的指称机制时有缺陷。即使对

---

　　① 〔美〕普特南：《说明与指称》，涂纪亮主编，《语言哲学名著选辑》，生活·读书·新知三联书店1988年版，第348页。

于真实人物或事物而言，在日常生活中很多名称来源不明，也没有传播链条，但人们仍可能从一些间接渠道，例如借与之有关的周围其他人物对某个人的提及或描述，推断某一名称的指称。历史人物"貂蝉"就是一个很好的例子。人们根据《后汉书》中对董卓的侍女的记载，再结合小说《三国演义》的故事，推断出"貂蝉"指称董卓的那个侍女以及她有怎样的特性与行为，从而把名称与人物对应起来。科学理论名词也是如此，例如正是对"电"的基本特性的信念和认知，即对其内涵意义的把握，确保了富兰克林、吉伯、法拉第、爱迪生、爱因斯坦等所称的"电"的同一性。塞尔明确指出，即使没有命名机制，没有传播链条，仍然可以成功指称。①

可见链条断裂而产生理论缺陷的根本原因在于该理论完全否定内涵意义，包括人们的信念和认知在历史因果链条传递中的作用。因为人们完全可以根据不同理论对科学理论名词的性质的描述，以及某一理论名词与相关其他事物的作用关系，即语词使用的语境，确定理论名词的指称，或者在不同的理论及使用链条中，依据信念和理性确保不同理论中的科学理论名词的同一性使用。即使是依据一定的历史事件直接传承的理论，对词语内涵意义的描述也是必不可少的，必须同时考虑理论名词的内涵意义和使用意义，任何单方面的定义都是有缺陷的。正如一些学者所言，"避开语词的涵义谈指称实践活动当然是行不通的"②。从这一点上看，基于弗雷格涵义理论的描述性理论的解释也是合理的：科学理论名词的指称的产生是一个融合了历史的、因果的命名和其核心特征经由描述词得以呈现的过程。

其次，直接指称论者否认事物的表征是专名和通名的内涵，主要是否定这些特征是事物的本质属性。其代表人物克里普克和普特南都认为，对物理对象而言，事物的原子结构、生物发生学特性才是事物的本质属性。这种观点似乎把语言分析带到了物理、化学或发生学研究的路上。有学者指出，就克里普克所讨论的必然性和偶然性来说，这不是一个哲学问题，"求援于物质起源或物质结构来解说语词所指的同一性完全不得要领"③，其中一个有代表性的事例就是追溯某个人的生物起源时追问到受精卵的分期问题上去，"物质结构里面还有结构，我们凭什么断定是 H_2O 而不是氢

---

① 参见陈波：《逻辑哲学》，北京大学出版社 2005 年版，第 10 页。
② 梁义民，任晓明：《论现代西方名称所指确定观的演变特征》，《浙江社会科学》2007 年第 1 期，第 141—146 页。
③ 陈嘉映：《语言哲学》，北京大学出版社 2003 年版，第 317 页。

和氧的亚原子结构保障了水的指称呢？"① 退一步说，就算可以借助事物的物理、化学或生物学特性来定义事物的本质属性，所引发的问题也层出不穷，主要包括：它们对自然种类的分类描述是否准确？内在结构是否可以充当自然种类词的本质属性？为什么是内在物理或化学结构，而不是其他特性，比如发生学特性，来充当自然种类词的本质属性？等等。因此有学者认为对语词内涵的讨论必须回到逻辑和概念分析的道路上来，而逻辑和概念分析恰是描述性理论采用的方法。

当前也有一些学者从不同的"概念"定义来否定直接指称对本质属性的定义。这一派认为克里普克和普特南对自然种类词的定义是科学概念上的定义，描述性理论在一般意义上对词的内涵的定义是日常概念上的定义；虽然描述性理论也不排斥词的内涵意义中的科学定义，但科学概念与日常概念是不同层次、不同类别的定义。由此引申出的一个问题就是：科学概念是否比日常概念更优越？有学者指出，科学概念与日常概念可以相互渗透、相互影响，科学无知群体仍然可以有意义地谈论"水"。② 从这些方面来看，科学概念与日常概念是两组不同的对词的指称的定义，讨论谁更优越、更准确是没有太大意义的。

从物我相关的角度看，日常概念词与人们的日常生活联系更加密切。陈嘉映先生在评论日常指称与科学指称时说："日常指称所依赖的'表面性状'是围绕所指称事物与人的关系旋转的……科学指称则不依赖于这些，它会断然把鲸鱼、海豚从与所指的事物中（此处指鱼，笔者注）删除出去。"③ 而描述性指称理论恰恰描述的是这些"表面性状"，围绕"与人的关系旋转"，从实用角度看，更易被人们接受和理解。

除了质疑摹状词是对事物本质属性的描述，直接指称论就事物名称与摹状词关系的第二点质疑在于前后相继的不同理论对同一事物的描述不同，这意味着内涵的改变，而其所涉及的理论词项的指称也会随之改变，因而无法保证前后相继的理论名词指称的一致性。关于这一质疑，可以看到其核心是把涵义只看作摹状词的集合，而忽视了涵义中信念和认知的作用。如上节所述，基于弗雷格的涵义理论，科学理论名词涵义包含两个方面：一方面与事物的性质相关，构成事物涵义的描述词是对事物性质的客观描述，它保证了某一名称所指称的事物具有共同的、可辨的内核；另一

---

① 陈嘉映：《语言哲学》，北京大学出版社2003年版，第317页。
② 参见周濂：《从日常概念到科学概念——一种解释克里普克-普特南本质理论的可能途径》，《世界哲学》2004年第4期，第89-92页。
③ 陈嘉映：《语言哲学》，北京大学出版社2003年版，第357页。

方面涵义与使用者的信念和认知相关，它保证了使用者的意向内容得以正确呈现，还保证了涵义会随着使用者信念和认知的变化而变化，从而使前后相继的不同使用者的不同理论虽然对事物性质的描述有所不同，但依然可以指称同一事物。正是二者的共同作用构成了科学理论名词确定的涵义以及不同理论指称的同一性。与虚构专名的指称同一性（第三章第二节已论述）类似，不同使用者或理论中的名称或理论名词不仅以共同的可辨的内核为基础，也以使用者的意向内容为保障，在所有使用者的共同的意向和认知发挥作用的前提下，确保前后相继的科学理论名词的指称同一性。正因如此，唐奈南也把使用者的意向内容纳入直接指称论，克里普克提出"信念之谜"。这些都意味着名称的意义不仅与历史的、因果的事件相关，也与意向相关。

最后，针对第三点质疑，即摹状词不能构成意义的充分必要条件，直接指称论提出的主要反对意见是无法确定哪个或哪些摹状词可以充分地、必然地给出某一名称的意义，换言之，无法精确定义一个使用者需要掌握多少摹状词才能确定某个指称。此外摹状词理论无法解释具有相同名称的不同对象各自拥有不同的摹状词组这一现象，譬如英文名称"punch"，在机械学中表示"冲床"，在印刷业表示"冲压字模"，二者名称相同却各自拥有完全不同的摹状词组；也无法解释同一摹状词组可能指向不同名称的现象，譬如"醋酸纤维素""乙酸纤维素""纤维素乙酸酯"，普特南的"孪生地球"思想实验说明了根据摹状词获得指称的困难。针对这一批判，本书认为应该采取辩证的立场：对于某一特定的科学理论名词，基于不同语境的有关某一理论名词的摹状词描述的确不同，譬如机械学对"punch"（冲床）的描述与印刷业对"punch"（冲压字模）的描述可能大相径庭，甚至在同一学科或行业内不同使用者对某一个理论名词所指对象的属性的掌握都不尽相同，因此确实无法精确定义一个使用者需要掌握多少摹状词才能把指称与对象对应起来。从这一角度来看，与文学虚构专名的摹状词可以构成意义的充分必要条件不同，描述科学理论名词的摹状词的确不能构成意义的充分必要条件，即根据摹状词确实不能定义指称，但不能定义并不意味着不能辨别或指示。只要摹状词或词组能够帮助使用者从众多事物或对象中辨别或标志出唯一对象，即成功地把指称对象引入语言体系，摹状词或词组就成为构成意义的必不可少的部分。而实现这一作用的就是弗雷格涵义理论所定义的涵义的客观性以及信念和认知性的内容的保证。一方面，涵义的客观性使某一理论名词的内涵是确定的，能够确保其同一性使用，同时使具有相同摹状词组的不同指示词，如"醋酸纤维素""乙酸纤维素""纤维素乙酸酯"虽然名称不同,但所指示的事物相同;另一方面,涵义的信念和认知性则确保具有相同语言符号但不同摹状词组的名称能够指向不同事物,而不会导致混淆。

近年来以查莫斯(David Chalmers,也译为查尔默斯)为代表提出的二维语义学则被大部分哲学家认为是对弗雷格的内涵语义学和克里普克的模态语义学的一种融合。它一方面认为指称的确定与弗雷格所主张的认知涵义有关,查莫斯把这种涵义称为认知内涵(epistemic intension)或第一内涵(primary intension);另一方面认为指称的确定也要考虑反事实和可能性(might turn out to be),查莫斯称之为第二内涵(secondary intension)①,从而与克里普克的模态语义学联系起来。不论这种融合在不同的哲学家看来是否成功,是否仍然面临着不可克服的困难,但它表明了在考察名称的意义时的一条思路,即把概念性内涵意义和事实性语境意义都纳入考虑。查莫斯把这种思路归为对弗雷格涵义理论的一种弱版本解释:名称的外延根据涵义结合世界而被决定②。这种解决方案与传统的指称理论的最大区别就是强调人的认知能力或认知可能对涵义的贡献。这一点与本书第三章对弗雷格涵义理论的理解不谋而合。

而直接指称论在解释科学理论名词的意义方面也面临一些困难和诘难,主要表现在其内部对于科学理论名词是否有指称、传播链条的断裂、本质属性与非本质属性的界定等方面。第三章和本章在反驳直接指称论对描述性理论的批判时已有解释,此处再补充两点:

第一,在科学理论名词的指称方面,直接指称论者内部并不统一。按照其代表人物克里普克的观点,语词如果没有历史因果链条的起点,就是没有指称的。另一位代表人物普特南则承认虚构名称的指称,其在《理性、真理与历史》一书中说:"对我来说,关于一个概念系统中指称是什么,除了上述重言式命题之外,没有什么可说的。那种认为必须有一种因果关系的观点也被如下事实驳倒了:不管我们是否同外星人有过因果关系,'外星人'理所应当地指称外星人。"③ 这段话表明普特南认为在一定的概念框架内,记号或语词的指称就是"说什么和什么相符",因为记号

---

① D. Chalmers, "The Foundations of Two-Dimensional Semantics", in M. Garcia-Carpintero and M. J. Marcia, eds., *Two-Dimensional Semantics Foundations and Applications*. New York: Oxford University Press, 2006, pp. 55—59.

② 陈吉胜、侯旎:《认知内涵能够取代含义吗:评认知二维语义学对弗雷格含义理论的修正与辩护》,《科学技术哲学研究》2017年第3期,第57页。

③ 〔美〕希拉里·普特南:《理性、真理与历史》,童世骏、李光程译,上海译文出版社2005年版,第59页。

和对象都内在于此描述框架，甚至像"外星人"这样的虚构名称也有指称，因为它直接指称外星人这一对象。此外，从普特南对"独角兽"和"燃素"的评论中也可以看到他的这种立场。因此，关于虚构名称是否可以指称，内部仍然存在分歧。

第二，直接指称论并未对事物的本质属性与非本质属性做出明确的区分，但该理论却强调事物的本质属性对名称指称的决定性作用，否定非本质属性的作用，这一点仍需更多的解释和支持。在一些分析哲学家看来，克里普克的这种定义就是一种本质主义，因而面临着本质主义本身所具有的一些困难。首先，克里普克所给出的自然种类词的例子所定义的本质属性都是建立在经验事实基础之上的，而经验事实往往也不具备必然性，很可能反映的只是事物的偶然属性，因此如本节在说明指称来源时所述，在一些分析哲学家看来，把名称的指称与事物的生物、化学或物理属性相关联是"不得要领"①。其次，按照克里普克对严格指示词的定义，能够在所有的必然世界都达到严格性和必然性要求的恰恰是罗素和维特根斯坦所倡导的逻辑原子，于是就回到了罗素和维特根斯坦的逻辑原子论立场，而这却是克里普克所批判的。正如有学者指出的，直接指称论"所依赖的哲学基础，即'逻辑原子'自身是否能够立得住脚，仍然还是未知的"②。最后，一些学者认为这种本质主义涉及的是哲学中意义的原子主义与整体主义之争、科学发展对语义内容的影响、科学实在论与反实在论之争、本质的实在主义与投射主义之争，以及逻辑层面上和形而上学层面上的可能性和必然性等问题，而一些证据表明直接指称论有关指称来源和本质主义的命题都是不成立的。③

由此可见，虽然直接指称论在解释实在事物的名称来源方面有其合理性，甚至为相当多的哲学家所接受，在一段时间内似乎昭示着描述性理论已经被驳倒，被大多数人放弃了，但它把虚构名称都排除在外，在包含科学理论名词在内的虚构名称的意义解释方面存在一些难以克服的困难，由此表现出一些短板。而基于罗素和弗雷格意义理论的名称的描述性理论却表现出一些优势。近年来直接指称论也不断受到越来越多的质疑，从当前国内外的研究文献看来，描述性理论并没有被大多数人放弃，譬如塞尔、卡茨等都积极地捍卫描述性理论，分别对克里普克和普特南等人对描述性

---

① 陈嘉映：《语言哲学》，北京大学出版社2003年版，第317页。
② 陈晨：《克里普克直接指称论及相关理论研究》，南京大学博士学位论文，2019年。
③ 黄益民：《对克里普克本质主义的几点质疑》，《世界哲学》2007年第5期，第27—34页。

理论的批判提出反驳，我国也有学者提出一种经过修正和改造的描述性理论①；相当多的文献都对直接指称论对描述性理论的批判进行了反驳或为描述性理论做辩护②。当前国内外运用描述性理论分析语言的意义的文献仍然层出不穷，还有一些人（包括笔者）认为这两种理论在解释名称的意义方面各有优势。例如有的学者认为这两种观点并非完全对立，而是互补的③；也有人认为"借助于可能世界的观点，它们在某种程度上是可以统一的"④；也有学者主张专名指称的因果描述观点⑤。

站在历时性科学理论和科学发展的角度，描述性的科学实在论者对科学理论名词的指称和意义的解释是成功的，本书赞同他们的这种社会的、历史的观点，因为科学理论和科学都是在社会的、历史的发展过程中不断修正和发展的，语言本身就是社会性的，对语言意义的理解离不开人们的社会交往和社会实践，直接指称论合理揭示了名称使用的历史发生和社会交往特性，在这一点上它是站得住脚的。站在共时性角度，本书认为描述性理论对科学理论名词的解释更为合理，一方面因为它把人的信念和认知纳入意义的考量之中，人们正是通过对这些科学理论名词的内涵意义的理解和解释，来达到对科学理论名词所指对象的认识，掌握和运用科学理论并指导实践的。如同劳丹（Larry Laudan）等科学实在论者所声称的，科学理论名词的指称对象也是一种客观存在，"对于一个逼近真理的理论而言，就是它的核心的解释术语是真正有所指称的"⑥。这一点恰恰是科学理论名词与文学虚构作品中的人物名称的最大不同。另一方面，科学理论名词依据历史因果链条传播时，内涵呈现所指对象的本性和特征，帮助人们理解科学理论名词的意义，确定不同理论中的同一理论名词是否指称同一事物，完全否定内涵意义将面临一些无法克服的困难。因此本书采用名称的因果描述观点来解释名称的指称和涵义。

---

① 陈波：《逻辑哲学》，北京大学出版社2005年版，第216—223页。
② 例如〔美〕G. 埃文斯：《关于名称的因果理论》，A. P. 马蒂尼奇编，《语言哲学》，牟博、杨音莱、韩林合等译，商务印书馆2004年版，第565页；陈波：《逻辑哲学》，北京大学出版社2005年版，第216—223页；陈嘉映：《语言哲学》，北京大学出版社2003年版，第316—322页；黄益民：《索姆斯对直接指称理论的最新发展》，《哲学动态》2005年第11期，第25—29页；叶闯：《虚构对象的名字与反描述论论证》，《世界哲学》2013年第11期，第85—96页。
③ 胡泽红：《关于专名的涵义与指称》，《自然辩证法通讯》2002年第5期，第20—25页。
④ 程本学：《专名意义的两种理论及其融合》，《华南师范大学学报（社会科学版）》2006年第3期，第14—19页。
⑤ 黄益民：《专名指称的一种因果描述观点》，《哲学研究》2006年第2期，第60—66页。
⑥ 殷正坤：《试论科学理论中的虚构》，《自然辩证法通讯》1992年第6期，第17页。

第四节　科学理论名词意义分析对科学发现的启示

对科学理论名称的指称和涵义的分析，可以为解释虚构在科学中的地位和价值，探讨科学理论认识，尤其是包含虚构的科学理论名词的理论价值，提供语言学理论基础。

首先，对科学理论名词指称和涵义的分析显示，基于弗雷格涵义理论的描述性指称理论承认科学理论名词的指称，并且承认科学理论名词具有确定的和客观的涵义，并把其涵义与理论对象的本质属性相联系，把名称能够正确呈现指称对象的本质属性看作科学理论名称的最本质特征，为科学理论的客观性本质提供了理论基础。虚构表面上看是超越事实、无中生有的，似乎是不符合事实的陈述，但对科学理论名词的指称和涵义的分析表明，科学理论中虚构的理论名词也有确定的指称和涵义，对科学实在论者来说，科学理论名词的指称对象的确存在，因为科学理论不仅要正确地反映世界和规律，还要预测未来，指导人们的实践，其中必然有人们的经验知识之外的内容。一些科学理论找不到可与之相符的事实，并不是因为这样的事实不存在，而是因为科学发现的手段和进程可能还没有达到其验证所要求的程度，但不能据此否认其描述事实或者逼近事实这一趋势。

如同哈雷（Rom Harre）所说：".科学理论究竟能给我们提供多少超出观察范围之外的知识，这是科学哲学最古老的论争，也是当今实在论所面临的课题。"[①] 对科学理论名词的指称和涵义的分析肯定了其指称和涵义，为科学实在论立场提供了语言层面的支持。

其次，对其指称对象的界定帮助人们认识科学理论的虚构本质。无论站在实在论还是非实在论立场，把科学理论名词的指称对象定义为理论对象、语义对象、虚构对象或抽象对象等都是对其非实在本质的界定，使其区别于实在对象。

科学理论名词的所指对象为虚构对象，并不意味着科学理论是纯粹虚构，无法保证其内容真实性的。如前所述，科学理论必须与已知的观察和实践相符，并与整个理论体系的其他部分相符。按照这种科学实在论的观点，科学理论的真值首先在于其自身内部的融贯和契合，其次科学理论也

---

① 〔英〕R. 哈雷：《科学逻辑导论》，李静译，浙江科学技术出版社1990年版，中译本序言。

与我们迄今为止所能观测或经验的事实相融贯和契合。而虚构主义则主张，只要科学理论对于逻辑推演和演算有用，它们就具有真理性。他们主张科学理论的真理性和内容都没有保障，科学理论都是可错的，甚至可能就是错的，但人们不会因为它们可错甚至可能就是错的而放弃它们。譬如菲尔德认为数学理论中的函数、数字、点、线、面等都是存在于时空之外的抽象对象，都是人们的理论虚构，在哲学本体论上可以不承认它们的存在，但不能因此而否定建立在这些理论名词基础之上的数学言谈。"但是我们不必因为这些数学言谈是错误的就放弃而不用它们，只要数学言谈在关于真实存在的对象的陈述之间的推演中有用，那么我们就继续研究和接受数学。"①

再次，某一科学陈述的真理性也取决于它所处的概念框架，即整个陈述系统的真理性。普特南把它看作整个系统的合理的可接受性。蒯因认为不必要求概念系统必须与实在相符，它只要能达到有效的交际和预测，就是合理的、可接受的。在蒯因看来，这个框架系统甚至整个哲学都可以根据我们的需要而改变。他说：

> 我们可以一点一点地改进我们的概念系统、我们的哲学，同时又继续依赖它，作为支柱；但我们不可能使自己同它分开，把它同一个未经概念化的实在进行客观比较。因此，我认为，要问一个概念系统作为实在的镜子的绝对正确性是毫无意义的。我们评价概念系统的基本变化的标准必须是一个实用的标准，而不是与实在相符合的实在论标准。概念是语言，概念和语言的目的在于达到有效的交际和预测。这是语言、科学和哲学的最高任务，正是在同这一任务的关系中才能对概念系统最终地做出评价。②

因此，在科学实践中人们不必去要求包含虚构话语的科学理论与实在绝对相符，而要看这一科学理论是否符合逻辑和规律，是否可以达到有效的交际和预测。普特南也认为"可预见性"是合理性的标志之一。只要科学理论可以有效地交际和预测，它们就表达了科学所追求的"真"，就具有真理性。

---

① 黄益民：《形而上学中的虚构主义》，《世界哲学》2007年第5期，第21页。
② 〔美〕威拉德·蒯因：《从逻辑的观点看》，江天骥等译，上海译文出版社1987年版，第73页。

最后，建立在弗雷格涵义理论基础之上的对科学理论名词的涵义的分析，肯定了信念和认知对于科学理论名词意义的重要作用，这种肯定将帮助人们尊重信念和认知能力在科学理论中发挥的作用，为科学理论的不断更新和发展提供理论支持。正如科学实在论者普特南所说，科学真理在于信念与他们的经验相符，只要科学理论与他们之前所持有的信念相符，他们就会接受其为真理，"'真理'是某种（理想化的）合理的可接受性——是我们的诸信念之间、我们的信念同我们的经验之间的某种理想的融贯（因为那些经验在我们的信念系统中）得到了表征——而不是我们的信念同不依赖于心灵或不依赖于话语的'事态'之间的符合"①。普特南进一步补充道："这种融贯包括理论性的信念或经验成分较少的信念互相之间的融贯，它们同经验成分较多的信念之间的融贯，以及经验信念同理论信念的融贯。"② 这些都意味着包含虚构成分的科学理论从它们自身以及与理论中其他陈述的关系来看都是融贯和契合的，只要这样，科学工作者就会从信念上相信它们。这为前后相继的科学理论的发展提供了认知语言保证。

第五节 虚构在当代的新表现形式：虚拟

一、"虚拟"的概念

按照词典和科技文献对虚拟的定义和解释，从字面上看，在英语里"虚构"与"虚拟"分别对应"fiction"与"virtual"，二者表达的意义不同，因而人们在日常生活和理论研究中不会混用这两个词。"fiction"只能作名词，人们通常都会将其理解为小说或小说类文学作品。"virtual"只能作形容词，指"虽然没有实际的事实、形式或名义，但在实际上或效果上存在或产生的"③，譬如"the virtual head of the business"意思是"商店实际上的老板"，相当于汉语里"名义上不是或表面上不是，但事实

---

① 〔美〕希拉里·普特南：《理性、真理与历史》，童世骏、李光程译，上海译文出版社2005年版，第55—56页。
② 〔美〕希拉里·普特南：《理性、真理与历史》，童世骏、李光程译，上海译文出版社2005年版，第61页。
③ The American Heritage Dictionary. Boston：Houghton Mifflin Company，2nd College Edition,1985,p.1351.

上是"的意思。但在汉语里二者的意义却十分接近，甚至有重合之处。按照《现代汉语词典》(第7版）的解释，"虚构"表示的意思是"凭想象造出来"。"虚拟"有两个意思，一个就是"虚构"，譬如在语句"那篇小说里的故事情节，有的是作者虚拟的"，二者为同义词，可以互换使用；另一个意思是"不符合或不一定符合事实的；假设的"[①]。因此在很多场合下二者可以不加区别地使用。但随着计算机网络和电子技术的飞速发展，"虚拟"一词有了特殊的含义，更多地被用来指当代借助计算机和网络而形成的"数字化的表达方式、构成方式和超越方式"[②]。数字化网络虚拟空间和人们的虚拟生存引发了一系列的技术、伦理、社会问题，从而使虚拟在当代哲学研究中凸显为热门话题，也造成了对它的理解的多样性。譬如《现实·真实·虚拟》一文就把虚拟等同于创造（invent），虚拟成为一个与现实、真实相对的范畴。该文作者指出："虚拟就是超越现实，就是肯定现实中不存在或不可能存在的东西的意义和真实性。虚拟是人类创造力的源泉。所谓'超越现实'，就是从现实出发而又多于现实。也就是说，人凭借虚拟所创造出来的东西是现实中所没有的，这些东西决非简单归结为现实就可以了结的。"[③] 也有学者把虚拟性看作人的类本性："人的意识的这种超越性，在今天的虚拟网络中得到了充分的体现。"[④] 因而虚构借助虚拟这一当代新的表现形式，具有了"从现实出发又超越现实"这一特征。

本书采纳了人们现在多用"虚拟"表示网络数字化实践活动这一日常语言使用的习惯，区分了这两个词的语义意义和语用意义，用"虚拟"特指网络数字化实践方式，它是一种可以创建和体验逼真的、模拟现实世界的计算机技术活动。由此"虚拟"的内涵就是人们通过操作各种计算机交互设备，同虚拟世界中的实体相互作用，产生身临其境的交互式视屏仿真和信息交流的活动方式。其指称对象为虚拟对象，是由虚拟活动产生的数字化信息对象。与数学中的数字类似，它是一种抽象的计算和模拟对象，只不过数字属于概念对象，看不见也摸不着，而虚拟对象可以看见、听见，甚至可以操控。与虚构相同，虚拟的"虚"强调了"不是同真实而是

[①] 中国社会科学研究院语言研究所词典编辑室：《现代汉语词典》（第7版），商务印书馆2018年版，第1478页。

[②] 周甄武，余洁平：《论实践在虚拟性上的分化与融通》，《哲学原理》2005年第9期，第20页。

[③] 张士英：《现实·真实·虚拟》，《江海学刊》2003年第1期，第13页。

[④] 贾英健：《论虚拟生存》，《哲学动态》2006年第7期，第27页。

同实际相比较"[①]；"拟"则表现出在人的感知体验上，尤其是在视觉、听觉、行动力等方面，与实际体验具有相同效果。虚拟的本质仍然是虚构，只是混合了真实的感知体验。由此，可以把虚拟看作一种特殊样态的虚构，虚构是一个比虚拟含义更广泛、更基础的概念，而虚拟是科学技术发展到今天虚构的新的表现形式，它也使虚构具有很多新特征，发挥着以前难以想象的新功能。而从"虚拟"这一指称和涵义来看，其本质特性仍是虚构，即使其带给人们的感知体验是真实的，但其指称对象仍然是虚构对象。只有充分地认识到这一点，才能够区分虚拟实践和现实实践，深入思考虚拟技术带来的现实问题，为虚拟技术更好地服务于人们的生存实践提供理论指导。虚拟的技术特征和功能表现也为"虚拟"一词的意义提供了技术层面的支持。

二、"虚拟"的特征

虚拟作为虚构的新的表现形式，是虚构与真实的混合，它具有超出传统技术性工具的新特征和功能。

第一，计算机硬件构成和人的创造性实践是虚拟存在的前提。计算机的诞生标志着人类又获得了新的技术性工具，它不仅帮助人类延伸自己的自然身体来改造世界，更重要的是延伸了人类的大脑，创造出新的存在方式和实践方式。从其发生和构成上看，虚拟指人利用先进的人机接口技术和计算机数字化技术生成一个模拟现实的人和物，组成具有逼真的视、听、触等多种感知的世界，人们可以通过各种交互设备与虚拟世界中的实体相互作用。其实体构成离不开计算机软硬件设备、电能等，以及人对这些设备的操作和创造性构思、设计、信息存储、转换等。虚拟实践的主体是现实的人，伯第亚（G. Burdea）用三个"I"，即"Immersion"（沉浸）、"Interaction"（交互）、"Imagination"（想象），强调了人在虚拟实践中的主导作用。虚拟实践的客体是虚拟世界实体[②]，它们是一种经过符号化处理的虚拟存在的人性化界面。虚拟实践的主客体互相交流时主体可以获得真实的感受和体验，但又不等同于真人与真人的交流；虚拟实践的客体不是完全消极被动的受体，而是具有主体人的许多因素，它们是人的意识活动的产物，也会随时根据人的意识活动改变自己。虚拟实践的主体

---

① 贾英健：《论虚拟生存》，《哲学动态》2006 年第 7 期，第 26 页。
② 张明仓：《虚拟实践的本质探析》，《华中科技大学学报（社会科学版）》2006 年第 1 期，第 35 页。

和客体可以互为对象，互相转化、互相渗透、互相创造，实现"双向对象化"①。这一前提表明了人的主观意向、认知和感觉经验对虚拟的产生和实践结果起决定性作用，决定了"虚拟"意义的起点。

第二，虚拟的过程和结果是虚构的。虚拟所创造的世界是一个具有特殊样态的世界。它既像现实世界的实体存在那样有具体的物理存在方式，又不是完全没有具体的形、音、色、像等的纯粹意识或概念存在。它们看得见、听得到，甚至摸得着，但又不真实、难以名状，受隐藏在它们背后的人的操控；它们只是以语言、符号、规则等形式人化后形成的对真实世界的模仿或仿真，是展现在视屏上的数字化影像。虚拟世界相对于真实世界而言是假的，相对于人的感觉和体验而言又是真的，达到了"真的假"与"假的真"的高度，实现了真与假、可能与真实的统一。② 电子信息物从其本体论上来说是一种"虚物"，是对实物的模拟，又是实物的"电子化的数字化的对象性存在"③。这一特性决定了虚拟对象的本质属性以及虚拟这一活动的本质，它构成了"虚拟"一词的最主要涵义。

第三，虚拟所呈现的结果为电子数字化声光影像。这种电子数字化影像超越了人类现实身体的限制，从这一点上看，其结果是对现实的超越与延伸。虚拟生存在人类实践和生存意识上都实现了对现实存在的超越。在实践上的超越表现在实践形态可以虚拟化，实践的对象、过程、结果都是虚拟的；实践领域自由和开放，可以不受物理疆界的限制而进入人类思维可以想象的任何领域；实践效果最大化，人们可以简单、快捷、便利地获取最大量信息，随时随地实现与世界各地人们的交往，把现实中的种种可能和不可能具象到显示屏上。虚拟的结果是对现实的超越与延伸这一特性也构成虚拟的涵义之一。

第四，虚拟技术造成了现实与虚构的模糊。与单纯的理论虚构不同的是，由于虚拟技术把虚构的事物变得更加逼真，达到了以假乱真的效果，虚构与真实相互结合、相互混杂、虚实难辨，使虚构变得更隐蔽。而一些技术手段的运用，使虚拟的人物、事物、场景等比现实更绚烂夺目、引人入胜、惊险刺激，从而更加具有迷惑性，甚至欺骗性，加大了人们在认识上分辨虚构和真实的难度。一些认知能力不足的人，尤其是青少年，容易

---

① 张明仓：《虚拟实践的本质探析》，《华中科技大学学报（社会科学版）》2006年第1期，第37页。

② 参见周甄武，余洁平：《论实践在虚拟性上的分化与融通》，《哲学原理》2005年第9期，第22页。

③ 徐世甫：《虚拟世界的本体论探析》，《科学技术与辩证法》2005年第1期，第25页。

被虚拟世界的表面现象迷惑，分不清现实与虚拟、真实与幻象，产生错误的认识甚至导致危害性后果。例如有的青少年在网络游戏中拥有超常的能力，误以为在现实生活中自己也有这种能力，把它们移植或照搬到现实生活中来。中央电视台曾报道，一位13岁少年独自登上24层的高楼，从楼顶坠落，留下四封遗书和近八万字的网游笔记，其中有三封遗书是写给网游中的人物的。① 从网游笔记中可以看出，他混淆虚实，真假不分，认识混乱，误以为自己可以像超人那样飞，或者能像游戏中的人物那样死而复生等。这些都警示人们应意识到虚拟的本质特征，在认知和行动中区分现实和虚构。

正是虚拟的以上特征决定了虚拟技术是一把双刃剑，在带给人们无限创造力和无穷可能性的同时，也成为一个利弊共存、可能推进也可能危害人类现实生存的技术手段，在丰富和升华人们的生存实践的同时，对人们的生存实践带来了各种不可忽视的、潜在的和现实的危害。例如当前日趋增长的网络犯罪；一些青少年沉迷网络、荒废学业；一些人只热衷于虚拟交际，远离现实生活，变得孤独、冷漠、与世隔绝。对虚拟的以上特征的认识，将帮助人们从社会和个人层面采取一些措施和行动来指导实践。

首先，在理论上展开对虚拟技术的本性和功能的本体论、认识论和方法论探讨。对虚拟的现实地位的探讨构成了虚拟的本体论定位的组成部分。当前对虚拟的地位存在两种观点。第一种观点认为虚拟存在是与现实存在并存的人类生存世界，人们有两种生存方式——"在世"和"在线"，主张完全扬弃传统哲学的本体论立场，如迈克尔·海姆（Micheal Henry Heim）所言："我们正突破界面而移居电子领域，电子领域的实在和符号化的实在构成了第三种实体：虚拟实在。"② "在互联网上能够吸引人们眼球的、增加人们点击率和转发率的东西，就是一种新的存在状况。"③ 第二种观点认为不论虚拟技术怎样发展，它终究是建立在现实基础之上的，"只是现实生存的一部分，丰富了现实生存，但决不会完全代替现实生存"④。这种观点仍然把虚拟生存看作人们现实生存的扩展和延伸，它不

---

① 央视国际：《我国13.2%的上网青少年有网瘾》，http://www.cctv.com/news/science/20051123/100972.shtml.

② 白淑英：《从技术思辨到社会哲学——关于虚拟世界研究的方法论转向问题》，《自然辩证法研究》2007年第1期，第84页。

③ 孙和平，盛晓明：《论"虚拟实在"对"科学实在"的内在化》，《哲学研究》2006年第4期，第68页。

④ 殷正坤：《虚拟与现实——兼与陈志良先生商榷》，《光明日报（理论版）》2000年3月28日。

是对现实生存的消解或取代，而是"人的现实生存的一种在广度和深度上的丰富和升华"①。而前述对"虚拟"的意义探讨表明，"虚拟"的本质仍然为"虚构"，它无论如何逼真也不是现实。这为第二种观点提供了语义方面的理论支持。

其次，在实践上正确区分虚构与现实，合理定位和处理虚构与现实的关系。从对"虚构"的语言分析中可以看到，科学中的合理虚构都是建立在现实经验基础之上的，最终仍然为描述和预测现实、指导实践服务。科学中的虚构如此，文学中的虚构也是如此。而无论虚构以何种形式出现，譬如其最生动的体现——虚拟，都是建立在一定的经验基础之上的，离不开现实中人们的认知和实践。因此虚拟作为虚构与现实的混合，最终也离不开创造它的现实基础，它不可能完全替代现实或脱离现实，而只是人们现实生存的丰富和延伸。这种认知将引导人们正确认识和运用虚拟技术，发挥其积极作用。

最后，还要倡导全社会建立健全法律法规体系和监督管理系统，建构和提倡网络文明和网络伦理，教育、引导和号召人们尤其是青少年坚守虚拟技术时代的文明和道德规范，自觉约束和规范自己的网络行为，共同建立一个文明、健康、干净的网络虚拟世界。

小 结

本章通过对科学理论名词的意义探讨，得出以下结论：

科学理论名词也有确定的指称和涵义。科学理论名词指称其所命名的理论对象，指称先于涵义产生；从科学理论动态发展的角度看，科学理论名词的指称有以下确定依据：一方面是人们在命名和使用这些名词时形成的历史的、社会的链条，另一方面也离不开使用这些科学理论名词的人的信念和认知；从某一时期人们对科学理论名词的认知来看，科学理论名词的涵义由一组描述其本质属性的摹状词给出。

对科学理论名词的意义分析表明，在解释包括科学理论名词在内的通名的指称和涵义时，名称的描述理论是较为合理的观点；这对科学发现的启示就是肯定科学理论名词的指称和涵义为科学发现的实在论提供了语言层面的支持；从融贯的角度来看，包含科学理论名词在内的科学理论可以

---

① 贾英健：《论虚拟生存》，《哲学动态》2006年第7期，第28页。

发现规律并预测未来，发挥为科学家提供正确的理论信念的功能。

　　虚拟的特征和涵义表明，无论虚拟技术如何高超，虚拟世界都离不开创造它的现实基础，虚拟生存不可能完全替代现实生存。人们应认识到虚拟技术的这种特性，发挥其积极作用。

第六章 虚构语句的语言分析对语言学理论的挑战和启示

本章对虚构话语的意义分析将从两个侧面进行：一是对虚构语句的语义系统的描述和分析，重点包括虚构语句的意义来源，即思想内容如何被赋予虚构语句，虚构语句的指称和涵义，关联的是语言符号、语言规则和世界；二是从虚构语句实践的角度来说明虚构语句的意义理解，重点是虚构话语的意义判断和理解，关联的是语言、语言的使用者和其他事实。这一分析基于刘易斯对语言意义的两个主题的划分：语言的抽象语义系统和特定使用系统。[①]

首先对后面将要同时用到的两个术语"虚构语句"和"虚构话语"做一个说明。

语句（sentence）是一种语言单位，它是指由某种语言中的一个或多个语词按照一定的语法规则组成的、表达了可理解的意义的句子，通常指单一句子。本书只限于探讨自然语言中的语句。虚构语句就特指包含了虚构名称或对虚构的现象、过程、事物进行记叙、描述、评论、解释的语句。它有以下两个特点：（1）它在语法上是合法的，即合乎语法规则的；（2）它能表达一般意义上的可理解的意义或思想，如"孙悟空会七十二变"或"福尔摩斯戴着一顶遮檐帽"这样的句子是虚构语句，因为它们意义明确，能够获得读者比较一致的理解，而表达的意义不明确的句子，比如经常被引用的"绿色的思想在疯狂地睡觉"这样意义不明的句子，我们没有将其纳入虚构语句的范畴。此外，按照语言哲学家对语句和命题的区分，本书在广义概念上使用"语句"这个词，把语句看作一种合乎语法、有明确意义的语言单位。

话语（discourse）在日常生活中和语言学中指人们说出的话和言语，在语言哲学中，常用来指一个比语句或命题更广泛的意义单位，可以指语

---

① D. Lewis, "General Semantics", *Synthese*, 1970, Vol. 22, No. 1—2, pp. 18—67.

句的结合体、篇章或整个文本。本书认为"话语"与"语句"的最大区别在于它们之间量的差别,话语既可以指单个语句,也可以指联合在一起的多个语句,还可以指由语法和意义连贯的语句构成的段落、篇章甚至整个文本。从这一考虑出发,本章在论述虚构话语的语义意义时较多采用"虚构语句"这一用法,所采用的例句都是单个句子。这是因为某一理论只要能够对语句的意义给予合理的解释,就同样也能够合理解释话语的意义。当论及涉及多个语句连用或构成篇章的语用意义时,本章较多采用"虚构话语"这一用法。但二者没有严格区分,有时不加区别地使用,因为所有适用于语句的理论也同样适用于话语。

包含科学理论名词的句子构成的科学理论话语也是虚构话语,本书第四章探讨科学理论名词的意义时把科学理论名词放在整个理论语句所构成的话语体系中,对于科学理论名词的意义所形成的结论也适用于其所构成的语句或话语。因此本章对虚构话语的意义和真值性探讨仅限于文学作品中的虚构话语。

一些结构主义语言学家和哲学释义学家赋予了"话语"更复杂和丰富的内容。例如福柯不仅把话语看作一种语言活动,甚至看作一种人类的实践活动,人类的历史文化都是由各种各样的话语组成的。[①] 利科则把话语看作意义与事件的结合,强调其释义学意义,语句说出是一个事件,语句的意义,即语句的命题内容是保持不变的,因此语句被重复说出时,意义都是一样的,是持久不变的,"一切话语都是作为事件而得到实现,并作为意义而得到理解。意义是语句的命题内容,它是语句中主词的识别功能和谓词的断定功能这两者的结合"[②]。利科的话语理论从与言语行为理论的相通之处、从语用和行为角度,佐证了虚构话语的意义和交际性,对于探讨虚构话语的意义有一定的启发,本章第三节将对这方面做进一步探讨。此处要说明的是,本研究并没有在释义学意义上使用"话语"这一概念,仅仅只是在语言学意义上使用。

此外,还需澄清一种情况,即文学作品中对真实人物、真实地点、真实事物进行描述或陈述的话语,简单地说,就是虚构文本中出现的对真实状况的描述,例如乔伊斯的小说《都柏林人》对都柏林城风貌的描述十分真实,连乔伊斯本人都曾戏言"即使都柏林毁于一旦,依然可以根据其小

[①] 参见涂纪亮:《现代西方语言哲学比较研究》,中国社会科学出版社1996年版,第97页。

[②] 涂纪亮:《现代西方语言哲学比较研究》,中国社会科学出版社1996年版,第106页。

说得以重建"①。按照塞尔（1979）和一些文学理论学家（如 Hamburger）的观点②，这类话语不属于虚构话语，应该算真实性话语，塞尔也曾明确说戏剧中对演员的表演进行提示的说明性语句是真实性语句。但有时一部文学作品，尤其是纪实性小说，往往是真实与虚构的混杂，很难对其中的语句进行严格的区分。有学者就明确指出，语句没有虚构和真实之分，同样的语句可以既出现在虚构文本中，也出现在真实文本中，并且所表达的意义可能是相同的。因此，本书采取这样一个立场，即如果一部虚构的文学作品中的某些语句能够被实在世界的证据链证实，就把它看作真实性语句，否则都看作虚构语句。这里的证实包括被人证、物证（如实物、图片、声像），或者被其他非虚构性文本（如史书、新闻报道、地方志等）证实。

第一节 虚构语句的语义意义

本节将从虚构语句的意义来源角度阐述虚构语句的语义意义。之所以探究语言的意义来源，就是"试图解释任一语言表达式为什么会具有这样或那样的意义，我们所关注的是在形成意义的语言实践过程中有些什么样的因素发挥了重要的作用"③。沿袭这一思路，本章所论虚构语句的意义来源并不是询问虚构语句的创造者是谁，而是追问包含虚构人物或事物名称的语句如何能够与真实性语句一样实现思想表达功能，或者说哪些因素会影响虚构语句的意义表达。如前所述，虚构语句不是无意义的句子，虚构语句也可以传递信息，表达思想内容。因此探究虚构语句的意义来源将有助于解释虚构语句为何能够传递信息或表达思想内容，并且能够厘清影响虚构语句意义的因素有哪些。

根据意义来源理论，可以把虚构语句的意义来源划分为两个层面的问题：（1）虚构语句的语言符号意义，主要探讨语言符号如何构成可以传达信息的虚构语句；（2）虚构语句的指称和涵义，以此说明虚构语句如何表达思想内容。

---

① 参见谢晓河，余素青：《虚构话语：言语行为和非交际性》，《外语研究》2005 年第 3 期，第 1 页。

② K. Hamburger, *The Logic of Literature*, Marilyn Rose, trans. Bloomington：Indiana University Press, 1973.

③ 王垠丹，杨武金：《语言意义的来源》，《自然辩证法研究》2019 年第 7 期，第 18 页。

一、虚构语句的语言符号意义

从语言符号学层面看，描述虚构人物和事物的虚构语句与描述真实人物和事物的真实性语句所使用的语言符号体系没有差别，语符、语音、构词都完全相同，可以说完全不存在语言符号方面的差别，其字面意义相同。从普通语法规则看，二者使用的组词规则和语句构成规则也完全相同。可以说虚构语句在符号意义和语法意义上与真实性语句完全相同。虚构语句在传达信息内容方面与真实性话语完全相同，这种功能的实现可以从两个方面加以解释。一个是语言本身所固有的语言规则，用弗雷格的意义图景来说明就是在语言符号层面由专名和概念词构成句子，它是符合语法规则和逻辑的；另一个则是作为语言使用者的人所具备的语言认知能力。乔姆斯基的转换生成语法（Transformational-generative Grammar）或普遍语法以及认知语言学也分别为以上两个方面提供了理论支持。用普遍语法的理论来解释，虚构语句完全可以看作对语法规则的创造性运用，即虚构语句的产生是对转换生成语法的核心理念——语言的创造性运用的生动体现；而人所具备的认知能力则具备对符号和逻辑加工处理的能力，从而实现对虚构语句所传达信息的加工和理解。换言之，虚构语句也是完全遵循语法规则和人脑的语言认知能力对符号和逻辑进行加工而生成的，与真实性语句的创造性运用完全相同，二者在语法规则和生成机制上没有区别。

按照乔姆斯基对语言的语法规则的划分，任何语句的语法都可以分为表层结构和深层结构。深层结构包括一套完整的普遍语法规则，可以实现对语言符号的组合、顺序等的约束和管辖，结合人先天具有的认知能力对这些语法规则的领悟和运用，在有限的语法规则的基础上转换生成具有无限的表层结构的语句。虚构语句虽然在表层结构方面引入了新生或者虚构的人物或事物，但在深层结构方面遵循了普遍语法规则，依然是对普遍语法规则的合理运用，任何一个具有语言能力即具有先天语言认知能力的人都能够领会和运用虚构语句，从而使得虚构语句依然可以成功地传达信息，成为有意义的语句。以语句"福尔摩斯戴着一顶遮檐帽（Holmes wore a hat）"为例，按照乔姆斯基的树形图可以画为图6-1：

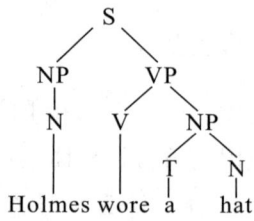

图6-1 例句"福尔摩斯戴着一顶遮檐帽"树形图

按照深层结构语法规则,受语义和句法约束和管辖的改写规则规定,此处句首的N可以由任何单称人名替代,无论该人名指代现实或虚构人物,该语句都是符合深层语法规则的,具有理性认知能力的人即使不认识"福尔摩斯",也可以正确理解该句所传达的信息为"一个叫福尔摩斯的人戴着一顶遮檐帽"。用弗雷格的意义图景理论来解释,上述语句就是一个包含专名和概念词的合法语句。

按照认知语言学的理论,人们获得语言知识,除了需要具有天赋的语言能力,也离不开个体的语言能力发展和建构的过程。在经历从词汇、短语到句子,刚开始只能使用动词或述谓结构发展为主谓结构,并且从简单具象的主谓结构发展为复杂抽象的句法结构的构建过程后,人们具备了用不同物体或人物名称来构建抽象主谓结构的能力。虽然在日常生活中,人们接触到的都是具象真实的人物行为动作,如"戴着一顶遮檐帽",上述语句用虚构人名"福尔摩斯"替换了主谓结构中参与者的角色,但任何具备认知、语言和逻辑能力的人都能够实现对该语句的语言符号的加工和操作,从而实现对该语句所传达信息的理解和运用。人的天赋语言能力和认知能力为语言的信息加工和传递提供了生物学基础。

最后,在语言符号加工和操作过程中,除了把语言符号与世界的事态和概念联系起来,逻辑也发挥了重要作用。它保证了人们能够根据逻辑关系,用因果、归纳、递归、排除等逻辑手段把语句内部的各个成分和多个语句所表达的内容有机联系起来,形成完整和连贯的思想。例如语句"知己知彼,百战不殆",虽然两个句子看似独立和并列,但人们通过逻辑关系的分析,会形成两个句子之间的因果联系或条件关系,知道"知己知彼"是"百战不殆"的条件或者原因,从而达到对语句的意义的完整理解。对于由多个语句构成的篇章和文本,尤其如此。

由此,可以总结:在语言符号意义层面影响虚构语句的意义的因素有语法规则、逻辑和人的语言认知能力,它们共同构成虚构语句意义得以生成和理解的语言学保障。虚构语句能够形成意义并在实践中大量运用的事实也反过来支持了普遍语法的核心内容。

二、虚构语句的指称和涵义

由语言符号构成的语句之所以能够被赋予思想内容，在于语句通过指称和涵义与世界关联，描述了世界的事态，传达了信息。这也是语言哲学家一直孜孜探讨语言表达式的指称和涵义的最根本原因。对虚构语句而言，情况也是如此。因此，要回答虚构语句如何表达思想，就必须先说明虚构语句的指称和涵义。与真实性话语不同，虚构语句指称对象的性质与实在世界对象完全不同，这引出虚构语句指称和涵义在语言哲学中的不同理论，大致分为三派：（1）虚构语句既无指称又无涵义，（2）虚构语句没有指称只有涵义，（3）虚构语句既有指称又有涵义。

语言哲学家比较多地探讨了名称的指称和涵义，而对语句的指称和涵义较少涉及。比较系统地提出语句的指称与涵义的哲学家是弗雷格，他在《论涵义和所指》一文中，通过把语句中的语词换成具有相同指称但不同涵义的语词后语句的变化来确定语句的涵义和指称，提出了著名的关于语句的涵义和指称的观点。其最核心的内容就是语句所表达的思想，即很多哲学家所称"语句的命题内容"，为语句所表达的涵义，它分别由专名和概念词（弗雷格称之为主词和谓词）的涵义构成。语句的真值就是语句的指称，它分别由专名和概念词的指称构成。这一定义不仅从语义上确定了语句的意义，同时也把语句与对象即世界联系起来，包含了哲学本体论前提。之后弗雷格还专门著文《思想》就其涵义做进一步解释，其中的一些例子也涉及虚构语句的指称和涵义。其中有一些模糊和矛盾之处，但大致分为两种观点：一种认为虚构语句没有指称，但是有涵义；另一种则在虚构名称的归属性使用基础上承认虚构语句的指称和涵义。

弗雷格以语句"当奥底修斯熟睡的时候，他的船在伊沙卡搁浅了"为例专门探讨了虚构语句的指称和涵义。此时，他认为"奥底修斯"这一名称只有涵义没有指称——以上语句显然是有涵义的，因为与语句涵义相关的语句各个成分是有涵义的，但是因为主词没有指称，所以他倾向于认为上述语句没有指称。他说：

> 无论如何可以预料有这样的语句，就像有一些语句的成分的确有涵义而无指称一样。可以断定：包含了没有指称的专名的语句一定就是这种类型的。"当奥底修斯熟睡的时候，他的船在伊沙卡搁浅了"这个语句显然具有涵义。可是语句中的专名"奥底修斯"是否具有指

称值得怀疑，所以，整个句子是否具有指称也有疑问。①

联系弗雷格把真值当作对象，认为虚构人名没有指称对象因而没有指称的观点，以及他对诗的评价——人们只关心其艺术欣赏效果而不关心其真值，可以看出此处弗雷格觉得上述语句是没有指称因而也没有真值的，它们既不为真也不为假，不存在或真或假的判断问题。此外他所列举的其他空名例子，如"奥德赛""离地球最远的行星""最弱收敛级数"等都是没有指称但有涵义的表达式，也印证了他的这种观点。一般来说，否认虚构名称具有指称的语言哲学家毫无疑问也否定了包含虚构名称的语句具有指称。

关于虚构语句的涵义的第二种观点就是虚构语句既无指称又无涵义。按照弗雷格的句子的指称和涵义由构成句子成分的单词的指称和涵义构成这一思路，可以推导出否定虚构专名具有指称和涵义者也会否定虚构语句的指称和涵义。此外，持有把涵义看作指称的表达方式的观点的人也会否定虚构语句的涵义，因为连作为起点的指称都没有，自然就不会有作为其表达方式的涵义。此外也有人把虚构语句的涵义看作一种区别于真实陈述语句涵义的特殊涵义。例如埃文斯在把空名的涵义看作伪造的或模拟的涵义的基础上，把包含空名的句子的涵义看作一种伪造的或模拟的涵义，它具有双面性②：与无意义的句子不同，虚构语句也有涵义；但它又不是真正的涵义。这种观点也大体可以归入否定虚构语句涵义的一方。

可是这一结论却与虚构语句的语言实践相悖。一方面，哲学家们乐此不疲地探讨虚构语句的否定存在句难题，例如像"孙悟空不存在"这样的句子为什么又有意义又为真；另一方面，从常识出发，人们完全可以对虚构人物做出真假对错的论述，例如人们会认可"孙悟空会七十二变""福尔摩斯戴着一顶遮檐帽"这样的论述，反对"福尔摩斯太太戴着一顶遮檐帽"这样的论述；此外，大量地充斥在我们的日常生活中的虚构语句，如关于虚构人物的讨论、文学作品的评论、包含科学理论名词的描述等，如果它们都没有真假可言，就无法解释人们为什么会认可并使用"孙悟空会七十二变""福尔摩斯戴着一顶遮檐帽"这样的语句，不认可而且不使用诸如"福尔摩斯晚上会来我们家吃饭""福尔摩斯太太戴着一顶遮檐帽"

---

① 〔德〕G. 弗雷格：《论涵义和所指》，A. P. 马蒂尼奇编，《语言哲学》，牟博、杨音莱、韩林合等译，商务印书馆 2004 年版，第 381—382 页。

② G. Evans, *The Varieties of Reference*. Oxford: Oxford University Press, 1982, pp. 18—21.

一类的语句。由此可见,既然语言实践中包含虚构语句,虚构语句可以对事态进行真实或虚假的描述,就不能简单地把虚构语句统统归到既无指称又无涵义之列。本书第三章和第四章在论述虚构名称的指称和涵义时已涉及这一论题并给出了肯定的回答,其中关于虚构语句的语义意义,可以用弗雷格的理论加以总结。他的解决方案就是把名称的归属性使用纳入考虑,即句子如果能够把属性归属于某个名称,就有真假。在《论涵义和所指》中,他说:"可以肯定:任何认定这个句子为真或为假的人,都会同意专名'奥底修斯'不仅有涵义而且有指称。因为,很明显,语句中的谓词所表示的属性或者属于或者不属于这个名称的指称。一个不承认指称的人是不会考虑是否把有关属性归属于指称这种问题的。"[①] 这里他提出一个很重要的观点,即属性只能属于或不属于某个名称,如果语句能够谈论某个虚构对象的某些属性特点,就必须把这些属性归属于某个对象,无论这一对象是客观世界的对象,还是抽象观念世界的对象,抑或是可能世界、小说世界的对象,这就意味着语句对事态或对象进行了描述,具有指称。简言之,就是当语句能够对指称对象的性质进行归属或描述,语句就具有真值,也就意味着语句具有指称。弗雷格所述的语句的主词和谓词的指称共同定义了语句的指称,说明虚构语句也是由主词和谓词组成的,语句对虚构对象的性质进行归属和描述,属于其主词的归属性使用,谓词的指称不变,它们共同决定了虚构语句的指称。

  名称的归属性使用也同时说明了语句可以表达思想内容,结合弗雷格所说的"任何一个懂得某种语言或全部名称(designation)——专名只是其中的一部分——的人,都能领会一个专名的涵义"[②],与涵义相关的还有"可领会"这一因素,这些因素共同说明无论真实性语句或虚构语句,当语言符号实现了对于对象或事态的性质归属或描述之后,语句就表达了可领会的思想内容。虚构语句的可领会的思想内容也是由构成它的主词和谓词的内涵组成的,它们共同构成了虚构语句的内涵。这也符合弗雷格认为语句涵义是思想的观点:"它(指思想,笔者注)不能不被看作是语句的涵义。"[③]

---

  ① 〔德〕G. 弗雷格:《论涵义和所指》,A. P. 马蒂尼奇编,《语言哲学》,牟博、杨音莱、韩林合等译,商务印书馆2004年版,第381—382页。
  ② 〔德〕G. 弗雷格:《论涵义和所指》,A. P. 马蒂尼奇编,《语言哲学》,牟博、杨音莱、韩林合等译,商务印书馆2004年版,第377页。
  ③ 〔德〕G. 弗雷格:《论涵义和所指》,A. P. 马蒂尼奇编,《语言哲学》,牟博、杨音莱、韩林合等译,商务印书馆2004年版,第381页。

综上所述，当虚构语句对虚构对象的性质进行了归属和描述，即传达了关于事态或对象的可领会内容时，思想被赋予虚构语句，虚构语句既有指称又有涵义。由此，组成虚构语句的专名和概念词的指称和涵义组合共同定义了虚构语句的指称和涵义。

第二节　虚构语句的意义理解

上节从虚构语句的意义来源分析了虚构语句的语义意义，当虚构语句进入语言实践，例如人们能够理解并认可"孙悟空会七十二变""福尔摩斯戴着一顶遮檐帽"这样的语句，而不认可诸如"福尔摩斯晚上会来我们家吃饭""福尔摩斯太太戴着一顶遮檐帽"此类的语句，涉及的是使用者对虚构语句的意义理解和判断，其不仅仅关联语言和世界，也关联使用者和使用的语境等语用意义。

本节将从三个方面就意义理解进行阐述：一是从使用者言语行为方面说明虚构语句的意义理解，二是从使用者意向方面说明虚构语句的意义理解，三是从使用的语境方面说明虚构语句的意义理解。

一、言语行为

（一）虚构话语是一种言语行为吗？

语言实践中的话语被认为有意义的另外一种解释就是，任何话语，不论口头或书面形式，都是在实施言语行为。自从奥斯汀（John L. Austin）提出日常交际中的话语都是一种言语行为的"言语行为理论"之后，人们基本上都赞同日常语言中的真实性话语不论是以口头还是书面形式表达出来，都是一种言语行为，通俗的说法就是人们说出一句话（可能有时这句话就一个字）就是完成一种表达某种情感或动作的行为，例如承诺、抗议、提醒、命令、赞美等。任何有意义的话语之所以能够被使用者理解，就在于它实施了言语行为，对听者或读者产生了影响。文学文本中的虚构话语是否是一种言语行为？对这一问题的回答，学界仍存在分歧。当前比较有影响的分别是塞尔的"寄生性言语行为"理论和科里的"虚构性言语行为"理论。

断言作为以言行事行为的一种，包括陈述、断定、描述、赋予特征、指认、解释等，日常语言中的陈述性语句基本都属于断言。它必须遵循四个基本原则：一是断言者必须承诺所表达命题的真实性，二是断言者必须随时准备好为证明所表达命题的真实性提供证据或理由，三是所表达的命题在说出的时候对说话者和听者来说不能是明显的事实，四是说话者本人相信所表达命题的真值。塞尔从否定虚构话语是断言开始否认了虚构话语是一种以言行事行为。他通过对比一篇新闻报道和一篇小说开头的一段话，指出虚构话语从字面上来看，如在用词、词语的意思、句子结构、句法等方面，与真实性话语没有什么不同，同时也不存在一个独立于真实性话语言语行为的新的言语行为种类，即所谓的"写小说言语行为"，否则虚构话语就成为谁也看不懂的天书，但从隐含在句子背后的作者（或说话者）的意向来看，则虚构话语与真实性话语完全不同。塞尔称之为"假装理论"，即一部小说的作者只是佯装在实施断言，或似乎（as if）在实施断言。虚构话语的作者不相信也无法承诺所表达的语句的真值，违反了断言的基本原则，只是假装在叙述一系列事件。由此，塞尔得出结论：虚构作品的作者并不是在真正实施以言行事的行为，而是假装实施一系列断言类以言行事行为。塞尔还进一步论述了判断一部作品是虚构作品还是真实性作品的标准，在于"作者的以言行事态度，这种态度就是作者在写作或创作一部作品时某些复杂的以言行事意向"①。换言之，虚构话语与真实性话语的根本区别就在于隐藏在话语背后的作者意向，如果作者相信并承诺所断言命题的真值，则作者在实施真正的以言行事行为；如果作者并不相信并承诺所断言命题的真值，则作者在假装实施以言行事行为，此时作者的意向虽然是假装描述事实，但并非有意欺骗或说谎，而是类似演员演戏的一种非欺骗性表演（nondeceptive pseudoperformance）。借用维特根斯坦的"语言游戏说"来解释，就是虚构话语所玩的语言游戏有自己独立的游戏规则，不同于人们日常语言中的语言游戏规则，它准许作者采用日常语言中断言的语言形式，在不改变话语字面意义的情况下不必遵守使用这些字句所必需的承诺或规则。塞尔把这种游戏称为"寄生性以言行事语言游戏"（parasitic）。如果对塞尔的这些观点加以总结，其核心就是虚构话语的本质就是隐藏在话语后面的作者的"假装"意向，由此可以推断出塞尔对"虚构话语是否是一种言语行为"持否定态度，认为虚构话语并不是在实施"正式的言语行为"（serious speech act）。这一点可以从塞尔自己对虚构话语的逻辑地位的总结中得到印证，他曾反问文学文本"我们为

---

① John R. Searle, *Express and Meaning: Studies in the Theory of Speech Act*. Cambridge: Cambridge University Press, 1979, pp. 65-66.

什么要花这么多精力去重视一篇大部分都是假装言语行为的文本?"①

塞尔的这一寄生性言语行为理论影响深远,特别是"假装"的观点,得到了很多人的认同,但是科里提出的另一套"假装"理论却肯定了虚构话语的言语行为。科里认为,虚构话语的作者的交际意向是真实的,作者进行断言、描述、赋予人物性格等行为都是真实的,是在实施真正的以言行事行为,只不过对于所断言事实的真实性,作者采取一种假装相信的态度,其创作目的也是让读者对断言的内容采取假装相信的态度。② 因此与塞尔不同,科里认为作者并不是在假装实施言语行为,而是在实施一种真正的言语行为,其目的是让读者对虚构的话语内容假装信以为真,这种言语行为是一种不同于真实性话语言语行为的新的言语行为,科里称之为"虚构性言语行为"(fictive speech act)。

沃尔顿也赞同塞尔的虚构话语为假装言语行为的说法,他认为作者在描述虚构人物或事物时,就是在玩一种使人信以为真的"假装"游戏,他称为"使人信以为真的仿拟"(mimesis and make-believe),就像演员在舞台上表演,所说的每一句话都是在假装似乎是真的一样,虽然他们可以打动观众,但观众并不会相信这些是生活中真实发生的事情,而是知道他们只是在演戏,虚构话语言语行为就是类似这种演戏的行为。作者、文学评论者、谈论虚构人物和事物的言说者都是在演戏,以认真的态度说一些虚假的东西,他们本身并不相信所说的内容,其目的也是希望读者或听者加入他们这种假装为真的游戏,和他们一起参与(participation)这种游戏。③

除此之外,也有一些学者主张在虚构话语中彻底消除言语行为的说法,如科恩引入全能的叙事者概念,把作者与故事叙述者分离开来,取消作者的话语权;班菲尔德则连叙事者的概念都取消掉,认为虚构作品是一种自我叙述,只具有自我表现功能。④

显然,只从虚构语言呈现的角度说虚构话语只有自我表现功能并不能解释为什么在读者或听者角度,虚构话语能够获得理解和判断。因为,

---

① John Searle, *Expression and Meaning: Studies in the Theory of Speech Act*, Cambridge: Cambridge University Press, 1979, p. 66.

② Gregory Currie, *The Nature of Fiction*, Cambridge: Cambridge University Press, 1990, pp. 1—49.

③ Kendall Walton, *Mimesis and Make-Believe*, Cambridge: Harvard University Press, 1990, p. 12.

④ 晓河、余素青:《虚构话语:言语行为和非交际性》,《外语研究》2005 年第 3 期,第 1—2 页。

首先，一部虚构作品能够被读者阅读，并且获得比较一致的理解，进而能被人们评说，说明虚构话语并不能独立于人类意识和语言系统之外，不可能没有言语行为。其次，叙事者作为一个理论虚设，不可能与现实产生任何联系，例如，我们不能说叙事者在和读者交流，也不能说叙事者与被叙事者即作品中的人物进行交流，更不能说作者通过叙事者与读者交流，因此这一概念在语用上显得冗余。虚构话语有可理解的意义，也可以对读者产生影响，说明虚构话语也实施了言语行为，问题是虚构话语实施的是什么言语行为。

如果留意一下奥斯汀和塞尔对言语行为种类的划分，可以看到言语行为包括以下几个部分：（1）说出行为（utterance act），即说出话语，它既可以是发出声音，也可以是以言成词或以言成句，也就是以口头或书面形式表达一串语词；（2）以言表意行为（locutionary act，也译为言内行为），即进行指称和断定，在说出话的同时指称某些人或事，传达某种信息；（3）以言行事行为（illocutionary act，也译为言外行为），即在说出话语的同时实施某些超出语言的行为，如提供情况、表明意图、宣判、承诺、约定、描述、批评、赞美等；（4）以言取效行为（perlocutionary act，也译为言后行为），即说出的话语在听者的行为、思想或信念等方面产生某些效果和影响。某个话语可以同时产生以上四种言语行为，但也可能只产生了某一种或几种行为，甚至同样的一句话由不同的人或在不同的场合说出都可能产生不同的行为。例如塞尔在对他的言语行为四分法进行解释时就提到某人可能说出一串语词即实施了说出行为，但没有产生其他言语行为，或者某句话从甲口里说出来是以言行事行为，但从乙口里说出来就成了以言取效行为。[①]

塞尔在论及虚构话语时，明确指出虚构话语的说出行为是真实的，但是在指称人物或叙述事件时是假装的，也就是说以言表意行为和以言行事行为是假装的。他甚至在举剧本的例子时提到剧本中除对演员表演进行提示和指示的句子是真的断言外，其他句子都是假装在实施言语行为。[②] 这一观点值得商榷。

首先，按照奥斯汀和塞尔对说出行为的定义，言说者只要说出有意义

[①] John R. Searle, *Speech Acts: An Essay in the Philosophy of Language*. Cambridge: Cambridge University Press, 1969；《言语行为：语言哲学论》，外语教学与研究出版社 2001 年版，第 24—25 页。

[②] John R. Searle, *Express and Meaning: Studies in the Theory of Speech Acts*. Cambridge: Cambridge University Press, 1979, p. 79.

的一串语词,就实施了说出行为。它既可以采用发出声音的形式口头说出,也可以用书面的形式书写下来。虚构话语以书面形式表达了有意义的一串语词,毋庸置疑虚构话语的说出行为是真实的。

其次,虚构话语的以言表意行为也可以是真实的。如果我们把表意理解为指称某人,就涉及虚构话语的指称,实际上触及的是虚构对象的本体论地位之争,至今这个问题仍悬而未决。一派认为虚构话语没有指称,因为虚构名称不能与任何现实中的个体联系起来;另一派则主张虚构对象虽然不存在于现实世界之中,但存在于小说世界或某种可能世界之中,因此虚构名称指称小说或可能世界的对象。由于后者承认虚构话语的指称,可以说虚构话语的以言表意行为是成立的。本书第二章和第三章已对指称问题进行过探讨,肯定了虚构名称的指称,此处从虚构话语是否传达信息这一角度来考察这一点,答案也是肯定的。本章第一节从意义来源角度也再次肯定了这一回答。从读者理解的语言实践来看,面对再晦涩难懂的虚构作品,读者也能从字里行间获取各种信息,其中既包括作品蕴含的人物、事件、情感、思想、价值等文学信息,也包括隐藏在文字后面的作者的信仰、观念、思想以及作品反映出的政治、社会、经济、文化等现实社会信息,只不过不同的读者对某些具体的观点会有异议。但不可否认的是,虚构话语仍然传达了读者可以意会的信息,从这个意义上讲,虚构话语的以言表意行为确实是真实的。这一点与格赖斯会话含义理论所认为的结合语言规约、使用者意向和使用语境可以理解话语意义是相吻合的,也支持了上一节关于虚构话语归属性使用中虚构语句对所述对象的性质进行了归属或描述,传达了可意会思想内容的立场。

再次,当考察虚构话语的以言行事行为时,虚构话语不是断言,但并不表明它们不能完成其他超出言语的行为或功能,如提供信息,包括提供小说世界的信息,如赋予人物性格、叙述故事等,也包括提供现实世界的信息。虽然在一些学者看来(例如斯塔尔内克[Robert Stalnaker]),真实性话语,如新闻报道、学术论文等向读者传递了关于世界的新知识,是"严肃的"叙事行为,而虚构话语没有增加或更新读者对世界的新知识[①],但不能完全否认虚构话语的信息叙述和传递功能。如果以虚构话语并不是对真实世界事态的描述,语句的命题内容没有真实性来否定虚构话语的言语行为,则似乎混淆了语句的语义意义和语用意义。对命题内容真假的判

---

① 〔美〕R. 斯塔尔内克:《论命题》,A. P. 马蒂尼奇编,《语言哲学》,牟博、杨音莱、韩林合等译,商务印书馆2004年版,第722—727页。

断与指称和涵义相关，属于语义的范畴，而言语行为是语用的范畴，用某一名称或语句是否有指称来否定其语言效力，似乎是站不住脚的。

更进一步，借用实在论者对虚构人物的说法，可以说虚构话语增加了人们对虚构人物或虚构事件的认识，也是一种新的知识的获取，而这也正是虚构话语的魅力所在。人们阅读文学作品不正是被其中的故事情节、人物或场景描写吸引吗？《哈利·波特》在全世界的风行就是很好的例子。此外，说虚构话语完全没有增加读者对于真实世界的新知识，也会遭到很多人的反对，许多读者可以从小说中学到有关社会生活方方面面的知识，譬如科幻小说就可能包含严肃的科学知识，即使是荒诞离奇的小说，只要作者的描述基于真实的科学理论，合乎知识理论体系，也可能在某些方面增加或更新读者对世界的认识。由此看来，否定虚构话语是断言就完全否定其以言行事行为是不能让人信服的。此外，把虚构话语都看作一种表演游戏的观点也不能让人信服。虽然作者通过写作来展现自己的情感、思想，与演员通过表演表现人物的性格、行为有相似之处，但作者期望通过虚构话语呈现或表达思想内容、信念是真实的，与表演时的假装意向不同。很多情况下，例如阅读小说时，或评论小说人物、在文本外转述或引用作者原话时，人们的确相信他们所说的为真，只不过这种真是相对于文学文本而言的，其目的并不是把虚构描述与现实世界做比较，并不会在乎所说的话语是否是对现实的真实描述，他们在乎的是所说的话语是否相对于原著而言为真。以这点为前提，人们并不是在表演或假装，而是在认真谈论事物，用斯塔尔内克的术语来讲就是说话者的命题态度是真实的，这说明虚构话语的说话者的言语行为也是真实的。

最后，如果要问虚构话语是否是以言取效行为，答案当然是肯定的，文学虚构作品感染、打动、教育、说服人们的例子比比皆是。虚构作品借助其富于想象力的情节、充满感染力的语言、生动感人的人物形象对人们的思想、观念和信仰产生巨大的影响，无数经典小说或小说中的典型人物对人们情感、思想的震撼和影响就是最好的证明。从这一点上说，虚构话语的以言取效行为甚至强过真实性话语。

总结以上分析，虚构话语的说出行为和以言取效行为都是真实的，并且从表达读者可以意会的意义、传递信息、叙述故事等角度来看，虚构话语的以言表意行为和以言行事行为也都是真实的。这些都表明虚构话语是一种真实的而不是假装的言语行为。这一结论也和利科的话语理论一致。利科把说话（可以是口头或书面形式）看作一个包含了言语主体和言语客体的交流"事件",虚构话语就是一个言语主体(即作者)和言语客体(即读者)进行交流的"事件",并且这一"事件"不仅包含了主客体交流的行为,即言语行为,还有产生言语行为的基础,即主客体各自拥有的社会文化背景和共享知识背景。即使退一步,否定虚构话语的以言表意行为和以言行事行为,只认可它的说出行为和以言取效行为是真实的,也足以表明这一言语行为是真实的。如果进一步追问虚构话语是何种言语行为,也许定义为"叙述式言语行为"或"描述式言语行为"比较恰当,它不同于断言,不需要作者承诺所说内容的真实性,也不同于科里的"虚构式言语行为",因为它并不是一种不同于真实话语的言语行为,而是与告诉、叙述或描述真实情况的谈话(或报告、报道等)言语行为一样,其作为言语行为是真实的,不同的是所叙述内容的真假被悬置,无论作者还是读者都对叙述内容的真实性采取假装相信的态度。简言之,虚构话语是一种叙述式言语行为,其叙述的内容可能是虚假的,但其言语行为是真实的。

(二) 虚构话语的言语行为与意义

传统的意义理论认为语句的意义只与语句的涵义和指称有关,奥斯汀和塞尔的言语行为和意向性理论认为离开了具体的言语行为和意向性,语句的意义既不能够得到实现,也不可能明确地加以确定。因为在奥斯汀看来,命题行为就是一种言语行为,完成一个命题活动等同于完成一项言语行为,因此语词和语句的意义只有通过言语行为才能得到解释和说明。塞尔也持类似观点,认为对语句意义的研究与对言语行为的研究是同一个研究的两个角度,二者不能各自独立。因此研究语句的意义就是要回答两个问题:语句中各个成分的意义如何决定语句的意义?当人们表达时实施了哪些不同种类的言语行为?[①] 并且在塞尔看来,言语行为与意向密不可分,言语行为是意向的表达方式,意向通过实施言语行为得以实现。(有关意向的问题下一小节将详细讨论。)

本章第一节就虚构话语的指称和涵义的阐述回答了以上塞尔提到的两个问题中的第一个,对虚构话语的言语行为的研究回答了上面第二个问题。如同前文已经指出的,虚构话语仍然是包含了真实叙述式或描述式言

---

① John R. Searle, *Speech Acts: An Essay in the Philosophy of Language*. Cambridge: Cambridge University Press, 1969;《言语行为:语言哲学论》,外语教学与研究出版社 2001 年版,第 18—19 页。

语行为的话语,其中至少说出行为和以言取效行为是真实的;从表达意义、交流信息的角度来讲,其以言行事行为也是真实的;其以言指事行为的真实性则存在争议,站在本书第三章虚构名称可以指称虚构对象的立场上,其以言指事行为也是真实的。以《福尔摩斯探案集·蓝宝石案》的第一句话为例:

例句4:圣诞节后的第二个早晨,我怀着祝贺佳节的心情,前往探望我的朋友夏洛克·福尔摩斯。

人们对这段话意义的理解,除了与句中各个成分的指称与涵义的意义解释以及由它们构成的语句的指称和涵义的解释有关,还涉及话语所表达的言语行为。首先,这段话以书面形式,以符合语法规则的语句,表达了可理解的意义,其说出行为是真实的,这其中也包含了作者期望别人能够理解其意义的意向。其次,从有知的读者的角度看,例句4中的几个指示人物或事物的名称,其指称对象也是明确的,例如圣诞节指代12月25日西方传统的庆贺耶稣诞生的节日,"我"指示小说中以第一人称叙述故事的虚构人物华生医生,"福尔摩斯"指示另一个虚构人物神探福尔摩斯,因此,以上这段话中的以言指事行为也是成立的,这也符合作者期望借助这些名称指代人物或事物的意向。再次,以上这段话也向读者展示了小说中的故事情节,以及不同人物的不同事件,同时按照西方社会惯例,圣诞节第二天去拜亲访友、互贺佳节是一项符合传统的社会习俗,这一行为是完全自然、合乎情理的,不会引起读者任何疑惑。读者通过阅读这段话,获取了关于什么人在什么时间做了什么事的信息,其叙述式以言行事行为也是成功的,作者的叙述意图也实现了。最后,作者叙述这段话,一方面是为了向读者交代一个即将发生的故事的来龙去脉,引出一段曲折复杂的故事情节,同时塑造不同的人物形象,另一方面也期望以富于想象力的情节和流畅的文笔吸引读者继续读下去,带领读者经历一个跌宕起伏的冒险和侦破过程,感染、打动或教育读者。作者期望达到的这些效果在读者阅读其小说(包括以上语句)的过程中就能实现,因而其以言取效行为也是成立的。

根据言语行为理论对虚构话语的意义解释,可以看到,人们对虚构话语的理解不仅仅停留在字面意义的理解和解释上,话语的以言指事、以言行事和以言取效行为都得以实现,从而使读者获得了对该话语的正确理解。

二、意向性

(一) 虚构话语意向性的定义

话语的思想内容要能够被读者或听者理解，也离不开使用者的意向。意向的定义和定位一直是哲学中的重要话题。意向性的根本就是人们在意识上有方向和目的，把语言符号与人们的心理和认知联系起来。本书第三章第二节论及虚构人名的指称时曾提到布伦塔诺认为不应把人们的认识对象局限在真实存在的事物上；虚构对象也可以成为人们的认识对象，因为人们的意识具有意向性，即意识指向某物，不论该物是实在的还是非实在的。布伦塔诺可以说是近代比较系统地提出意向理论的哲学家。他的意向理论最重要的目的就是以意向性为依据把意识和物质实体区分开，即把心理现象和物质现象区分开，从而规定心理学和自然科学研究范畴。他说："每一种心理现象的特征，就是中世纪经院哲学家称之为对象的意向的（或心智的）内在存在的那种东西，也就是我们现在称之为对内容的指向。对客体（不要把客体理解为实在）的指向或者内在的对象性的那种东西……"① 可以看出，布伦塔诺的意向理论首先把意向看作意识或心理对某些客体的指向；其次，客体不仅包括实在对象，也包括非实在对象；最后他的这种意向是个人内在性的东西，是一种以个人为基础的存在。可以将他的这一理论解读为，虚构作品之所以能够被理解，正在于隐含在文学作品背后的作者意向能够被读者把握。对作者而言，通过自己的意识，想象或臆造某人某物，即在内心把意识指向虚构对象，然后通过文学语言把自己的想象和臆造内容表达出来，即我们通常所说的创作，最后形成文学作品，这是一个想象、思想、情感和表达相结合的意向过程；对读者而言，通过意识有选择地阅读，把意识指向外部虚构作品，理解作者的文学语言，在心中唤起与作者相同或相似的体验和情感，形成对文学作品的解读，这是一个选择、理解、解释和再现相结合的意向过程。可以看到，作者和读者的意向对象和过程是不同的，作者的意向指向自己心中想象出的虚构对象，通过作品传达出来，读者的意向指向作者创作出的文学语言作品，探究语言背后的作者的意向。

对虚构话语而言，语言符号所构成的虚构语句传达了说话者的信念、愿望和命题态度等意图，读者实现对虚构话语的意义理解，就是对说话者

---

① 涂纪亮：《英美语言哲学概论》，人民出版社1988年版，第382页。

的意图进行了正确的判断和理解。意向性实际为虚构语句的正确理解提供了意识和认知保障。语言学家格赖斯提出的"格赖斯规划"也支持这一论点，其基本主张就是：语言表达式有意义，只是因为它"更为真实且符合字面意思地表达了使用它的那个人的某个具体思想或意图"①。对"使用它的那个人的某个具体思想或意图"的解读就是理解虚构语句所传递出的说话者的意向，包括信念、愿望和命题态度等。

而胡塞尔的意向理论则从意识的方向性上支持了虚构话语的意向性。他首先肯定虚构对象可以成为意向对象，认为意向的感受"指向着对象，不论所谈的是哪一种对象的存在，不论对象是实在的或者观念的，不论对象是现实的、可能的或不可能的，那都一样"②。也就是说，不论实在的还是虚构的、逻辑上可能的还是不可能的对象，都可以成为意向对象。其次，他认为意向性是意识的基本特征，意向活动包括四个方面，即意向活动的主体、意向活动的客体、意向活动的方式以及意向对象的活动内容。用他的意向理论分析虚构话语的意向活动，分为作者的意向活动和读者的意向活动两个方面。在作者的意向活动中，意向活动的主体为作者；意向活动的客体为虚构话语，或者也可以指作者想象和虚构出的小说世界；意向活动的方式就是在意识中构造或臆想小说世界；意向对象的活动内容就是小说世界中的人和事。在读者的意向活动中，意向活动的主体就是读者；意向活动的客体也为虚构话语，或者作者创造出的小说世界；意向活动的方式为解读虚构话语，或者称为在意识中再现或重现作者创造出的小说世界；意向对象的活动内容也是小说世界中的人和事。

胡塞尔的意向理论还提出一个重要的观点，就是意向的对象往往是人们通过一定方式加以概念化后的对象。因为概念化是个体的心理过程，与对象存在差距，人们对不同对象的概念化可能不同，而不同的人对同一对象建立起来的概念内容也可能不同，或者不完全相同。通过概念化以后，人们可能把握的只是对象的一部分内容，而不是对象的全体。这就解释了为什么不同的读者对同一虚构对象，如一部小说或小说中的某个具体人物，会得出不同甚至是相反的判断或结论。例如对于"孙悟空"这一虚构对象来说，有的读者注重他神通广大的一面，加以概念化以后，认为这一形象就是神通广大、无所不能的代名词；有的读者注重他反叛的一面，认

---

① 〔美〕威廉·G. 莱肯：《当代语言哲学导论》，陈波、冯艳译，中国人民大学出版社2011年版，第101页。

② 〔德〕埃德蒙德·胡塞尔：《逻辑研究》，倪梁康译，上海译文出版社1999年版，第412页。

为他是叛逆精神的代表；有的读者认为他能明辨善恶，对师父忠诚，对妖魔鬼怪毫不留情，是一个敢爱敢恨的人物形象；有的读者认为他不懂儿女情长，只会打打杀杀，是一个无情的人物形象。可以说这些不同的概念化后的内容都是对孙悟空这一对象的某一方面的把握，甚至可能是带有个人喜好或偏见的把握。但是所有这些不同的甚至相反的意向活动的对象都指向了孙悟空这一人物形象，即人们意向活动的对象是相同的，但经过概念化后，对意向对象的活动内容的解读有所不同。需要说明的是，意向对象的概念化内容与涵义有关，对个体来说，意向对象的概念化内容就是个体对于对象名称涵义的把握，但这种个体的意向对象的概念化内容不等同于其涵义。本书第三章论及名称的涵义时曾说明涵义是全体使用者共同形成的该对象属性特征的析取，它的核心内容是确定的和客观的，可以看作全体使用者所形成的概念化内容总和的析取，或全体概念化内容的逻辑析取，具有社会性、客观性和普遍认同性。对个体而言，因为各主体的认知水平和心理不同，所以概念化内容不尽相同，存在个体差异，但个体差异并不影响某一名称的涵义。这就解释了为什么虚构名称的涵义客观和确定，但个体对涵义的把握或认知存在差异。

虚构语句的意义与意向性有关的观点也获得了塞拉斯的意向理论的支持。塞拉斯从思想与语言的关系以及二者与外部世界的关系方向上支持虚构话语的意向性。按照塞拉斯意向理论的解释，思想因为有意向性而与原始感觉不同，思想的意向性借助语言表达或解释出来，语言与思想在结构形式方面具有相似之处，这种相似，他称之为"意谓"（signifying）；同时语言又与非语言的外部世界具有另外一种相似之处，他称之为"描绘"（picturing）。[①] 对虚构话语而言，它们可以看作是对非语言外部世界的非真实的描绘，但从反映作者意向来看，由于作者借助语言来思考并表达思维，虚构话语的语言结构形式与作者的思维方式应该是比较相似的，从而能够反映作者意向。这一点也从侧面证实作者的叙述式言语行为的表达是真实的。

当把意向性与言语行为结合在一起时，对于虚构话语的意向性的解释就更为清晰和全面。意向性具有方向性，即主体有意实施某种言语行为，从而使言语行为实施成功，虚构话语就是作者意向性实施了叙述式言语行为，从而使作者的思想能够被赋予虚构语句，然后再通过读者的意向性解读被读者领会。塞尔的意向理论从语力和适应方向两个方面明确了意向性

---

① 参见涂纪亮：《英美语言哲学概论》，人民出版社1988年版，第386页。

与言语行为之间的紧密联系。首先，二者在命题内容和以言行事的语力方面存在相似性，每一个以言行事的语句都包含表示以言行事语力的词（F），如"命令""承诺""拒绝""相信"等，以及表示命题内容的语词（P），如"某人做什么事"，即 F（P）模式；意向性语句也是如此，其中有一个表示意向性心理模式的词（S），如"希望""相信""知道"等，以及表达内容的语词（r），即 S（r）模式。F 与 P 的差别与 S 与 r 的差别类似。[1] 其次，在语词到世界的适应方向上，二者也类似。无论是言语行为还是意向性行为，都有一个语词适应世界或世界适应语词的适应方向问题，当然也都包括一些没有适应方向的语词，并且对于有适应方向的言语行为来说，只有当所表示的心理状态得到满足，言语行为才得到满足，言语行为的满足条件与所表达的心理状态的满足条件是同一的。最后，言说者要完成具有某命题内容的以言行事的行为，需表现出具有某命题内容的意向状态，如某人要进行断言，就必须相信所断言事实的真实性。如前所述，在塞尔看来，虚构话语的作者只是假装在进行断言，因为其作者并不相信所断言事实的真实性，其意向也是期望读者假装相信其语句的真实性。但是，按照本书上一节对虚构话语言语行为的分析，虚构话语虽然不是断言，但可以看作叙述或描述言语行为，因为作者描述或叙述的意向是真实的。如作者写出"孙悟空会七十二变"这一语句时，确实叙述或描述了孙悟空这一人物在《西游记》的小说世界中的一个状况，也的确相信孙悟空有这个本领，作者叙述或描述的言语行为是真实的，此时具有满足叙述性言语行为的条件，作者叙述的心理状态也得到满足，叙述性言语行为是成功的，或叙述性的意向也是满足的。如果要分析上述语句的适应方向，可以将上述语句看作"作者令孙悟空会七十二变"的简略形式，据"命令"的适应方向是从世界到语词，故上述语句的适应方向是从世界到语词，只是这里所说的世界或事态不是现实世界，而是作者虚构出来的小说世界，即小说世界适应作者的命令，小说中的事态符合作者的意向。

意向性还与虚构语句的真值有关，它意味着虚构语句表达的内容可以根据是否符合作者的意志力或意图被判定为真或为假，与语句是否包含虚构名称没有关系。如赛斯巴瑞（Richard M. Sainsbury）把意向性看作思想状态的一个典型特征，认为虽然"意向性"的用法仍无定论，但可以确

---

[1] John R. Searle, *Speech Acts: An Essay in the Philosophy of Language*, Cambridge: Cambridge University Press, 1969；《言语行为：语言哲学论》，外语教学与研究出版社 2001 年版，第 31—33 页。

定的是意向性能用来标记某些表达式的特征,这些特征尤其适合描述意向或意志力状态。其中的一个核心特征就是可以修正类似于"意志力"这样的术语的用法,使得包含了表达意念谓词(intentional predicates)的句子的真值不取决于句中名称的外延承载者是否为真。① 换言之,包含了虚构名称的表达式因为包含了表达意念的谓词,其真值也可以为真,只要它所表达的意念获得满足。

由此,可以总结出意向性的核心意义应包含以下几点:首先,意向性是一种思想状态或意图,并且是一种有意识的而不是无意识或本能的思想状态;其次,意向性具有指向性,是意识有方向或有目的的一种指向;再次,意向性的指向对象既可以是实在对象,也可以是虚构对象;最后并且也是最重要的一点,即使意向性的指向对象为虚构对象,包含意向性的表达式也可以表达确定的意义,并且这种意义不取决于虚构名称外延的真值。这里所说的确定的意义就是指虚构语句的意向性概念或内容,对虚构名称来说就是虚构名称的内涵;对虚构语句来说就是语句所表达的思想内容,也被看作虚构语句的内涵。正是因为意向性的作用,虚构名称或语句即使没有外延(关于这点,语言哲学家仍存在争论,实在论者普遍认为虚构名称或语句也有外延,其外延承载者为虚构或意向对象),也仍然有内涵,从而使得虚构名称或语句也可以表达确定的意义。

意向性对虚构话语意义的作用表现在多个方面。首先,在虚构名称语义意义上包含说话者的信念内容,使得说话者能够把指称与对象对应起来或标示出来,或者,按照名称的归属性用法理论的说法,说话者能够把一簇描述名称所指对象本性的摹状词归属于某个名称,离不开说话者意向过程。也就是对于第三章第二节的公式1:

公式1:对每一个名称或指示表达式"x"来说,都有一簇与之相应的特性,也就是说,这些特性族 φ,使得 A 相信"φx"。

A 相信"φx"的过程就是一个意向过程。

这个公式意味着当读者通过阅读虚构文本,获得关于某一名称对象的属性的摹状词描述之后,把性质属性归于某一名称,形成了关于对象的概念内容。这一过程是一个意向性过程。

---

[1] Richard M. Sainsbury, *Fiction and Fictionalism*. London & New York: Routledge, 2010, pp. 127—132.

其次，对虚构话语来说，其形成和理解也离不开意向性。作者创作虚构文本的过程是一个意向性创作过程，作者的叙述式行为也是一个意向性言语行为。

最后，读者对于虚构话语的意义理解和解释也离不开作者和读者意向的参与，即读者把意向指向虚构文本或话语，解读作者意向。读者能够实现对作者意向的正确解读，就表明读者实现了对于虚构话语的正确理解。最后这一点正是下文将重点阐述的内容。

（二）虚构话语的意向性与意义

虚构话语的意义理解意味着读者对于作者意向的正确解读，这一观点获得了格赖斯言语行为理论的支持。与奥斯汀、塞尔等人观点相似，格赖斯认为必须将意义与意向联系起来，才能对话语意义进行确切的解释。格赖斯指出，语句的意义就在于说话者借助于说出语句来意指某一事物，从而在听话者身上产生某种效果。这一观点也获得了斯特劳森的赞同，他还加以补充，形成这样一种观点：听话者要理解某句话的意义，就一定要知道说话者有某些复杂的意图。利科的文本理论也表达了类似的观点，认为在"说"的言语或文本中，说话者的意向与说出的意义是同一的、重叠的。① 这一思想被塞尔进一步发展，形成意义、意图以及惯例三者之间的紧密联系。也就是说，达到对语句意义的正确理解，不仅要求说话者和听话者了解语句本身的指称和涵义，还要求说话者在说话时有把某种思想传递给听话者的意图，并通过对话使听话者认识到说话者的意图正是把这些思想传递给他，同时在这一传递过程中，还离不开某些约定俗成的惯例或规则来帮助听话者掌握说话者的复杂意图。话语的意义会随着说话者的意向、语境和使用惯例和规则等的变化而发生变化，这一意向解读过程就是日常语言学派所强调的"话语的意义在于使用"的重要方面。除了隐藏在话语背后的说话者或作者的意向，从虚构话语的言语行为和意向性的角度来看，对虚构话语的意义的理解和传递则离不开读者的意向，因此虚构话语的意义解读必须从读者意向的角度进一步做出解释。

虚构话语也是一种意向性语言，对于其中语词和语句的意义的正确理解和解释也必须借助以上三点来完成，即语句的语义意义、意向和惯例。如前所述，关于语句的语义意义，各学派仍存在争论。在一些理想语言学派的哲学家看来，任何语句都有不以语境（其中包括意向性）为转移的字

---

① 参见王岳川：《现象学与解释学文论》，山东教育出版社1999年版，第233—234页。

面意思,而日常语言学派的哲学家大多主张语句不具有永远不变的字面意思,语句意义只有在一定的语境中才能得到解释,这其中意向性起了十分关键的作用。卡茨主张一种折中的观点,即语句具有不以语境为转移的字面意义或描述意义,这是一回事;而语句在不同的语境或使用条件下形成具体的使用意义,则是另一回事。本书在对虚构名称和语句的内涵的阐述上与卡茨的这一观点保持一致。首先,任何语句都有一个确定的语义意义,这种语义意义的一致性一方面由事态本身的客观性决定,另一方面来自与人们对世界的认识所达成的共识,它是全体使用者的概念的析取,例如在不同语言或文本里"生存"就是表示"生","死亡"就是表示"死",二者不会混淆,同时结合塞拉斯所说的语言对世界具有描绘功能从而具有相似的性质,任何语言都具有这种相似性,都是对客观世界的描绘。其次,虽然虚构话语有不以语境为转移的语义意义,但虚构话语作为文学语言,包含了很多超出字面的深层含义,或者说隐含的特殊的含义,这些含义只能通过探寻作者创作它们时的意向才能得到确切的解释。因此,对于作者意向的解读也是虚构话语意义理解的一个方面。最后,由于读者对于作者意向和语言语义意义的领会都是基于一定的社会历史文化背景框架,这一理解自然会受到其特定的社会历史文化的制约,塞尔把它归为"惯例"。由此,话语意义的正确理解依赖话语的语义意义、意向和惯例。

为了更清楚地说明意向在虚构话语的理解中所发挥的作用,以莎士比亚《哈姆雷特》中的一段著名的独白为例:

> 例句5:生存还是死亡,这是个难题。
> 　　　　要做到高贵,究竟该忍气吞声
> 　　　　来容忍狂暴的命运矢石交攻呢,
> 　　　　还是该挺身反抗无边的苦恼,
> 　　　　......
>
> 　　　　　　(卞之琳译,浙江文艺出版社2001年版,第71页)

作者借助这一段诗歌式的语言,展示了哈姆雷特犹豫不决、矛盾复杂的心情。按照本书第三章和本章第一节的阐述,其中的语义意义由这段话中的词语和句子的指称、涵义组合而成,读者在阅读这段话时能够获得比较一致的理解,因为其中所有的语句都有确定的语义意义。隐藏在这段文字背后的作者的意向包括用这段话展示哈姆雷特的性格,表达他的心情以及借哈姆雷特之口展示人性的弱点及面对两难抉择时的苦恼等。读者在阅读《哈姆雷特》文本时，除了从语义意义上理解其中虚构语句的字面意思，还极力探寻隐藏在文字背后的作者隐含的意义和意图，来追问作者借助这段话究竟要传递和表现什么，语言学上把这种写作手法称为隐喻。在塞尔看来，隐喻的意义实际由两种话语构成：一种是说出的话语，即话语的字面意思；一种是说话者意指的话语，不同于字面意思但又与字面意思有联系的另一种意思①，其实就是作者隐含的真正意思和意图，或用利科的话来说，从不同之处找出的相同之处。例句5中从字面看，"命运"是抽象事物，不可能有人的"狂暴"性格，也不可能受到箭和石的攻击，字面上似乎语词搭配不合语法和逻辑，但读者如果追问作者意向，就能够理解这句话实际是想表达艰难困苦、无情多舛的命运对人心灵的摧残带给人的痛苦和折磨。此外，对这段话意义的正确理解还必须考虑小说语言的使用惯例。从使用方式上，在现实世界中一个面临生存或死亡痛苦抉择的人不可能有兴致用优美动听的诗歌般的语言去吟诵长篇大论，读者在阅读此文时不会感到迷惑不解或者觉得不合情理，就是借助了小说语言的一些惯例和规则去解读虚构话语的意义。站在读者的意向性角度，读者首先要把意向指向这段话语，即前面提到的选择阅读的意向，然后是解读的意向，即从心理上有重现或再现作者的意向对象的意图，从而达到对虚构话语意义的正确理解和解释。

综合话语的语义意义、意向和惯例来理解话语意义的观点不仅适合解释小说中虚构话语的意义，也适用于解释诗歌、神话、故事等。例如诗歌大量采用修辞性语言，人们除了要理解诗句的语义意义，还要借助对诗歌语言惯例的把握去探究诗人隐藏在诗句背后的意向，才能达到对诗句内容真正的理解。例如李白的诗句"飞流直下三千尺，疑是银河落九天"，真正的庐山瀑布不可能有三千尺，人们读到此处，之所以不会去计较李白的不合实际，反而赞叹他高超的诗歌水平，陶醉在其诗歌的艺术美感之中，就是因为看到了隐含在诗句背后的作者的意向和心情，进入与诗人同样被气势磅礴的瀑布所震撼、所迷醉的意境之中。又例如《诗经·小雅·节南山》中的前四句"节彼南山，维石岩岩。赫赫师尹，民具尔瞻"，读者同样从以上三个方面来领会这四句诗用高峻的南山来比喻太师尹氏光耀显赫地位的修辞手法。如果仅仅从话语的语义意义上看，高山、石头与人没有共性，看不出其中的联系，但读者借助对作者意向的把握，即通过对于该

---

① John R. Searle, *Express and Meaning：Studies in the Theory of Speech Acts*. Cambridge：Cambridge University Press, 1979, pp. 82—83.

诗的创作背景、历史事实等知识背景的了解，获知了作者以诗讽喻周王和权臣治下社会腐败、动荡的写作意图，再联系《诗经》普遍使用的比兴手法，把前后两句联系起来，就实现了对诗句意义的正确理解。可以说正是对作者意向的把握揭示了虚构语句最深刻的意义，表现了艺术语言最真实的一面。这也印证了本书第四章第二节所述，对虚构话语的意义分析包括作者意向和言语行为，可以帮助读者更好地理解隐喻的最真实、最全面的意义。

三、交际性

（一）话语交际性的定义

人们通常认为交际就是交换信息、交流情感等，而在实际生活中，交际的概念比较广泛，既指诸如观点的相互交换，也指某人以可读或可清晰理解的方式表达一定的意义，还指展示、展现或传达、告知某种信息，如历史事实、社会文化、道德情感、价值观念等。由于任何话语，包括无意义的话语，都有展示、展现或表达功能，本书所探讨的话语的交际性指的是话语信息以可理解的方式表达出来并在说话者和受话者（或作者和读者）之间产生信息传递、交流的一种性质，突出了话语的信息交流、理解或言语行为的功能的实现。这一观点与梅伊对交际原则的定义也是一致的，即人们所有的语言行为都包含了一个默认的前提：交谈的目的就是向某人传递一定的内容。[①] 对书面语来说同样如此，只不过作者借助书面语言向读者传递一定的思想内容，其中既包含话语的字面意思，也包含隐喻意义以及作者意向等，由此完成言语行为，实现交际目的。

（二）关于虚构话语交际性的争论

关于虚构话语是否具有交际性，存在两种针锋相对的观点。一种观点认为虚构话语具有交际性，例如塞尔和科里从言语行为的角度肯定了虚构话语的交际性，梅伊从文学语用学角度阐述了文学活动中作者与读者的交际过程，伊瑟尔从文学人类学的角度肯定了作者与读者在文学的理解和创作中的相互作用。

如前所述，塞尔和科里对虚构话语言语行为的认定不尽相同。塞尔认

---

① 〔荷〕Jacob L. Mey：《语用学引论》，徐盛桓导读，外语教学与研究出版社2001年版，第68页。

为在虚构话语中说话者只是假装实施断言，这是一种没有言外之力的言语行为，在交际性上只是一种假装的或模拟的交际行为。科里虽然也认为虚构话语是一种假装，但与塞尔的"假装"理论不同的是，科里认为虚构话语的言说者，无论是以口头还是书面形式，都不是假装实施言语行为，而是在实施一种真实的交际行为，他称之为"虚构性言语行为"。但二者无论认为虚构话语的言语行为是假装的还是真实的，都承认虚构话语在向读者表述意义或传递信息方面是真实的，肯定其交际性。本章第一、二节对虚构话语言语行为的肯定和意向性分析表明虚构话语实施了交际行为。

一些语言学家和文学理论学家也对虚构话语的交际性进行了肯定。例如梅伊认为文学作品的阅读是一个由作者与读者共同参与创造的互动过程。在这一过程中，作者以读者阅读其作品为前提进行创作，读者依赖于作者的引导进入虚构作品的世界，完成对作品的再创作，而不仅仅只是一个被动的旁观者。[①] 伊瑟尔则认为文学虚构是对现实进行模仿和超越的意向性行为，作者在创作中超越社会、文化、政治现实等边界，创造出一个想象与现实相混合的虚构世界；读者通过自己的意识和认知意向选择性地阅读，参与文本游戏，揭示和拓展自身境遇。[②] 他们都把读者和作者纳入一个以信息理解和交流为前提的意向活动之中，对虚构话语交际性做出了不同角度的肯定。

以汉伯格、班菲尔德等人为代表的另一派则从小说特定的文体和表达特点出发，认为虚构话语中没有存在于事实性话语中的言语主体和言语客体，因为言语主体必须是一个真实地存在于现实时空的个体[③]，这一个体只能描述或断言事实，不可能洞悉其他人的内心活动，而虚构话语中出现了意识再现、内心独白、时间断裂等现象。例如以第三人称叙事方式描述的小说人物的内心活动，脱离现实时空系统、以虚构人物"现时现地"为核心的叙事时空轴等，都表明虚构话语中不存在言语主体和言语客体，也不是对事实的描述或派生于事实性话语，虚构话语表现的是语言的展示或表达性功能，不能用事实性话语的言语行为和交际语境来解释，具有非交际性。

[①]〔荷〕Jacob L. Mey：《语用学引论》，徐盛桓导读，外语教学与研究出版社2001年版，第68页。

[②]〔德〕沃尔夫冈·伊瑟尔：《虚构与想像：文学人类学疆界》，陈定家、汪正龙等译，吉林人民出版社2003年版，第16—20页。

[③] K. Hamburger, *The Logic of Literature*, Marilyn Rose, trans. Bloomington: Indiana University Press, 1973, p. 45.

两派各执一词,在文学评论领域也都获得了不同的理论支持。也有学者采取折中立场,主张在文本和语义层面虚构话语具有非交际性,在超文本层面虚构话语具有交际性。

本书认为,无论在文本还是超文本层面,虚构话语都具有交际性。理由主要有四点。首先,虚构文本与事实性文本的界限难以明确。虽然典型虚构文本与事实性文本容易区分,但对一些非典型文本很难做到非此即彼的判定。虚构文本不一定会表现出某些小说特定的文体和表达特点,如以第一人称叙事展开的自传体小说,与人们通常所使用的日常语言第一人称事实描述并无二致。或如本书引言所述,一些文本究竟应该被界定为史实还是虚构仍存争议。其次,在语言结构上虚构语句和非虚构语句之间并不存在绝对的界限,例如汉伯格也承认"并非在每一部小说的每一个句子中都能找到虚构性的标识"[1]。而虚构作品与真实作品(例如历史记载或新闻报道)相同的语言和叙事结构会给读者带来相同的心理影响,使读者对二者的解读有相似之处,正如利科所说:"一部史书能被读为小说,这样做时,我们加入阅读的契约,并共享该条约所创立的叙事的声音与隐含的读者之间的共谋关系。"[2] 这本身就模糊了虚构话语的非交际性与交际性之间的界限。再次,读者能够理解任何一个虚构文本和文本中的句子,并且对句子的意义达成一致认同(虽然程度不一),说明虚构话语仍然以人类共享的现实性知识背景为基础,不可能是一个完全脱离人类的认知和意识,违背语言的形式和功能而独立存在的表达体系。即使作者在创作过程中可以完全不考虑读者的理解和反应,只按照自己的表现意愿进行超越现实的自我创造或自我生成功能,其词语、语句、文本结构等都不可能是纯私人、纯主观、不可理喻的,正如伊瑟尔所言:"如果某一虚构文本割断了与已知现实的一切联系,那么,它必然就是谁也无法解读的天书。"[3]例如《山海经》里描述的异兽"天狗":"阴山,有兽焉。其状如狸而白首,名曰天狗,其音如榴榴,可以御凶。""天狗"是虚构的动物,读者能够理解对其的描述,获得关于"天狗"的比较一致的概念内容,正是基于对于"兽"、"狸"状、"白首"、声音"榴榴"和"御凶"等事实性事物和情态的共享知识,以及对于语言的形式和表达功能的认知。虚构语句和文

---

[1] 谢晓河,余素青:《虚构话语:言语行为和非交际性》,《外语研究》2005年第3期,第4页。

[2] 转引自毛宣国:《历史虚构与中国古代叙事》,《中国文学研究》1998年第1期,第7页。

[3] 〔德〕沃尔夫冈·伊瑟尔:《虚构与想像:文学人类学疆界》,陈定家、汪正龙等译,吉林人民出版社2003年版,第14页。

本的可理解性表明虚构话语不仅仅具有表达性功能，也具有交际功能。最后，本节第一小节对虚构话语言语行为的定义——"叙述式言语行为"，它本身就包含了言语主体和客体的存在，同时又肯定了其意向性，它们都是话语交际性的要素。即使按照塞尔的说法，虚构话语的言外行为是不真实的（这一点尚存争议），但其言内行为和言后行为仍然是真实的，并不能完全否定其真实性，这从言语行为的角度再次证实了虚构话语的交际性。这四点是对虚构话语交际性不同角度的论证和肯定。

（三）虚构话语交际性的条件

从虚构话语的使用层面看，虚构话语之所以能够被读者理解并获得某种一致性认同，是因为作者和读者所共同拥有的现实性知识是虚构话语形成交际的前提条件和依据。这也是虚构话语把语言与世界联系起来的一种方式。

根据斯塔尔内克的信息共享交际理论，在决定句子所表达的意义时，无论是口头交际还是书面交际，交际双方的共享知识背景对语言的信息理解和信息交换起了决定作用，它决定了言说内容的呈现方式以及交际过程中由于言语行为的作用而产生的信息更新和交换。例如在读者阅读新闻报道或文献资料时，对其中内容的理解正是基于作者和读者的共享知识背景，而且如果读者相信并接受了文章所说的内容，就表示二者的共享信息根据文章的内容获得了更新或增加。而读者阅读虚构作品，无论以口头还是书面或视听的形式，虽然并不一定意味着对实在世界共享信息的更新或增加，但并没有排除对于其他抽象世界（"世界3"）之中的如社会规则或人类情感、感受等信息的更新或增加。读者对虚构语句的涵义的理解正是建立在与作者相同的共享知识背景基础之上的。

虚构话语交际性的观点也可以从哈贝马斯的交往行为理论那里获得支持。该理论把语言看作一种达成全面沟通的媒介，在沟通过程中，言语者和听众同时从他们的生活世界出发，与客观世界、社会世界、主观世界发生关联，以求进入一个共同的语境。① 在文学领域也是如此，沟通在作者与读者之间进行，二者都从各自的生活世界的现实出发，把主观世界与客观世界、社会世界相关联，共同进入一个文学文本创造出的虚构世界中。结合梅伊的文学语用学来解释，这是一个由作者指引、读者驱动的双向互

---

① 〔德〕尤尔根·哈贝马斯：《交往行为理论：行为合理性与社会合理化》，曹卫东译，上海人民出版社2004年版，第94—99页。

动过程，二者共同进入文学文本语境，完成文学作品的创作。二者共同创作的基础就是读者与作者的共享知识背景。

仍以《福尔摩斯探案集·蓝宝石案》的第一句话（例句4）为例：

例句4：圣诞节后的第二个早晨，我怀着祝贺佳节的心情，前往探望我的朋友夏洛克·福尔摩斯。

读者对例句4的正确理解首先是基于对语句的表达规则和功能的共享知识背景，知道这一句子谈论的是一个名叫夏洛克·福尔摩斯的虚构人物，这一人物在真实世界中不存在，只存在于柯南·道尔的小说中；同时也是基于对现实世界事态的了解，如圣诞节时的心情、朋友等，知道圣诞节的第二个早晨是12月26日的早晨，而不是其他月份的某一天，在这一天人们通常会走亲访友、互送祝福和礼物等；而这里的"我"指的是小说中以第一人称叙述者身份出现的华生医生，并不是通常与人谈话时指称的我自己，也不是作者本人。读者正是因为有这样的共同认识和预设，才能实现与作者的互动，达成对作品的正确理解和再创作。如果有无知的读者在阅读时误以为这句话谈论的是真实人物的真实事件，以为例句4在断言事实，则交际意图失败，例句4不具有交际性。因此，也有学者主张将虚构话语的出现分为三种场合：作者的使用，有知的读者的使用，无知的读者的使用。只有在前两种场合中，虚构话语才有交际性，最后一种没有。①

概括而言，对虚构话语的意义的正确理解是以作者和读者所共同拥有的现实性知识为基础的，二者以共享知识背景为前提，进入一个共同的语境，完成信息理解、交流和传递。即使按照斯塔尔内克的说法，读者在阅读虚构作品时没有更新或增加其实在世界的共享信息，但读者仍然完成了对信息的理解，虚构话语也就达到了"向某人传递一定内容"的目的，只不过所传递的内容可能就实在世界而言是不真实的，并且读者也认同这一点。不论是读者假装相信话语内容的真实性，还是读者与作者一起进行一种意向性创造活动，或者进入共同语境玩文本游戏，都不可否认虚构话语的交际性是真实的。

由于虚构话语的交际性建立在作者和读者共同拥有的现实性知识背景

---

① Peter Lamarque, "Fiction and Reality", in *Philosophy and Fiction*. Christchurch, New Zealand: Cybereditions Co. Ltd., 2000, pp. 71—90.

基础之上，把虚构话语与人们对现实世界的知识联系起来，使得虚构话语的交际性为判断虚构话语真值，即是否将一个虚构语句看作虚构世界的命题，提供了一个可操作的语用解决之道，这决定了人们对虚构话语的命题内容肯定或否定的态度。关于这一点，第三节将做进一步分析。

第三节 虚构语句的意义判断

在一些哲学家看来，对于语句意义的理解包括两个方面。一个是回答"语句表达了什么内容？"涉及语句以及构成语句的语词的字面意义、隐含意义、语用意义等，主要包括语词和句法构成规则，语言使用规则，语义解析，语句的言语行为、使用者意向、交际性等，关于这一方面，本书第三、四章及本章的前两节已做阐述。另一个就是回答"如何判断语句意义的真假？"把语句的意义与真值判断联系起来。这是因为在语言哲学家看来，语言是对世界的描述，对语言意义的分析可以帮助哲学家们了解世界的构造和规律，因此在不同立场和视角对语言进行逻辑分析，构造了不同的真值理论，使语句的真值判断成为语言哲学的一个核心问题。甚至在一些哲学家看来，意义问题等同于真值问题，如卡尔纳普所言，意义问题和真值判断问题紧密相连，甚至可以看作同一个问题："一个语句的意义在某种涵义上是和我们决定的真或假的方法相等同的；而且只有当这样一种决定是可能的时候，一个语句才有意义。"[1] 本节将重点阐述虚构语句的意义判断。

大体上，关于意义与真值的关系存在两派截然不同的观点，一派以罗素、前期维特根斯坦、逻辑实证主义者、卡尔纳普、戴维森等为代表，认为意义问题等同于真值问题，理解语句的意义等同于了解语句的真值条件。另一派以后期维特根斯坦、达米特等人为代表，认为意义在于使用，否定真值条件对于意义的决定作用。其中前者因为把意义与语言之外的世界相联系，也被称为"外在主义"；后者认为语句的意义只能从它本身的用法中去寻找，与语言外部世界无关，因此也被称为"内在主义"。两派的争论涉及哲学本体论、认识论、逻辑及语言哲学多方面的问题，本书不拟全面展开，只关注其中的一点，就是虚构语句的意义判断。本书所关注的是哪些因素会影响人们判断某一虚构语句为真或为假，主要以符合论、

---

[1] 涂纪亮：《英美语言哲学概论》，人民出版社1988年版，第185页。

融贯论、语义论和实用论为理论基础进行探讨。

按照苏珊·哈克（Susan Haack）对真理理论的划分，语句意义真值理论主要有符合论、融贯论、语义论、实用论和冗余论等。① 其中冗余论的主要观点是：在关于真理的争论中，"真的"和"假的"这两个谓语是多余的，可以把它们从任何语境中删去。冗余论不受话语真值的影响，故本书不展开对它的讨论。

一、基于符合论的虚构语句的真值判断

符合论的基本观点就是语句表达了符合事态的命题内容。传统符合论所设定的事态指的是实在世界中的事实或事态。例如，按照早期逻辑实证主义者的观点，虚构语句是对经验世界不真实的反映，虚构语句的命题内容无法从经验上进行验证，因而不具有经验意义，虚构话语没有任何认识论意义，这使虚构语句被排除在意义证实或真值判断的范围之外。但正如本章第一节提到利科批评他们"用实证主义眼光来看指称问题"是错误的，以及弗雷格在论及虚构语句的指称和涵义时所表明的——属性只能属于或不属于某个名称，如果人们能够谈论某个虚构对象的某些性质特点，就表明必须把它们归属于某个对象——"对象"的概念应扩展到不仅包括客观物质世界的对象，还包括抽象观念世界的对象，以及虚构的小说世界的对象等。由此，新的符合论除了承认传统的实在物理世界对象，也承认抽象对象的实在性，如性质和关系，自然种类，时空、因果关系与规律，数与集合以及波普尔所定义的"世界3"的概念对象，包括文学中的虚构对象。② 用新的符合论重新审视源于传统符合论的意义检验标准——由语句表述的命题或判断，它们或真或假取决于是否如实描述或陈述了有关事实或事态——就会发现，它们也同样适用于虚构话语的意义检验，只不过，此时的"有关事实或事态"的范畴扩展了，除了人们可以经验的外部世界的事实或事态，还包括作者通过虚构文本所描述的小说世界的事实和事态。也就是说，判断一个虚构语句真假的依据是该语句是否做出了符合现实世界事实和事态或者符合小说世界事实和事态的描述或陈述。

根据符合论的原则判断虚构语句的真假，分两种情况。一种情况是虚构语句涉及虚构人物或事物与现实世界的关系，此时人们根据现实世界的

---

① Susan Haack, *Philosophy of Logics*. Cambridge: Cambridge University Press, 1978.
② 参见陈波：《没有"事实"概念的新符合论（上）》，《江淮论坛》2019年第5期，第10—12页。

事实和事态对虚构语句的内容进行判断,如果符合事实,就判定虚构语句为真,例如语句"孙悟空不存在",它实际是说孙悟空不存在于现实世界中,这是一个符合现实世界事实的判断,该语句为真。另一种情况就是虚构语句只指涉小说世界,不涉及小说世界与现实世界的关系,例如语句"孙悟空会七十二变",只指涉了孙悟空在《西游记》小说世界中的一个事实,是一个符合小说世界事实的陈述,人们仍然会判定该语句为真。后一种符合论也贯彻了融贯论的原则,即某一语句命题内容也与其参照体系内其他语句相融贯。

这一观点与本书第三章第二节所述虚构人名指称判断的语用标准也是一致的,即如果说话者用虚构人名指称虚构人物,实际只指涉小说世界的事实,人们依据语句与小说世界事实的符合程度来判断语句真假。当说话者用虚构人名指称现实人物时,人们根据现实经验来判断语句真假,从而做出"福尔摩斯晚上要来我家吃饭"指称为空、语句真值为假的判断。

近年来,一些学者提出命题真假不仅与客观世界状态或事态有关,也与人的认知能力有关,其基本假设就是"至少是在原则上有可能被我们认识到其真假的命题,才能确定地说它们是真的或假的"①,并在此基础上提出语义一阶逻辑推演模型。其中,对于文学文本中的虚构语句,通过规定其各成分内域和外域的所指和真值,推导语句的所指和真值。按照其推演模型,类似于"孙悟空不存在""孙悟空会七十二变""孙悟空好吃懒做"这样的虚构语句,其中的虚构专名"孙悟空"指称外域即《西游记》中的个体,具有真值;"不存在"符合现实世界事态,"会七十二变"符合小说世界事态,故语句"孙悟空不存在"和"孙悟空会七十二变"赋值为真;"好吃懒做"不符合小说文本世界的事态,语句"孙悟空好吃懒做"赋值为假。依此,在文学文本中,根据各组成成分所构成的子命题的真值可以推演出整个虚构语句的真值。

二、基于融贯论的虚构语句的真值判断

融贯论的真理理论又称为贯通论或一致论(Coherence Theory)。它的基本主张是:一个命题的真理性取决于它是否与该命题系统中的其他命题相一致或相容,其中也包括它本身能够自洽,不存在矛盾。近代唯理论者布拉德雷(F. H. Bradley)强调贯通性包含相互一致性/相容性以及

---

① 陈波:《没有"事实"概念的新符合论(下)》,《江淮论坛》2019年第6期,第120—126页。

相互依赖性两个方面。① 一个或一组命题如果为真，则它必须与它所在系统的整体相容，与系统其他组成部分相容，并且与其他组成部分相互依赖。布兰夏德（B. Blanshard）甚至提出系统中的每一个命题都必须与其他命题相互依存、相互蕴涵。② 但许多语言哲学家认为布兰夏德的融贯论要求太高，事实上是达不到的，否则每一个命题所断定的内容就会与其他命题完全一致，反而使命题变成了多余的论断。因此也有人提出一种比较缓和的观点，例如尤因（Alfred C. Ewing）把融贯论表达为一组命题之间比较开放的逻辑关系，即一个命题在同组其他命题都为真的情况下，也为真。③ 一些逻辑实证主义者持双重真理观，即同时持有符合论和融贯论的观点，因为在他们看来，存在两类命题——经验命题和逻辑命题。经验命题的真假有待于经验的检验来证实或证伪，即看它们是否符合经验事实；逻辑命题只用来表示概念或命题之间的逻辑关系，它们不能也不需要用经验来检验，只要符合逻辑规则就可以。由此，可以看到，符合逻辑是融贯论的基本原则。

这种双重真理理论也适用于虚构话语的真值判断。当虚构语句涉及与经验世界的关系时，就根据是否与经验事实相符来判断虚构语句的命题内容的真假。如前文曾提到的"孙悟空不存在"之类的语句，人们根据语句命题与经验事实的符合程度，对上述语句做出真值为真或为假的判断。当虚构话语不涉及现实世界的经验内容时，则采用融贯论判断语句真值。按照融贯论的真理观，由虚构话语构成的小说文本是一个完整的虚构话语系统，其中每一个语句的命题内容都与其他语句的命题内容在逻辑上相容，并且每一个语句都符合语法和逻辑。以此为依据，对虚构语句"福尔摩斯太太戴着一顶遮檐帽"做判断，因为该语句与小说文本中的其他语句不能形成相容关系，故判定该语句命题内容为假。科学理论中出现的虚构语句也类似，对于可以用科学实践进行验证的，采用符合论；不能够进行验证的，则根据其是否与理论系统中的其他经验信念及理论信念在逻辑上相融洽进行判断。总之，对于虚构语句而言，仅仅依靠符合论的真理观判断虚构语句的真假是不完备的，如朱志方所言："简单符合论的真理观对真理的定义是不完全的。"④

---

① 涂纪亮：《现代西方语言哲学比较研究》，中国社会科学出版社1996年版，第469页。
② 涂纪亮：《现代西方语言哲学比较研究》，中国社会科学出版社1996年版，第469页。
③ 参见涂纪亮：《英美语言哲学概论》，人民出版社1988年版，第241页。
④ 朱志方，李涤非：《自然语言中真理概念的语用分析》，《自然辩证法通讯》2002年第4期，第6—12页。

此外，融贯论所依据的语言框架系统和概念系统也对其中的虚构话语真值判断发挥了重要作用。融贯论强调一个命题必须与该命题所处系统中的其他命题相互支持，相互制约。这就意味着，虚构语句命题内容的真假与它所处的系统或系统中的其他命题是有关系的，同时借助其所依赖的语言框架系统内的概念和知识体系，人们才能做出判断。这一点与新的符合论考虑人的认知能力也是相通的，它意味着某一体系中全体使用者根据常识、共享知识背景、知识积累等形成的共同的知识和信念体系也对语句命题内容的真值判断发挥作用。一个虚构语句可能在某个语言系统中为真，因为它符合这一语言体系的概念和知识系统，与体系内的其他命题相融贯；而在另一个语言系统中为假，因为它不符合另一个语言体系的概念和知识系统，与另一个语言系统内的其他命题不融贯。例如，在《西游记》里，龙生活在水里，会腾云驾雾，它们会喷水但不会喷火，这也是中国传统神话对龙的描绘。因此，如果有人在谈论《西游记》时说"龙会喷火"，则不符合原著事实内容，并且与原著中其他相关描述不一致，人们会判断该语句为假。而如果是谈论希腊神话或格林童话时说"龙会喷火"，则符合西方神话传说内容，也与西方神话传说中的相关描述一致，人们会判断该语句为真。在日常生活中也是如此，中国神话传说中龙的形象与西方神话传说中龙的形象有很大差别，因此，中国人和西方人概念和知识体系中的龙不一样，实际上意味着对"龙"这一对象的内涵有不同定义和观念，以此为依据形成的对有关龙的语句命题内容的判断也会不同。这一点也说明，虚构语句使用的具体语境，包括与其语言框架和概念体系中其他语句的融贯性，会影响该虚构语句的意义判断，它与虚构语句的实用主义判断原则也相通。

三、基于语义论的虚构语句的真值判断

弗雷格通过句子的逻辑分析，把句子意义与真值联系起来，其核心的观点——句子的涵义是思想，句子的指称是真值——使思想和真值成为意义理论的核心。但其中还缺失一点，即形式化的语言符号如何能够合法地描述客观的外部世界。20世纪40年代，塔尔斯基提出了语义论的真理观，从而把语句与基于外部世界的符合论联系起来。其核心内容是"语句之为真在于它与现实相一致（或它符合于现实）"①。其基本内容就是采用

---

① 〔波兰〕A. 塔尔斯基：《语义性真理概念和语义学的基础》，A. P. 马蒂尼奇编，《语言哲学》，牟博、杨音莱、韩林合等译，商务印书馆2004年版，第84页。

数理逻辑的方式，提出一种"内容上适当，形式上正确"[①]的语义真值判断的观点。其表达范式之一为：

公式 4：(T) X 是真的，当且仅当 P。

其中，T 为一个约定等值式，P 可以用对象语言中的任何语句来替换，X 可以用 P 的名称（可以是引号名称，也可以用代表名称的结构摹状词组）来替换，它属于元语言部分。于是得出著名的塔尔斯基成真条件句（例句 6）：

例句 6："雪是白的"是真的，当且仅当雪是白的。

这一定义的重要贡献之一就是区分了元语言和对象语言。简单地说，元语言指的是描述语言的语言，对象语言就是日常生活中所使用的任何一种语言。这种定义本质上仍然属于符合论，并且可以从语义上加以说明。对"真理"的理解就应该表示为"某一个语句为真的"，然后再看该语句内容是否与实际相符合。他的这一思想得到了蒯因、波普尔、戴维森、哈克等人的支持。蒯因在《经验主义的两个教条》中明确地说："一个逻辑真理就是这样一个陈述，它是真的，而且在给与它的除逻辑常词以外的成分以一切不同的解释的情况下，它也仍然是真的。"[②]

蒯因、卡尔纳普等人十分重视塔尔斯基的元语言和对象语言的划分，在此基础上提出语言的"使用"(use) 与"提及"(mention) 的划分，把语言的实质性使用和形式性使用区分开来。其中实质性语言框架是语言与实在世界的直接或间接关联，其意义或真值判断依据语言与外部世界的符合程度，即逻辑实证主义者所提出的可验证性标准而定；形式性语言框架把语言的意义证实看作纯语言性分析，只能用逻辑方式进行分析和考察。蒯因借助"真"这一概念，为"逻辑真"给出了近乎等价的五个定义，它们分别是：根据逻辑结构为真，根据替换为真，根据模型为真，根据证明程序为真，根据语法为真。简单地说，它们都满足于在逻辑和语言的框架内对语句内容进行的逻辑上的分析和推演，从而得出逻辑真的命题或句子。

[①] 〔波兰〕A. 塔尔斯基：《语义性真理概念和语义学的基础》，A. P. 马蒂尼奇编，《语言哲学》，牟博、杨音莱、韩林合等译，商务印书馆 2004 年版，第 81 页。

[②] 〔美〕W. V. 蒯因：《经验主义的两个教条》，A. P. 马蒂尼奇编，《语言哲学》，牟博、杨音莱、韩林合等译，商务印书馆 2004 年版，第 41—42 页。

但塔尔斯基认为自己提出的这种真理观只适用于形式语言，不能完全适用于自然语言，因为他认为自然语言达不到形式上正确这一要求。戴维森提出，用语句的成真条件来替换语句的证实条件，就能对自然语言的意义进行更清楚的定义，该理论被称为"戴维森纲领"，其核心内容是"知道一个语句的意义就是要知道这样的条件，在这些条件下哪个语句是真的，而不必知道如何说出该语句是否实际上为真"[1]。这就意味着，考察语句的意义时，不必考察语句所表达的陈述或信念是否符合事物在世界中的存在方式，只需考察语句的真值条件即可，一个长句子的成真条件是由组成它的较短句子的成真条件决定的。并且戴维森还强调，在考察句子意义时必须考虑说话者的信念意图和语境，"这种定义中所提到的每个语句的说出者和语境是与这种真理定义本身的说出者和语境相匹配的"[2]。戴维森把真理的特性看作话语（utterance）特性，或言语行为特性，并把它处理为一个语句、时间和人的有序三元组的特性，其中"时间"指说出语句的语境，"人"指说话者在使用表达式时所具有的信念和态度；要了解说话者说出某句话的意义，就要了解说话者"相对于某个时间认为某句话为真"[3]。

他们的这些理论实际上为虚构话语的真值判断提供了语义理论基础。虽然在塔尔斯基看来，他的语义意义理论只适用于形式语言，不适用于自然语言，但大量的语言实践以及之后一些语言哲学家的论证表明，他的理论也适用于自然语言。本书认为，虽然自然语言不像形式语言般严密精确，但既然人们能够用自然语言表述客观真理，就可以对自然语言进行形式分析。而戴维森的理论也说明可以对自然语言进行形式分析。虚构语句作为自然语言的一部分，也可以纳入语义分析的范畴，但其情况要复杂一些。

首先，塔尔斯基、蒯因等人的理论提供了根据语言形式进行分析的理论基础，意味着可以在不考虑语言与外部世界关系的情况下，在语言内部对语句的命题内容进行真值判断，这与上一小节提出的在系统内部根据融贯论原则对虚构话语进行真值判断是契合的。一些反对虚构话语也有命题内容的人提出的最主要反对理由就是，虚构话语对现实进行了不真实的陈

---

[1] 〔美〕威廉·G.莱肯：《当代语言哲学导论》，陈波、冯艳译，中国人民大学出版社2011年版，第138页。

[2] 〔美〕D.戴维森：《真理与意义》，A. P. 马蒂尼奇编，《语言哲学》，牟博、杨音莱、韩林合等译，商务印书馆2004年版，第147页。

[3] 江怡：《分析哲学教程》，北京大学出版社2009年版，第269页。

述,它们不具有任何认识论价值,不应该纳入命题研究的范畴。但是站在语言形式使用框架的立场上,当把可验证性原则悬置时,完全可以把虚构话语纳入语言逻辑分析的框架,对语言本身进行思辨性研究。在一些学者看来,像"卵有毛""白狗黑"这样的诡辩命题并不是单纯的语言游戏,而是包含深刻理性思辨内容的逻辑真的科学或哲学命题。① 那么,为什么虚构话语不能成为包含一定思想内容的逻辑真的命题呢?因此,只要某一虚构语句能够达到逻辑上的真,并且根据融贯论原则与其话语体系内的其他语句相互支持和印证,就可以判断该虚构语句命题内容为真。

其次,它们也为符合论的虚构话语真值判断提供了理论基础。由此,根据虚构语句是否与事实或事态相符合,可以对语句命题内容做出真值判断。只不过这里的事实和事态不仅仅指现实世界中我们可以经验到的事实,还包括小说世界描述的事实、语言使用体系中全体使用者共同认定的事实等,它们都可以成为在语言形式框架内判断虚构话语真值的依据,虽然在物理世界框架内这些语句可能都不能构成真的命题。

最后,戴维森的理论把语句的为真解释与说话者的语境和言语行为联系起来,也从另一个侧面为虚构话语的意义理解和意义判断提供了佐证,即虚构话语的意义解释与说话者的言语行为和意向性等有关。但考虑到戴维森的"意义为真"理论把"为真"概念置于"意义"概念之前,同时把语句意义与为真条件互相穿插,可能会引起语句真值判断时意义与真值的混淆,本书没有采纳这一理论,而是较多地采用符合论和融贯论的立场。

以《东周列国志》开始句(例句7)为例加以说明:

例句7:话说周朝,自武王伐纣,即天子位,成康继之,那都是守成令主。

(选自〔明〕冯梦龙《东周列国志》第一回)

作为历史小说,《东周列国志》中相当多的语句(如例句7)描述了历史,但也有很多虚构事态,如第一回中的宫女怀孕四十年生一女、"褒城有神人化为二龙"等。根据塔尔斯基"语义为真"理论,语句为真在于它描述的内容与现实世界事态相一致,读者能够判断例句7为真,神人化

---

① 参见刘利民:《在语言中盘旋:先秦名家"诡辩"命题的纯语言思辨理性研究》,四川大学出版社2007年版,第147页。

为龙为假(虚构)。这一过程中,读者首先领会了以上语句的语义内容,然后再把以上语句描述的内容与现实世界的事态进行比较,如"武王伐纣,即天子位"符合历史,"神人化为二龙"与历史不符,从而做出上述判断。

同理,人们对中国古代二十四史、演义小说等语句内容的真假都是以现实世界的事态为依据做出判断的,所参照的语言和概念体系是现实的物质世界。

四、基于实用论的虚构语句的真值判断

实用论的主要观点为"有用就是真理",注重语句是否实现理解和交际的实用功能。实用论与虚构话语的语用意义尤其是交际性联系紧密。

本章第二节第三小节已指出,人们对虚构话语的字面意思或隐含意思的正确理解都是建立在自己所拥有的对客观世界的知识之上的,只有当读者与作者所拥有的客观世界知识相对等,即拥有共同的知识背景时,交际目的才能达到,否则交际失败。根据读者是否拥有与作者相对等的现实知识背景,结合实用论"有用就是真理"的原则,交际性为虚构话语意义判断提供了语用操作路径。按照交际性实现的三个条件中的后两条,即塞尔对作者意向和语句的规则、惯例的把握,人们可以对虚构话语的命题内容的真假做出判断。其中作者意向和话语的规则、惯例包括几个方面,除了文学语言的特殊使用方式,如诗歌的语言等,也有学者把它表述为以下三点,即作者的明显信仰,设定的小说世界的常规和一个可废止的叙事者的可靠性,据此推定来判断命题内容的真假。[1] 其中作者关于世界的明显信仰指作者明确表示的或隐含在作品中的客观世界知识,在文学文本中表现为作者创造出的虚构世界的隐含的,或读者根据作者所处的社会现实推论出的与现实世界的相同之处,可以归入作者意向之列。设定的小说世界的常规指的是,当小说构造出的虚构世界中的事物在现实中找不到参照或对应事物时,读者与作者产生信息交际的共享知识背景则依据读者所拥有的文学知识背景,或者在前两者都缺失的情况下对叙事者可靠性的推定,来完成对虚构话语内容为真或为假的判断。例如在阅读莎士比亚的《奥赛罗》时,没有人会认为菲奥丽塔临死之际仍然吟唱美丽的诗句是一种古怪的行为,尽管根据现实和作者的明显信仰,临死之际吟诗颂歌当然是古怪

---

[1] Andrea Bonomi, Sandro Zucchi, "A Pragmatic Framework for Truth in Fiction", *Dialectica*, 2003, Vol. 57, No. 2, pp. 103-120.

的行为，读者读到此处之所以感觉到自然，被她的美丽诗句打动，而不去追究她违背常理，正是依据为这类小说设定的常规，即塞尔所说的惯例。又例如在小说《哈克贝利·芬历险记》中，《哈姆雷特》的一段独白变成了：

> 例句8：生存还是死亡，就是那个空洞的身体
> 使人含辛茹苦。
> 谁愿意担着重负，直到比南森林果真来到丹西宁
> ……
>
> （秦川译，海天出版社2001年版，第155页）

熟悉莎士比亚作品的读者都不会认为《哈姆雷特》中的那段独白（例句5）果真如此。读者理解这段文字，领会其中的幽默可笑之处，首先基于对语句字面意思即语义意义的理解，其次基于对叙事者可靠性的推定。具体到例句8，读者都知道哈克贝利·芬没有受过什么教育，几乎不能读也不能写，借他的口叙述出来的这段台词颠三倒四，东拼西凑，错误百出，但读者读到此处不会感觉不知所云、不可理喻，正是基于对叙事者可靠性的否定。读者能够正确领会例句8的前提就是必须拥有《哈姆雷特》那段经典台词的知识背景，熟知这段台词，通过将例句8与例句5对比，领会其中的幽默可笑。但是读者却相信和接受哈克贝利·芬在河上发现一个竹筏并乘竹筏冒险的叙述，而不去质疑其可靠性，说明在乘竹筏冒险这一点上，读者对叙事者的可靠性持肯定的推定。

可见，以上三条虚构话语真值语境判断标准与塞尔所提出的理解虚构话语意义的三个条件，即语句的语义意义、意向和惯例相契合。其中对作者的明显信仰的判定帮助读者了解作者"知道"和"相信"的意向内容，对小说世界的常规和叙事者可靠性的推定可以构成虚构话语使用惯例的一部分。

要强调的是，语境条件是建立在语句的语义意义，即字面意思基础之上的，这种字面意思由组成该语句的词的意义和语句的句法规则决定，如本章第一节所述，它由语言本身的规则（包括符合规则和深层语法规则）规定，即格赖斯会话含义理论中的"所言"之义不随语境的变化而变化，区别于语句的语用意义。例如本章第一节提到的例句4，其中的"我""佳节"等词的指称对象可能随着说话者身份、说话时间、说话地点等语境因素的改变而改变，但这些词仍然拥有不以任何语境为转移的独立的字

面意思，即前面所说的名称或语句的语义意义，"我"指代以第一人称方式出现的说话者本人，"佳节"指美好的节日，整个语句也有这样的独立的字面意思。正是因为语词和句子有这种不随语境转移的独立的意义，人们才可以达成对语句意义的理解。而说话者在特定语境下的特定言语行为及其意向、隐喻意义等，都不是语句的语义意义，而是语用意义，即格赖斯会话含义理论中的"所含"之义。它意味着即使同一语句具有不同的，甚至与所言之义相反的所含之义，也不影响语句本身的所言之义，即语义意义。

五、虚构语句真值判断例句分析

在语言实践中，人们对于虚构语句所表达命题的真值判断，实际是以上四个判断标准的综合。为了清楚说明，例句 9 分别用六个有代表性的包含虚构名称的语句 a—f 加以说明。

例句 9： a. 福尔摩斯是个侦探。
b. 福尔摩斯是个厨师。①
c. 福尔摩斯很有名。
d. 孙悟空比猪八戒聪明。
e. 我喜欢孙悟空胜过猪八戒。
f. 小明站在橱窗前等圣诞老人。

首先，以上六个句子都预设了语义论的真值判断原则，设定了确定的事态的客观性基础以及语言在形式上描述事态的合法性，并且默认存在被称为诸如"福尔摩斯""孙悟空""圣诞老人"之类的虚构人物，他们虽然不存在于现实世界中，但存在于小说世界中。这一默认前提是以上六个语句可以有意义地加以分析和进行真值判断的基础。其次，以上所有语句也是以交际性为前提的，即人们对以上语句中出现的专名和概念词（例如通名"侦探"和"厨师"，动作词"喜欢""站"，描述词"有名""聪明"）的意义具有相同的共享知识背景和信念内容。譬如知道通名"侦探"和"厨师"分别代表了两种不同的职业，并且都共同相信侦探是破案的，厨师是烹饪的。这一前提能够保证人们通过语言达成正常的交际目的。交际

---

① 例句 a 和 b 选自叶闯：《虚构对象的名字与反描述论论证》，《世界哲学》2013 年第 11 期，第 87 页。

成功的另一个表现是交际场景相同,即使用者拥有一致的言说语境或言语行为。例如就语句 a 和语句 b 而言,使用者都默认该语句是针对《福尔摩斯探案集》小说文本所做的论断,而自觉地没有把它们与现实世界的境况或其他小说文本(也许在别的小说中福尔摩斯不是侦探而是厨师)做比较。最后,以上所有的语句默认采用符合论的判断标准,把语句所描述的命题内容与事态做比较,从而做出为真或为假的判断。但因为它们所参照的事态和所设定的语言使用框架存在不同,所以在判断标准的取舍上也各有侧重。

其中,语句 a 和 b 为同一类型的断言式陈述句,一般情况下,人们普遍会判断 a 为真,b 为假。这种判断主要依据符合论和/或融贯论标准做出,可能二者同时采纳,也可能采纳其中之一。按照前者,依据语句 a 和 b 的命题内容,可以分别得出"根据小说《福尔摩斯探案集》的描述,福尔摩斯是一个侦探"和"根据小说《福尔摩斯探案集》的描述,福尔摩斯不是一个厨师"这两个同为断言式语句的结论。通过直观的比较,人们做出以上真值判断。按照后者,语句 a 的命题内容与原著文本内的其他语句可以互相支持和印证,与描写福尔摩斯特性的其他语句相融贯;语句 b 与小说中描写福尔摩斯特性的其他语句不融贯。

此外,如果把语句 a 和 b 的交际背景换为对现实世界的事态进行断言,则根据符合论,二者要么都为假,要么都没有真值,因为福尔摩斯这一小说人物不存在于现实世界中,所有有关该人物特征的断言在现实世界中都找不到相符合之处,都被视为恒假或恒空。

综合上述几点,可以把语句 a 和 b 的真值判断标准设为客观外部世界参照系,当参照系为虚构文本时,二者有真假之分;当参照系为现实世界时,二者都为假。此说法还可以表述为:在虚构文本中,语句 a 为真,语句 b 为假;在现实世界中,语句 a 和 b 都为假。

语句 c 与 d 需要区分文本内、文本外两种使用框架。在文本内时,它是描述事态的断言句,判断标准与语句 a 和 b 类似,但这两个句子所陈述的性质很可能在原文中找不到直接和明显的原句,单凭符合论很难据原文来证实,因此需要结合符合论和融贯论。在文本外,即现实世界中时,语句 c 则变成了价值判断句,其真值判断主要采用符合论和实用论中使用者的意向和信念;语句 d 分两种情况,一种把该句看作"根据原文,孙悟空比猪八戒聪明"的缩略形式,另一种为误认为该人物是现实世界真实人物。在第二种情况下,该句为恒假或恒空。第一种情况下,一方面需要考察现实事态或状况;另一方面需要设定使用者对"很有名""聪明"的定义及判断标准,然后根据符合论的原则做出判断。一般情况下,具备上述专名知识背景的使用者会认同或相信上述语句 c 和 d 所述情况属实(譬如被调查数据统计结果证实),从而判断该语句为真。简而言之,语句 c 和 d 的真值判断依据,根据其使用语境分别为符合论和融贯论,或者符合论和实用论中的使用者的意向和信念。其中占主导地位的是符合论,因为使用者对"很有名""聪明"的意向和信念总体而言趋同,该语句的真值主要取决于是否与事态相符合。但语句 c 和 d 所依据的概念体系有所不同。如果语句 c 描述的是在现实世界中福尔摩斯这一虚构人物为人们所熟知,如果有证据表明该情况属实,则该语句为真;语句 d 的真值判断则依据《西游记》原文所描述的二者的性质特征。

语句 e 只考虑文本外情况时是一个信念陈述句,虽然包含虚构对象,但是对事实性信念的陈述。该句的意义真值判断取决于两点:一个是说话者"我"的意向和信念;另一个则是"喜欢"的对象事实,判断采用的是符合论和实用论中的意向性。如果说话者本人确实喜欢孙悟空胜过喜欢猪八戒,则该语句是对现实世界事态的描述,说话者拥有该命题内容的信念,其意向是向听者做出真实的断言并承诺其真实性,其命题内容为真;如果说话者不具备该命题内容的信念,说出该语句的意向不是要描述现实世界事态,则可以把该语句命题内容判定为假。可能会产生的一个问题就是:说话者本人很清楚自己的信念内容,知道自己所做的断言为真或为假;听者在不了解说话者信念和意向的情况下,如果说话者故意隐瞒真相,听者不能分辨其真假时,可能会做出错误判断。但按照语言使用的常规,一般听者会把说出的语句看作说话者本人真实信念的表达。因此,此类语句的真假由"我"所代表的说话者的真实信念和意向决定。

语句 f 只考虑文本外使用时是对现实世界事态进行描述的陈述句,与现实中描述真实事物状态的语句类似。其命题内容的真值判断采用符合论。语句的真值取决于语句各部分的描述是否与现实事物的状态相符合。在语句有意义且具有交际性的前提下,虽然句中包含虚构名称"圣诞老人",在现实中没有所指对象,但只要小明等的对象是圣诞老人,无论其是真人假扮的,抑或是小明意念中的虚构对象,"等圣诞老人"的真值就为真;当语句其他部分的真值也为真时,该语句就为真。

以上例句分析再一次为描述性指称论做了辩护。按照语义论的真值理论,除语句 f 外,持名称直接指称论者与持名称描述性论者会对语句 a—e 的真值产生分歧。在直接指称论者看来,语句 a、b、c、d 四句主词的指称对象,语句 e 谓词的施动对象都是空名称,不能指称任何事物,其意义为空，从而导致整个语句意义为空。而对语句 f 来说，语句的主词是指称确定的真实人物（一个叫"小明"的人），谓词是对这一人物动作或意向状态的描述，不论其动作或意向状态的对象是真实的还是虚构的，该语句都是事实性描述，都可以按照符合论做出真假判断。这样的处理方式把语句 a—e 的真值处理为等价的，要么全部都没有真值，要么都为真，要么都为假，这显然不符合人们的直觉。人们普遍会认为语句 a 为真，语句 b 为假，大多也认为语句 c 和 d 都是真的。正是这类包含空名称的虚构语句给直接指称论带来了巨大的困难，当前一些直接指称论者在这一点上有所让步，如赛尔蒙把虚构名称处理为抽象实体，以福尔摩斯为例，"作为小说的主人公，一个超越时空的实体或对象被作者创造出来了，这个抽象的实体就是福尔摩斯这个专名的指称"①。

与直接指称论者相反，描述性论者把虚构名称的指称对象看作虚构对象，虚构对象虽然不存在于现实世界中，但是存在于小说的文本世界以及人们的心灵或思想之中，是一种抽象存在。虚构名称也有确定的指称和涵义，包含虚构名称的语句表达命题，并且命题有真假之分。由此肯定语句 a—f 都是有意义的，其意义的真值判断一方面可以用符合论和融贯论加以论证，另一方面也与使用有关，如前文分析中所依据的不同的语言和概念框架体系、使用者的不同意向和信念等。这种处理方式也与新符合论相契合。

在实际生活中，人们用到虚构话语时一般可以很自如地在不同指涉情况之间切换，这是因为说话者的指涉很明确或话语出现的语境明确，人们可以立刻判断出说出的话语是指涉现实世界还是指涉小说世界，不会产生误解，例如在文学研讨会上人们对小说人物的性质发表各自的看法。但有时会遇到指涉不明或含有隐喻的情况，此时的真值判断是一个综合考量的结果，除了符合论、融贯论原则，还要结合说话者意向、言语行为、交际性、语言使用惯例等因素来判断话语命题内容的真假。例如，在一个案件现场，一个人说："这个案子必须请福尔摩斯来破。"除了其字面意思，人们还要根据对说话者性格、身份的了解，以及说话者说这句话时的意图等，才能判断该语句的真假。如果说话者是一个爱开玩笑或者说话爱拐弯抹角、打比方的人，人们会认为他只是在用比喻的表达方式，实际是说要请一个像福尔摩斯般聪明能干的侦探来破案，此时，人们会认为该语句只是借用"福尔摩斯"一词来表达隐含的意思，语句的实际内涵仍然符合事

---

① 黄益民：《空名问题的几种解答》，《世界哲学》2005 年第 6 期，第 80—81 页。

实,从而断定该语句为真。如果人们发现说话者以请求、命令、建议、希望等方式说出这句话,其意图是真的打算请福尔摩斯来破案,就会站在现实的角度做出该语句不符合现实情况的判断,从而断定该语句为假。

综合前述分析,相比完全否定虚构对象,将其视作空无的无对象主义,把虚构名称的指称对象处理为某种抽象对象,承认这种抽象对象的存在,更能够对虚构名称和语句的意义理解和意义判断做出合理解释。

第四节 《西游记》案例分析

本节以《西游记》第一回的两个段落为例,从读者的角度来考察基于语义意义和语用意义的结合,对虚构话语的意义理解。

文本1:

感盘古开辟,三皇治世,五帝定伦,世界之间,遂分为四大部洲:曰东胜神洲,曰西牛贺洲,曰南赡部洲,曰北俱芦洲。这部书单表东胜神洲。海外有一国土,名曰傲来国。国近大海,海中有一座名山,唤为花果山。此山乃十洲之祖脉,三岛之来龙,自开清浊而立,鸿蒙判后而成。真个好山!有词赋为证。赋曰:……

那座山,正当顶上,有一块仙石。其石有三丈六尺五寸高,有二丈四尺围圆。三丈六尺五寸高,按周天三百六十五度;二丈四尺围圆,按政历二十四气。上有九窍八孔,按九宫八卦。四面更无树木遮阴,左右倒有兰芝相衬。盖自开辟以来,每受天真地秀,日精月华,感之既久,遂有灵通之意。内育仙胞,一日迸裂,产一石卵,似圆球大小。因见风,化作一个石猴。五官俱备,四肢皆全。便就学爬学走,拜了四方。目运两道金光,射冲斗府。惊动高天上圣大慈仁者玉皇大天尊玄穹高上帝,驾座金阙云宫凌霄宝殿,聚集仙卿,见有金光焰焰,即命千里眼、顺风耳开南天门观看。二将果奉旨出门外,看的真,听的明。须臾回报道:"臣奉旨观听金光之处,乃东胜神洲海东傲来小国之界,有一座花果山,山上有一仙石,石产一卵,见风化一石猴,在那里拜四方,眼运金光,射冲斗府。如今服饵水食,金光将潜息矣。"玉帝垂赐恩慈曰:"下方之物,乃天地精华所生,不足为异。"

(节选自吴承恩《西游记》第一回)

文本 1 中包含了大量的虚构人物和事物，但这并不影响读者对这段话的理解和交流。可以从语义和语用两个方面对其进行解释。

一、语义分析

首先，在语义层面，以上所有的语句都是符合语法规则的。本章第二节对意义来源的分析表明，当语句符合深层语法规则时，无论其表层结构如何变化，根据人类内在的天赋语言认知能力，人们能够达到对于语句表层语言符号所传递的信息的正确理解。例如第一句中"感盘古开辟，三皇治世，五帝定伦，世界之间，遂分为四大部洲……"读者能够识别"感"表示动作，其后都是"感"的内容。同理，"盘古开辟，三皇治世，五帝定伦，世界之间……"各分句虽然都是四个字，但语法结构不同，读者能够分辨"盘古"为单称人名，"开辟"为一个同义连用的动作动词；"三皇""五帝"却不是单称人名，而是数量词与通名的组合，分别指称三位和五位不同的皇帝；"治世""定伦"也不是同义连用的动作动词，而是动宾结构词组；"世界"是通名，"之间"表示方位。诸如此类，都是人们在认知能力、语法知识和共享知识背景的共同作用下完成的对句子表层语言符号的解读。人类的语言认知能力和语言语法规则为句子意义理解提供了语言认知保障。

其次，构成句子各个成分的语词都有确定的意义。本书第三章论述虚构名称的指称和涵义时已明确虚构名称也可以指称特定的对象，并且具有确定的涵义。譬如上述文本 1 中出现的专名和通名都有确定的指称和内涵。读者能够实现对文本 1 的意义理解，就是基于对他们对其中出现的各个词的指称和涵义的把握，例如"盘古""三皇""五帝""玉皇大帝""千里眼""顺风耳"等虚构人名的指称对象及涵义，也包括"世界""大海""山""石""天""地""日""月"等指示实在对象的真实事物名称的指称和涵义。其中，对于指称真实事物的专名和通名而言，其指称对象是具有特定特征的某个或某类事物，在现实中可以找到与其对应的事物或事态，如"大海""山""石""日""月"，或抽象名词如"东、西、北""世界""部洲"等，因此它们的指称很明确，其内涵与事物的本质特征相联系，并在人们的意识中形成特定的概念，其意义也很确定，并不会因为出现在《西游记》这部小说中而有所改变，如"日""月"分别代表天上的太阳和月亮。当人们读到这些专名和通名时，会自觉地把文本中的这些事物与现实中的这些事物对应起来，获得文本所表达信息的概念内容和思想。对于

第六章 虚构语句的语言分析对语言学理论的挑战和启示

指称虚构人物和事物的名称,如"盘古""三皇""五帝""玉皇大天尊玄穹高上帝"(简称"玉皇大帝"或"玉帝")以及"千里眼""顺风耳"等,它们虽然不能指称现实的人物或事物,但可以指称具有特定特征的虚构对象,并且在此处这些虚构名称属于引用,它们曾出现在其他的文本或传说中,其指称对象和属性特征也是确定的,已经在人们的意识中形成了具有共识的概念,因此其指称和涵义也是确定的,人们读到这些名称时会把它们与特定的虚构对象对应起来。此外像"千里眼""顺风耳"这样的复合名词不仅指称特定的对象,还描述了对象的属性特征,可以帮助读者更生动地获知其指称对象的特性。即使像"三皇""五帝"这种指称不是很确定的名称,其数量和指代概念仍然是清晰的,不会影响人们对整句话的理解。而对于作者创造出来的新的虚构名称,如"傲来国""花果山""石猴"等而言,当它们第一次出现时,就是作者赋予其名称的命名行为式,而对这些事物和人物特征属性的描述都是赋予其内涵的过程。读者第一次读到这些名称时,根据常识和逻辑知道它们分别指代特定的对象,但对于其指代对象的内涵是没有概念的。读者只有完成了全文的阅读之后,才会形成关于特定对象的属性特征的概念。而全体使用者共同形成的对于某一名称的属性特征的析取所构成的概念意义,便是该虚构名称的内涵。例如所有读者在读完"石猴"这一段的描述以及全文后,都共同地形成一个概念:孙悟空是从石头里生出的猴子。这一属性特征构成了"孙悟空"或"石猴"这一专名的涵义的一部分。可见,包括专名在内的语词的确定的指称和涵义构成了人们实现语句意义理解的基础。

最后,语句的意义由其各组成部分的意义组合而成。本章第三节对虚构话语的指称和涵义的论述表明,语句的意义由组成其各部分的专名和概念词意义按照语法和逻辑规则合成。上述文本中的所有语句都是合乎逻辑和语法的句子,可以表达清晰的合乎逻辑的概念或思想内容,读者在把握各个词的意义的基础之上,结合语法和逻辑,可以完成对每个语句所表达的概念和思想内容的理解。在话语层面,每个段落也层次分明,前后语句逻辑联系紧密,段与段之间转换自然顺畅,读者再运用一定的阅读技能、语法和逻辑知识,达成对前后相连的语句的联系,形成话语连贯的概念和思想内容。例如语句"海外有一国土,名曰傲来国",可以很容易地明白这里的"海外"指"东胜神洲的大海之外",并且海外的这个国家名字叫"傲来国"。又如第二段中的第一句"那座山"指的是花果山。读者通过这样一个逻辑联系和推导过程,把这两段文字描述与石猴的出生联系起来,可以看出哪些语句描述了石猴出生的时间、地点,哪些描述了动作,哪些说明了前因后果等；甚至可以根据逻辑和常识推断出作者为了使石猴出世看起来显得合理，前后做了大量的铺垫和交代，以便人们能接受这种不合自然规律的描述。也正是常识和逻辑，使得人们在阅读以上段落时，能够把前后语句和段落有机联系起来，形成完整的思想内容。语法规则和逻辑确保了前后相续的概念和思想内容的清晰和连贯，使人们得以达成对话语所传递的思想内容的合理理解。

二、语用分析

从语用方面，文本1也传达了可理解的意义。首先，文本1中作者把他想要呈现孙悟空出世的意向通过叙述式言语行为表述出来，其言语行为得以实现。本章第二节第一小节已指出虚构话语也能够实现以言指事、以言行事和以言取效行为。在文本1中，专名如"盘古""石猴""玉帝"或通名如"山""树""石"等，都有确定的指称和涵义，作者的以言指事行为成立；作为文学语句，其描述了《西游记》虚构世界的事态，尤其是孙悟空的出世过程，向读者传达了孙悟空在特定时间发生了什么事情的信息，语句的叙述式以言行事行为成立；作者在整个文本中创造的新奇的光怪陆离的虚构世界场景和事件，让读者时而惊奇，时而紧张，时而欢乐，时而哀叹，充满五味杂陈的感受，启发、感染和教育了读者，使作者期望打动读者的意向在读者阅读文本的过程中得以实现，说明其以言取效行为成立。话语言语行为的实现表明话语的语力得以实现，意义得到理解。

其次，人们阅读文本1，除了理解语句的语义意义，也会从意向上领会作者所创造的虚构世界。如本章第二节第二小节所述，读者通过语句的语义意义、意向和惯例领会作者意向，实现对语句内容在《西游记》文本中的正确理解和解读。读者借助这段话的字面意思把握其语义意义，并且从其中探求作者的意向，包括作者的信念内容或明显信仰，例如相信盘古开天辟地、周天三百六十五度、政历二十四气等。同时，读者结合自己所掌握的现实世界的知识，根据符合论和融贯论，把文本内容与自己的现实知识和文学知识结合起来，达到对文本的理解。其中与现实相符合的部分，如山顶上有石头、石头迸裂，猴有五官四肢、会爬会走等，读者自然会与现实对应起来，联想到石猴的外观必定像真实的猴子，而不像狮子、大象等，其行为也像真实的猴子，而不像其他动物。其中与现实不相符合的部分，如石猴目运金光、玉皇大帝驾座灵霄宝殿等，读者根据文学语言的使用惯例以及现实世界的知识背景，如对眼睛发亮、金光、皇帝、宝殿等的了解和经验，运用认知能力和理性思考能力，领会作者虚构和想象的意图，在思想上把《西游记》所描述的小说世界也想象成一个充满奇花异草、珍禽异兽，天地人神共存的世界，再现作者的虚构图景。读者根据惯例也完全会意识到文本内容描述的是充满奇幻想象的虚构世界，自觉把它处理为虚构文本，从意向上完成再现或重建《西游记》虚构世界的行为。作者的意向被读者领会表明话语的意义被读者正确理解。

最后，读者与作者的共享知识背景确保了语句的交际性。本章第二节第三小节论及虚构话语的交际性时，指出共享知识背景是话语交际性的条件之一。以上两段中出现的大量的事物和人物，不论是虚构的还是现实的，其名称和概念词所传达的信息之所以能够被读者领会，在于它们与读者所拥有的共享知识背景或信念内容是一致的，这确保了语词涵义的确定性和客观性，不同读者能够获得比较一致的理解和解释。例如，名词"高""围圆""政历""树木""芝草"等，动词"感""育""产""化作"等，数量词词组"三丈六尺五寸""八卦""五官""四肢"等，形容词"好""灵""明""真"等，都表达了比较一致的、确定的概念。虚构名称如"盘古""玉帝""石猴"等也是如此。正是在读者与作者所拥有的共享知识背景的基础之上，读者能够领会作者话语的思想内容并获得相对一致的理解，知道这段话语描述了孙悟空出世的来龙去脉，他的出生地、出生过程、出生前后发生的事等。即使不同读者的知识水平或概念内容存在差异，少量名称或语句的指称和涵义存在不确定性，但这并不影响对整体话语意义的理解。譬如文本1中，虽然有的读者对"三皇""五帝"具体是谁不一定清楚，并且史书对他们的定义各有不同，但这并不妨碍读者对这段话的整体意义获得一致的理解。主要因为：一是从逻辑上来看，一些次要的、无关紧要的信息对整体信息传递所产生的影响较小；二是若有需要，读者可以根据神话传说、史书记载或其他途径，获知这些语词的确定指称和涵义；三是从语言理解的规律来看，即使对于某些语言点只拥有较少的、模糊的知识，也不会影响对整体话语信息的理解。例如"三皇""五帝"，读者只要知道他们指代中国历史上（或传说中）比较早的几位帝王，就足以理解全句的思想内容。这些也表明即使读者对于一些语词的共享知识背景或信念内容有差别，但这种差别与整段话的思想内容以及作者意向相比显得无足轻重，对于读者理解整段话语的意义没有太大影响。基于作者和读者的共享知识背景，结合读者意向和语言使用规则和惯例，以上话语交际性的实现说明读者能够实现对话语所传达思想内容的正确理解。

虚构话语的真值判断则依据其使用的语言框架而定。对于虚构文本内语句所描述的一些内容，读者不会去追问其真假，例如对文本 1 的语句"……世界之间，遂分为四大部洲：曰……"读者或者采用假装相信的态度，或者忽略其命题内容的真假而关注其文学意义；对于文本外语句，读者根据自己的现实知识和《西游记》中的描述，对有关其中人物或事物性质的描述语句做出真假判断。例如根据文本 1，对于语句"孙悟空是从石头里蹦出来的"，人们会自动把该句认定为"根据小说《西游记》所述，孙悟空是从石头里蹦出来的"，从而判断其所述内容为真。如果有无知的读者把语句放入语言实质性使用框架，则其命题内容会被判断为假。

但正如文学本身的性质和价值所决定的，读者在阅读文学作品时，并不会去要求其中内容与现实世界事实或事态相符合，反而会被其中超出现实的内容吸引和感染。诚如伊瑟尔所言，读者希望通过参与文学虚构的语言游戏，展示和拓展自身的生存境遇。这正是文学虚构语言的魅力所在。

从对文本 1 的分析可以看出，读者正是在对语词和话语的语义意义、语法意义、逻辑和话语使用意义，作者言语行为、意向性、交际性，以及一定的文学世界、现实世界知识背景的基础上，达到对话语全面和正确的理解和解读的。它们的共同作用保障虚构话语的意义能够在不同读者中获得较为一致的正确解释，避免误读。这些解释虽然肯定了虚构名称的起源是一个历史的因果行为，但对虚构名称的指称和涵义以及其语义意义和语用意义的分析包含了描述性指称理论的基本观点，即名称既有指称又有涵义，并且其涵义与描述其属性特征的摹状词相连，为描述性指称理论进行了支持和辩护，也阐释了本书对名称所持的因果描述观。对虚构话语的真值判断也是一个综合考虑话语字面意思、使用场合、使用者等因素，采用不同语言使用框架，并在这两种框架间转换的过程。由此可见：对虚构话语意义的理解是一个语义意义和语用意义相结合的过程，对虚构话语的真值判断也是一个结合了语义分析和语用分析，综合运用真值标准的过程。只有把语义和语用结合起来，才能达到对话语意义的正确理解和判断。

第五节　虚构话语语言分析对语言学理论研究的启示

本章对文学虚构语句的意义分析表明虚构语句的理解和判断须综合语义意义和语用意义，后者包括使用者意向性、言语行为和认知等。其中涉及的所有话题都有语言学和语言哲学的交叉点，例如内涵与概念的定义和获得、意向性与语言意义、言语行为与意义、语言认知与意义、语言交际和语言实践等,这些交叉和融合之处也将为语言学研究带来新的增长点,同时也为虚构话语的语言学后续研究提供了可能的新方向。

首先,对于虚构名称和话语的指称和涵义分析,把语言、外部世界对象和状态及使用者联系起来,为语言学的名称和语句的语义意义和语用意义探究提供了理论基础和研究思路,如奥格登和理查兹的语义三角理论建立了概念、符号、所指物三者的语义三角关系①,此后语义三角理论不仅成为语言学中传统语义学的经典理论,也成为计算语言学、心理语言学、认知语言学等领域的重要理论,甚至拓展到计算机和人工智能领域,建立了基于语义三角的自然人机交互模型,以期解决人机信息交流问题②。对虚构话语的理解和判断把意向性、言语行为和交际性等因素纳入考虑,倾向于支持后格赖斯会话含义理论中和语义最简论③对立的语境论。但需要说明的是,对于虚构名称和话语涵义的客观性和确定性的肯定仍然为语义最简论留有余地。因此,通过对类型更丰富的虚构名称和话语语料进行意义分析,探讨其意义来源、获得、构成的理解和判断等,将为意义研究中的语义和语用理论提供更有力的语料支持。

其次,本书第三章和本章第二节第二小节把意向性界定为指称和意义的核心因素,凸显了意向性在语言活动中的地位。语言作为人们有意识的活动,不仅指向和表征外部世界对象,还可以经高度抽象和逻辑推理,成为心智和思维活动的主体。这其中,意向性是最基本特征。语言学从意向性出发,可以为语言意义理解和交流以及不同语言实践活动提供新的研究思路和方向。认知语言学通过探究意向的指向来解释语言中概念的形成④;文体学和语言文学通过探究作者意向性来解释词语的指向、句子的意义或者文学修辞的含义和作用,例如通过分析作者的意向性指向来分析秦观《鹊桥仙》中词语"纤云""飞星""银汉"等的指称对象⑤;语用学

---

① 〔美〕C. K. 奥格登,I. A. 理查兹:《意义之意义——关于语言对思维的影响及记号使用理论科学的研究》,白人立、国庆祝译,北京师范大学出版社2000年版。
② 刘胜航,陈辉等:《基于语义三角形的自然人机交互模型》,《中国科学:信息科学》2018年第4期,第466—474页。
③ 何鸣,张绍杰:《后格赖斯语用学:语义最简论述评》,《现代外语》2018年第1期,第122页。
④ W. Croft, & D. Cruse, *Cognitive Linguistics*. Cambridge: Cambridge University Press, 2004.
⑤ 徐盛桓:《意向性的认识论意义——从语言运用的视角看》,《外语教学与研究》2013年第2期,第177—178页。

中通过意向态度来解释会话意义和言语行为,隐喻转喻的形成和解释原则①;翻译学中通过对原著作者、译者及译作读者三方意向性诉求的分析来考量翻译原则等②。总体而言,现代语言学通过意向性把语形、语义和语用因素结合在一起,综合考量和解读词汇、话语的意义,这是语言学研究的一个趋势。

本章第二节第一小节对虚构话语言语行为的分析,说明了虚构话语的说出行为、以言表意、以言行事和以言取效的真实性,但悬置了其叙述内容的真实性;同时否定了虚构话语的言语行为是"寄生性言语行为"和"虚构性言语行为"的定义,而把其定义为叙述式或描述式言语行为。这一定义仍有待进一步充实和完善。在区别虚构话语和真实性话语的命题内容真实性的基础上更准确地定义虚构话语的言语行为,可以看作虚构话语对语言学和语言哲学提出的挑战。一方面,对虚构话语以言表意行为的肯定,以格赖斯会话含义理论对语句"所言"和"所含"意义的区分③为前提,肯定了虚构话语的语言规约意义,并且在此基础上综合意向性、言语行为和交际性,达到对虚构话语所含意义的准确理解,维护了其所含意义在所言基础上结合语用因素而定④的核心;另一方面,对虚构话语所言意义的分析,包括确定所指、涵义,消除歧义,确定其与语用因素之间的关系,仍有待语言学和语言哲学加以解释。

此外,本书第三章、第五章和本章第一节阐述了虚构名称和话语的意义的语言学基础包括语法规则、逻辑和人的语言认知能力,其中认知因素已成为语言哲学、心灵哲学、心理学、认知语言学、认知神经学、教育学等多学科领域的共享热点研究话题并已取得一定进展。例如在心理学、认知语言学和认知神经学交叉研究领域,通过绘制脑的听觉处理功能地图和言语感知工作模型来了解听觉言语感知机制,运用大脑成像技术绘制词汇、语句、概念处理、语义加工等模型来了解大脑的语言神经感觉和处理

---

① 薛旭辉:《意向性解释的价值向度:心智哲学与认知语言学视角》,《西安外国语大学学报》2017年第3期,第59—61页。

② 于辉:《翻译文学经典建构中的译者意向性研究》,《外语与外语教学》2020年第2期,第94—96页。

③ 张延飞,张绍杰:《后格赖斯语用学:含义默认解释模式综观》,《外语与外语教学》2009年第8期,第1—5页。

④ 曹笃鑫,向明友:《意义研究的流变:语义-语用界面视角》,《外语与外语教学》2017年第4期,第78页。

机制①，已经取得一些成果，为人脑的语言认知加工过程提供了心理学和生理学证据。可以预料的是，综合哲学中的形而上学认识论和心灵哲学、语言哲学中的语义理论，与语言学认知理论以及心理学、脑科学最新发展成果相结合，就"虚构"的语言意义中的语义内容与信念内容之间的关系展开意义与认知、意义与心理学和神经认知学相结合的交叉研究，将会成为虚构语言分析的一个新的发展方向。

最后，本章第二节第三小节分析了虚构话语的交际性定义和条件，把交际双方的共享性知识设定为虚构话语交际性的条件。这一设定给跨文化语言实践带来的启示就是在交际中应充分了解交际双方的语言文化特征，为语言理解和沟通奠定良好基础。在跨文化交流和语言学领域，通过分析中外典籍文献中虚构话语的表现特征，对比中国文化和语言与外国文化和语言不同的特点和表达方式，为中外文互译提供参考；或者通过选材更丰富的不同类型的语料，尤其是中国传统文化和思想领域的语料，发掘其中的深层次文化语言和哲学思想特征。这些也都是关于虚构话语的后续语言学和语言哲学研究值得探究的话题。

小 结

虚构语句也有指称和涵义，其指称是语句的真值，其涵义是语句所表达的思想或命题内容。

从虚构话语的使用上看，虚构话语表达了叙述式言语行为，其叙述的内容可能是虚假的，但其言语行为是真实的。虚构话语是一种意向性语言，虚构话语的建构依赖于作者的意向性创造和想象，虚构话语的意义解读依赖于读者的意向性解读和对作者意向的正确把握。对虚构话语意义的理解和交流必须把话语语义意义和语用意义相结合，既考虑语句的语义意义，又考虑作者意向和文学语言使用惯例。虚构话语具有交际性，其交际性的基础就是作者和读者共同拥有的现实性知识背景。

对虚构话语真值的判断要考虑话语的语境或语言框架，当虚构话语的命题内容涉及与现实世界的关系时，采用符合论的真理观；当虚构话语的命题内容只涉及虚构世界的事物时，采用符合论和/或融贯论的真

---

① 〔美〕伯纳德·J. 巴斯，尼科尔·M. 盖奇主编：《认知、大脑和意识》，王兆新、库逸轩、李春霞等译，上海人民出版社2015年版，第216—225、377—398页。

理观。基于使用论的虚构话语的真值判断再次为名称的描述性理论进行了辩护。

对虚构话语意义的语言分析为虚构话语在语言学、语言哲学及其他相关学科领域的交叉研究，尤其在意义分析、意向性、言语行为、语言认知、语言交际等方向上提供了新的课题。

结　语

　　本书综合运用了语言哲学、语言学和文学等领域的多种理论，以具有代表性的国内外文学和科学技术领域的一些语料为例证，对虚构名称和虚构语句的语义和语用特征进行分析。重新解读并支持了传统意义理论中的弗雷格意义理论、指称的对象主义观点、指称的因果描述性观点、意义真值理论中的外在主义意义真值观，驳斥了直接指称论对描述性理论的一些质疑，同时分析了虚构话语的一些语用特征，肯定了虚构话语的言语行为和交际性，并强调意向性在虚构话语意义中的重要地位。主张综合考量虚构话语的语义意义和语用意义，达到对虚构话语意义的正确理解和判断。

　　本书对"虚构"的语言研究只是当前语言学和语言哲学领域有关"虚构"系统研究的冰山一角。有关"虚构"的本性、特点、社会实践功能等方面的系统研究还有大量领域有待发掘。可以肯定，"虚构"对哲学和语言学而言仍是一个充满挑战且有待进一步探索的课题。

参考文献

一、中文译著

〔英〕A. J. 艾耶尔：《语言、真理与逻辑》，尹大贻译，上海：上海译文出版社，1981年。

〔美〕阿尔斯顿：《语言哲学》，牟博、刘鸿辉译，北京：生活·读书·新知三联书店，1988年。

〔德〕埃德蒙德·胡塞尔：《逻辑研究》，倪梁康译，北京：商务印书馆，2017年。

〔奥〕保罗·费耶阿本德：《反对方法》，周昌忠译，上海：上海译文出版社，1992年。

〔法〕保罗·利科：《历史与真理》，姜志辉译，上海：上海译文出版社，2004年。

〔古希腊〕柏拉图：《理想国》，郑斌和、张竹明译，北京：商务印书馆，1986年。

〔美〕伯纳德·J. 巴斯，尼科尔·M. 盖奇：《认知、大脑和意识》，王兆新、库逸轩、李春霞等译，上海：上海人民出版社，2015年。

〔英〕边沁：《道德与立法原理导论》，时殷弘译，北京：商务印书馆，2015年。

〔美〕C. K. 奥格登，I. A. 理查兹：《意义之意义——关于语言对思维的影响及记号使用理论科学的研究》，白人立、国庆祝译，北京：北京师范大学出版社，2000年。

〔美〕达德利·夏佩尔：《理由与求知》，褚平、周文彰译，上海：上海译文出版社，2001年。

〔德〕恩斯特·卡西尔：《人论》，甘阳译，上海：上海译文出版社，1985年。

〔奥〕恩斯特·马赫：《认识与谬误》，李醒民译，北京：华夏出版社，

1999年。

〔英〕弗兰克·克默德：《结尾的意义——虚构理论研究》，刘建华译，沈阳：辽宁教育出版社，2000年。

〔荷〕Jacob L. Mey：《语用学引论》，徐盛桓译，北京：外语教学与研究出版社，2001年。

〔德〕伽达默尔：《哲学解释学》，夏正平等译，上海：上海译文出版社，2004年。

〔英〕哈雷：《科学哲学导论》，李静译，杭州：浙江科学技术出版社，1990年。

〔英〕卡尔·波普尔：《客观知识——一个进化论研究》，舒炜光等译，上海：上海译文出版社，2005年。

〔美〕罗森：《诗与哲学之争》，张辉译，北京：华夏出版社，2004年。

〔英〕罗素：《我的哲学的发展》，北京：商务印书馆，1982年。

〔英〕洛克：《人类理解论》（上册），关文运译，北京：商务印书馆，1959年。

〔美〕A. P. 马蒂尼奇：《语言哲学》，牟博、杨音莱、韩林合等译，北京：商务印书馆，2004年。

〔美〕迈克尔·海姆：《从界面到网络空间——虚拟实在的形而上学》，金吾仑、刘刚译，上海：上海科技教育出版社，2000年。

〔美〕纳尔逊·古德曼：《事实、虚构和预测》，刘华杰译，北京：商务印书馆，2007年。

〔英〕培根：《新工具》，许宝骙译，北京：商务印书馆，1984年。

〔美〕乔治·莱考夫，马克·约翰逊：《我们赖以生存的隐喻》，何文忠译，杭州：浙江大学出版社，2005年。

〔美〕索尔·克里普克：《命名与必然性》，梅文译，上海：上海译文出版社，2005年。

〔瑞士〕索绪尔：《普通语言学教程》（第5版），裴文译，南京：江苏教育出版社，2002年。

〔美〕梯利：《西方哲学史》（增补修订版），葛力译，北京：商务印书馆，2003年。

〔美〕威拉德·蒯因：《从逻辑的观点看》，江天骥等译，上海：上海译文出版社，1987年。

〔美〕威廉·G. 莱肯：《当代语言哲学导论》，陈波、冯艳译，北京：中国人民大学出版社，2011年。

〔奥〕维特根斯坦：《哲学研究》，李步楼译，北京：商务印书馆，1996年。

〔德〕沃尔夫冈·伊瑟尔：《虚构与想像：文学人类学疆界》，陈定家、汪正龙等译，长春：吉林人民出版社，2003年。

〔荷〕乌斯卡里·迈凯：《经济学中的事实与虚构》，李井奎等译，上海：上海人民出版社，2006年。

〔美〕希拉里·普特南：《理性、真理与历史》，童世骏、李光程译，上海：上海译文出版社，2005年。

〔英〕休谟：《人性论》，关文运译，北京：商务印书馆，2016年。

〔古希腊〕亚里士多德：《形而上学》，吴寿彭译，北京：商务印书馆，1981年。

〔古希腊〕亚里士多德：《亚里士多德全集》第九卷《论诗》，苗力田主编，北京：中国人民大学出版社，1997年。

〔德〕尤尔根·哈贝马斯：《交往行为理论：行为合理性与社会合理化》，曹卫东译，上海：上海人民出版社，2004年。

〔美〕约翰·R. 塞尔：《心灵导论》，徐英瑾译，上海：上海人民出版社，2019年。

〔美〕约翰·R. 塞尔：《意向性：论心灵哲学》，刘叶涛、冯立荣译，上海：上海人民出版社，2019年。

二、中文专著、论文

《王立群回应〈咬文嚼字〉挑出的八处错误》，《长江商报》，2008年2月18日B20版。

白淑英：《从技术思辨到社会哲学——关于虚拟世界研究的方法论转向问题》，《自然辩证法研究》，2007年第1期。

蔡肖兵：《时空概念在物理学中的地位和作用》，《哲学研究》，2007年第1期。

曹笃鑫，向明友：《意义研究的流变：语义-语用界面视角》，《外语与外语教学》，2017年第4期。

曹万春：《匠心独运，奥秘无穷——〈红楼梦〉人名奥秘初探》，《保定职业技术学院学报》，2006年第1期。

车铭洲：《现代西方语言哲学》，成都：四川人民出版社，1989年。

陈波：《奎因哲学研究——从逻辑和语言的观点看》，北京：生活·读书·新知三联书店，1998年。

陈波：《逻辑哲学导论》，北京：中国人民大学出版社，2000 年。

陈波：《逻辑哲学》，北京：北京大学出版社，2005 年。

陈波：《没有"事实"概念的新符合论（上）》，《江淮论坛》，2019 年第 5 期。

陈波：《没有"事实"概念的新符合论（下）》，《江淮论坛》，2019 年第 6 期。

陈波：《"事实"概念是一个本体论赘物——答陈嘉明、苏德超》，《江淮论坛》，2021 年第 1 期。

陈晨：《克里普克直接指称论及相关理论研究》，南京：南京大学博士学位论文，2019 年。

陈刚：《论塞尔的内在主义语言哲学》，《哲学研究》，2003 年第 10 期。

陈吉胜，侯旎：《认知内涵能够取代含义吗：评认知二维语义学对弗雷格含义理论的修正与辩护》，《科学技术哲学研究》，2017 年第 3 期。

陈嘉映：《语言哲学》，北京：北京大学出版社，2003 年。

陈杰：《内向指称——以康德批判哲学为进路的意义理论研究》，上海：上海大学出版社，2009 年。

陈曦：《〈史记〉历史虚构探索》，《解放军艺术学院学报》，2005 年第 5 期。

陈志良：《虚拟：哲学必须面对的课题》，《光明日报（理论版）》，2000 年 1 月 18 日。

程本学：《专名意义的两种理论及其融合》，《华南师范大学学报（社会科学版）》，2006 年第 3 期。

程琪龙：《认知语言学概论——语言的神经认知基础》，北京：外语教学与研究出版社，2001 年。

杜任之，涂纪亮：《当代英美哲学》，北京：中国社会科学出版社，1988 年。

方兴：《利科的解释学思想及其对阅读研究的启示》，《法国研究》，1999 年第 2 期。

郭贵春：《夏佩尔的理论实在论》，《自然辩证法通讯》，1990 年第 5 期。

韩刚健：《〈红楼梦〉人名拾趣》，《华夏文化》，2011 年第 2 期。

何鸣，张绍杰：《后格赖斯语用学：语义最简论述评》，《现代外语》，2018 年第 1 期。

何其芳：《文学史讨论中的几个问题》，中国文学网，http://www.literature.org.cn/Article.asp? ID=5014。

胡瑞娜：《当代反实在论的语言转向》,《哲学动态》,2006 年第 7 期。
胡泽红：《关于专名的涵义与指称》,《自然辩证法通讯》,2002 年第 5 期。
黄敏：《弗雷格的"涵义"：认知解释与逻辑解释》,《哲学研究》,2014 年第 3 期。
黄少华：《评普特南的内部主义因果指称理论》,《兰州大学学报（社会科学版）》,1994 年第 1 期。
贾英健：《论虚拟生存》,《哲学动态》,2006 年第 7 期。
江怡：《走向新世纪的西方哲学》,北京：中国社会科学出版社,1998 年。
江怡：《当代英美语言哲学中的指称问题》,《江苏行政学院学报》,2005 年第 4 期。
江怡：《达米特论意义和真》,《世界哲学》,2005 年第 6 期。
江怡：《论斯特劳森的描述的形而上学》,《哲学研究》,2005 年第 6 期。
江怡：《分析哲学教程》,北京：北京大学出版社,2009 年。
江怡：《近十年英美语言哲学研究进展》,西方语言哲学国际研讨会 2008 年论文摘要集。
金立：《指称理论的语用维度》,《哲学研究》,2008 年第 1 期。
克里普克：《命名与必然性》,梅文译,上海：上海译文出版社,1988 年。
黄益民：《空名问题的几种解答》,《世界哲学》,2005 年第 6 期。
黄益民：《索姆斯对直接指称理论的最新发展》,《哲学动态》,2005 年第 11 期。
黄益民：《专名指称的一种因果描述观点》,《哲学研究》,2006 年第 2 期。
黄益民：《从弗雷格之谜及信念之谜看心灵内容与语义内容的关系》,《世界哲学》,2006 年第 6 期。
黄益民：《对克里普克本质主义的几点质疑》,《世界哲学》,2007 年第 5 期。
黄益民：《形而上学中的虚构主义》,《世界哲学》,2007 年第 5 期。
黄益民：《道德虚构主义》,《社会科学战线》,2008 年第 8 期。
李超元：《略论虚拟性实践的基本特征和价值》,《天津社会科学》,2000 年第 6 期。
李超元：《论虚拟性实践》,《光明日报（理论版）》,2001 年 9 月 25 日。
李国山：《第三次语言学转向？——评杰罗德·卡茨的意义形而上学》,《世界哲学》,2005 年第 6 期。
李晓蓉：《夏佩尔的科学哲学观点》,《自然辩证法通讯》,1982 年第 2 期。
李燕涛：《边沁的虚构理论》,http://dzl.ias.fudan.edu.cn/ShowTopic.

aspx? topicid=13404.

李元明：《科学虚构主义：缘起、内涵与特点》，《哲学分析》，2017 年第 6 期。

梁义民，任晓明：《论现代西方名称所指确定观的演变特征》，《浙江社会科学》，2007 年第 1 期。

廖晓雪，等：《〈红字〉中 A 的多重寓意与人名的隐喻》，《湖北经济学院学报（人文社会科学版）》，2007 年第 10 期。

刘大椿：《隐喻何以成为科学的工具》，《西北师大学报（社会科学版）》，2009 年第 4 期。

刘杰：《当代逻辑哲学发展现状及趋势：逻辑的多元性》，《科学技术哲学研究》，2017 年第 1 期。

刘利民：《在语言中盘旋——先秦名家"诡辩"命题的纯语言思辨理性研究》，成都：四川大学出版社，2007 年。

刘胜航，陈辉，等：《基于语义三角形的自然人机交互模型》，《中国科学：信息科学》，2018 年第 4 期。

刘永杰：《〈呼啸山庄〉中地名和人名的意蕴解读》，《佳木斯大学社会科学学报》，2004 年第 6 期。

龙小平：《关于专名的涵义》，《重庆师院学报（哲学社会科学版）》，2000 年第 4 期。

陆杰荣：《形而上学的"真实"与形而上的"真实"》，《求是学刊》，2003 年第 1 期。

陆杰荣：《论哲学"真实"之规定》，《哲学研究》，2003 年第 6 期。

罗广龙：《数学虚构主义与不完全性问题》，《自然辩证法通讯》，2018 年第 7 期。

马超勤：《〈红楼梦〉人名拾趣》，《广西教育》，2007 年第 Z3 期。

毛宣国：《历史虚构与中国古代叙事》，《中国文学研究》，1998 年第 1 期。

梅建华：《理解信念之谜：弗雷格、克里普克、索萨》，《江海学刊》，2013 年第 5 期。

欧阳康：《哲学研究方法论》，武汉：武汉大学出版社，1998 年。

邵世恒：《弗雷格主义的两难困境》，《自然辩证法研究》，2018 年第 10 期。

石在中：《鲁迅小说中的人名》，《语文教学与研究》，2007 年第 21 期。

孙和平，盛晓明：《论"虚拟实在"对"科学实在"的内在化》，《哲学研究》，2006 年第 4 期。

谈云雷：《也谈"虚构概念"的外延》，《淮阴工学院学报》，2004 年第 2 期。

涂纪亮：《美国哲学史》（下），武汉：武汉大学出版社，2008 年。

涂纪亮：《现代欧洲大陆语言哲学》，北京：中国社会科学出版社，1982 年。

涂纪亮：《英美语言哲学概论》，北京：人民出版社，1988 年。

涂纪亮：《语言哲学名著选辑》，北京：生活·读书·新知三联书店，1988 年。

涂纪亮：《现代西方语言哲学比较研究》，北京：中国社会科学出版社，1996 年。

汪正龙：《沃尔夫冈·伊瑟尔的文学虚构理论及其意义》，《文学评论》，2005 年第 5 期。

汪正龙：《修辞、审美、文化——隐喻的多维透视》，《江汉论坛》，2016 年第 9 期。

王健平：《语言哲学》，北京：中共中央党校出版社，2003 年。

王晓升：《走出语言的迷宫——后期维特根斯坦哲学概述》，北京：社会科学文献出版社，1999 年。

王垠丹，杨武金：《语言意义的来源》，《自然辩证法研究》，2019 年第 7 期。

王寅：《语言哲学研究——21 世纪中国后语言哲学沉思录（上）》，北京：北京大学出版社，2014 年。

王岳川：《现象学与解释学文论》，济南：山东教育出版社，1999 年。

吴刚：《当代西方语言学哲学研究评论》，《自然辩证法通讯》，2005 年第 1 期。

谢晓河，余素青：《虚构话语：言语行为和非交际性》，《外语研究》，2005 年第 3 期。

徐敏：《虚构、指称与非存在——为真难题及其解决方案》，《自然辩证法研究》，2007 年第 12 期。

徐敏：《虚构名字的接续主义指称观》，《现代哲学》，2019 年第 3 期。

徐盛桓：《意向性的认识论意义——从语言运用的视角看》，《外语教学与研究》，2013 年第 2 期。

徐世甫：《虚拟世界的本体论探析》，《科学技术与辩证法》，2005 年第 1 期。

徐友渔，周国平，陈嘉映，尚杰：《语言与哲学——当代欧美与英法传统比较研究》，北京：生活·读书·新知三联书店，1998年。

薛旭辉：《意向性解释的价值向度：心智哲学与认知语言学视角》，《西安外国语大学学报》，2017年第3期。

央视国际：《我国13.2%的上网青少年有网瘾》，http://www.cctv.com/news/science/ 20051123/100972.shtml.

杨伊：《指称理论与科学实在论研究》，武汉：武汉大学博士学位论文，2013年。

叶闯：《语言·意义·指称——自主的意义与实在》，北京：北京大学出版社，2010年。

叶闯：《弗雷格的涵义与语言的意义》，《外国哲学》，2012年第22辑。

叶闯：《虚构对象的名字与反描述论论证》，《世界哲学》，2013年第11期。

叶峰：《数学理论与虚构作品》，《科学技术哲学研究》，2020年第3期。

殷正坤：《科学理论中的真理与虚构——评劳丹对趋同实在论的批判》，《哲学动态》，1992年第2期。

殷正坤：《试论科学理论中的虚构》，《自然辩证法通讯》，1992年第6期。

殷正坤：《虚拟与现实——兼与陈志良先生商榷》，《光明日报（理论版）》，2000年3月28日。

殷正坤，邱仁宗：《科学哲学引论》，武汉：华中理工大学出版社，1996年。

于辉：《翻译文学经典建构中的译者意向性研究》，《外语与外语教学》，2020年第2期。

张耕华：《试论历史叙事中的想象问题》，《史学理论研究》，2005年第4期。

张力锋：《专名的新指称理论——对历史因果理论的挑战与修正》，《重庆师范大学学报（哲学社会科学版）》，2005年第3期。

张力锋：《普特南论自然种类词：当代逻辑哲学视域下的本质主义研究》，《江海学刊》，2006年第6期。

张明仓：《虚拟实践的本质探析》，《华中科技大学学报（社会科学版）》，2006年第1期。

张妮妮：《意义与真之争》，《华中科技大学学报（社会科学版）》，2001年第3期。

张世英：《现实·真实·虚拟》，《江海学刊》，2003年第1期。

张延飞，张绍杰：《后格赖斯语用学：含义默认解释模式综观》，《外语与外语教学》，2009 年第 8 期。

张跃芳：《鲁迅小说的人名艺术》，《语文教学与研究》，2004 年第 24 期。

张之沧：《我提出"世界 4"的理论根据——兼回应殷正坤先生"商榷"一文》，《南京师大学报（社会科学版）》，2003 年第 2 期。

赵敦：《逻辑和形而上学的起源》，《学术研究》，2004 年第 1 期。

周濂：《从日常概念到科学概念———种解释克里普克-普特南本质理论的可能途径》，《世界哲学》，2004 年第 4 期。

周甄武，余洁平：《论实践在虚拟性上的分化与融通》，《哲学原理》，2005 年第 9 期。

朱志方，李涤非：《自然语言中真理概念的语用分析》，《自然辩证法通讯》，2002 年第 4 期。

朱志方：《实在的意义》，《武汉大学学报（哲学社会科学版）》，2001 年第 6 期。

三、外文文献

Adam Roberts, *Science Fiction*. London: Routledge, 2000.

Alberto Voltolini, "How Fictional Works Are Related to Fictional Entities", *Dialectica*, 2003, 57(2): 225−238.

Alex Orenstein, "Fiction, Propositional Attitudes, and Some Truths about Falsehood", *Dialectica*, 2003, 57(2): 177−190.

Alex Viskovatoff, "Book Reviews on Fact and Fiction in Economics: Models, Realism and Social Construction", *International Studies in the Philosophy of Science*, 2004, 18(1): 102−104.

Amie L. Thomasson, "Fiction Modality and Dependant Abstracta", *Philosophical Studies*, 1996, 84(29): 245−320.

Amie L. Thomasson, *Fiction and Metaphysics*. Cambridge: Cambridge University Press, 1999.

Amie L. Thomasson, "Speaking of Fictional Characters", *Dialectica*, 2003, 57(2): 205−223.

Andrea Bonomi, Sandro Zucchi, "A Pragmatic Framework for Truth in Fiction", *Dialectica*, 2003, 57(2): 103−120.

A. Barberousse, P. Ludwig, "Models as Fiction", Maricio Suarez, ed., *Fictions in Science: Essays on Modeling and Idealization*. New York: Routledge, 2009: 56−76.

Bas van Fraassen, *The Scientific Image*. New York: Oxford University Press,1980.

Bas van Fraassen,"Figures in a Probability Landscape",J. Micheal Dunn, A. Gupta, eds. , *Truth or Consequences*. Dordrecht: Kluwer Academic Publisher,1990:345—359.

Bas van Fraassen, "The Manifest Image and the Scientific Image", D. Aerts, ed. , *Einstein Meets Magritte: The White Book—An Interdisciplinary Reflection*. Dordrecht: Kluwer Academic Publishers, 1999:29—52.

Bas van Fraassen, "The False Hopes of Traditional Epistemology", http://webwar. princeton. edu/vanfraas/mss/Falsoho. htm,2000.

Benjamin Jarvis, J. Ichikawa, "A New Objection to Lewis on Truth in Fiction",http://philosophy. jollyutter. net/papers/lewis-tif. pdf,2008.

Bent Nordhejem, *What Fiction Means*. Copenhagen: University of Copenhagen,1987.

Damie Broderick, *Transrealist Fiction: Writing in the Slipstream of Science*. Westport:Greenwood Publishing Group,2000.

Daniel Nolan,Greg Restall,C. West,"Moral Fictionalism",Edward Zalta, ed. ,The Stanford Encyclopedia of Philosopy. http://eprints. unimelb. edu. au/archive/00000171/01/mf. pdf.

David Chalmers,"The Foundations of Two-dimensional Semantics", M. Garcia-Carpintero, M. J. Macia, eds. , *Two-Dimensional Semantics Foundations and Applications*. New York: Oxford University Press,2006.

Edward Zalta, "Principia Metaphysics", http://mally. Stanford. edu/ publications. html ♯principia,1999.

Edward Zalta,"The Road Between Pretense Theory and Abstract Object Theory",A. Everett & T. Hofweber,eds. ,*Empty Names,Fiction,and the Puzzles of Nonexistence*. Stanford: CLSI Publications, 2000: 117—147.

Edward N. Zalta,"Referring to Fictional Characters",*Dialectica*,2003,57 (2):243—254.

Edward Zalta, "Nonexistent Object", http//plato. stanford. edu/entries/ nonexistent-objects/,2006.

Eros Corazza, Mark Whitsey, "Indexicals, Fictions and Ficta", *Dialectica*, 2003, 57(2): 121-136.

Fictional Entities, *The Stanford Encyclopedia of Philosophy*, https://plato.stanford.edu/entries/fictional-entities.

Frederick Kroon, "Qualified Negative Existentials", Dialectica, 2003, 57(2): 149-164.

Frederick Kroon, "Belief about Nothing in Particular", M. Kalderon, ed., *Fictionalism in Metaphysics*. Oxford: Oxford University Press, 2005.

Frederick W. Kroon, "Philosophical Explanations and Sceptical Intuitions", *The Philosophical Quarterly*, 1986, 36(144): 391-395.

Frederick W. Kroon, "The Semantics of 'Things in Themselves': a Deflationary Account", *The Philosophical Quarterly*, 2001, 51(203): 165-181.

Frederick W. Kroon, "Descriptivism, Pretense, and the Frege-Russell Problems", *Philosophical Review*, 2004, 113(1): 1-30.

Frege Friedrich Ludwig Go-ttlob, "On Sinn and Bedeutung", Beaney Michael, ed., *The Frege Reader*. Oxford: Blackwell Publishers Ltd., 1997: 151-171.

Fretz J. McDonald, "Book Reviews on *Truth and Realism*", The *Philosophical Quarterly*, 2008, 58(230): 178-180.

Gareth Evans, *The Varieties of Reference*. Oxford: Oxford University Press, 1982.

Gregory Currie, "Characters and Contingency", *Dialectica*, 2003, 57(2): 137-148.

Gregory Curry, *The Nature of Fiction*. Cambridge: Cambridge University Press, 1990.

Gregory Curry, Ian Ravenscroft, *Recreative Mindss: Imagination in Philosophy and Psychology*. Oxford: Clarendon Press, 2002.

Groon Edward, "Defending through Theory from a Make-belief Threat", *British Journal of Aesthetics*, 1996, 16(3): 309-312.

Hilary Putnam, "What is Mathematical Truth", *Mathematics, Matter and Method: Philosophical Papers*, Vol. 1. Cambridge: Cambridge University Press, 1975.

Hilary Putnam, *Mind, Language and Reality: Philosophical Papers*, Vol.

2. Cambridge:Cambridge University Press,1975.

Jérôme Pelletier,"Vergil and Dido",*Dialectica*,2003,57(2):191-203.

Jerrold J. Katz,"Has the Description Theory of Names Been Refuted?", George Boolos,ed. ,*Meaning and Method:Essays in Honor of Hilary Putnam*. Cambridge:Cambridge University Press,1990:31-61.

John R. Searle,*Speech Acts:An Essay in the Philosophy of Language*. Cambridge:Cambridge University Press,1969.

John R. Searle,*Express and Meaning:Studies in the Theory of Speech Acts*. Cambridge:Cambridge University Press,1979.

Kate Hamburger, *The Logic of Literature*, Marilyn Rose, trans.. Bloomington:Indiana University Press,1973.

Kendell L. Walton, *Mimesis and Make-Believe*. Cambridge: Harvard University Press,1990.

Kendell L. Walton, "Restricted Quantification, Negative Existentials, and Fiction",*Dialectica*,2003,57(2):239-242.

Michele Melarangno, "Literary Metaphors for Structural Tensegrities: 'Six Characters in Search of an Author'", *Architectural Science Review*,1994,37 (1):44-47.

Paolo Leoneardi,"Names and illusions",*Dialectica*,2003,57(2):165-176.

Peter Lamarque, *Fictional Points of View*. Ithaca & London: Cornell University Press,1996.

Peter Lamarque, "Fiction and Reality", Peter Lamarque, ed. , *Philosophy and Fiction*. New Zealand:Cybereditions Co. Ltd. ,2000:71-90.

Peter Lamarque,"On the Distance between Literary Narratives and Real-Life Narratives", http://journals. cambridge. org/production/action/cjoGetFulltext? fulltextid=1294220,2008.

Peter Murphy, "Reliability Connections between Conceivability and Inconceivability",*Dialectica*,2006,60(2):195-205.

Peter van Inwagen, "Creatures of Fiction", *American Philosophy Quarterly*,1977,14(4):299-308.

Peter van Inwagen, "McGinn on Existence", *The Philosophical Quarterly*,2008,58(230):36-58.

R. Lyle Skains,"The Materiality of the Intangible:Literary Metaphor in Multimodal Texts", *Convergence: The International Journal of*

Research into New Media Technology, 2019, 25(1): 133-147.

Richard M. Sainsbury, *Fiction and Fictionalism*. London & New York: Routledge, 2010.

Rom Harry, *An Introduction to the Logic of Sciences*. London: Macmillan, 1960.

Stefano Predelli, "'Holmes' and Holmes—a Millian Analysis of Names from Fiction", *Dialectica*, 2002, 56(3): 261-279.

Stephen Yablo, "Go Figure: A Path through Fictionalism", http://web.mit.edu/yablo/www/gf.pdf.

Susan Hanck, *Philosophy of Logics*. Cambridge: Cambridge University Press, 1978.

Thomas Mautner, ed., *The Penguin Dictionary of philosophy*. London: Penguin Books Ltd., 2000.

Timothy Williamson, "Philosophical 'Intuition' and Skepticism about Judgement", *Dialectica*, 2004, 58(1): 109-153.

W. Croft, D. Cruse, *Cognitive Linguistics*. Cambridge: Cambridge University Press, 2004.